30DAYS

중급·INTERMEDIATE

30일에 마스터하는 사주명리학

김동완
사주명리학자

 동학사

PROLOGUE

운명학(運命學)에는 태어나면서 결정되는 명(命)이 있고, 변화를 가져오는 운(運)이 있다. 여기서 운(運)은 「운(運)」과 「귀인(貴人)」의 두 종류로 나눌 수 있다.

「운(運)」에는 시대의 운, 국가의 운, 사회의 운, 부모의 운 등이 있다. 마이클 조던이 키 198.1cm이고 뛰어난 농구실력이 있다고 해도, 미국에서 농구가 시작되기 전에 태어났다면 큰 의미 없는 인물이었을 것이다. 세계적으로 인기를 끄는 아이돌 그룹 멤버들도 조선시대에 태어났다면 광대나 기생의 삶을 살았을 가능성이 높다. 이는 시대의 운이다. 누구는 미국에서 태어나고 누구는 영국에서 태어나고, 누구는 아프가니스탄이나 우크라이나에서 태어난다. 특정한 국가에서 태어나고 싶다고 해서 태어날 수 있는 게 아니다. 태어나니까 남한이고 태어나니까 북한이다. 어느 나라에서 태어났는가는 개인의 삶에 커다란 영향을 미친다. 이는 어떤 부모에게서 태어났는가로 연결된다. 누구는 판자촌의 아들이나 가난한 농부의 아들로 태어나는데, 누구는 재벌가의 아들로 태어나기도 한다.

자신의 능력과 재능과 노력과는 견줄 수 없을 만큼 강력한 운(運)이라는 것이 존재한다. 세계적인 경제 석학들은 운이 좋은 사람들에게 세금을 강력하게 부과하여 운을 균형 있게 만들자고 주장하기 시작했다. 이러한 주장에는 운에 따라, 즉 자신의 능력, 재능, 노력과 상관없이 어느 시대에 태어났는가, 어느 국가에서 태어났는가, 어느 부모에게서 태어났는가에 따라 삶의 질과 양이 결정된다는 인식이 전제되어 있다.

「귀인(貴人)」은 무엇일까? 주변에서 어느 순간 따뜻한 조언 또는 정신적, 물질적 도움으로 인생의 전환점을 만들어준 인물을 말한다. KBS 〈TV는 사랑을 싣고〉라는 프로그램이 있었다. 유명인이 어릴 적 또는 젊은 시절 인연을 맺었던 스승, 옆집 아저씨, 하숙집 아주머니, 동네 누나, 첫사랑 등을 찾는 프로그램인데, 그들이 찾는 사람들 대부분은 그들의 삶에 터닝포인트가 되어준 귀인이었다.

나에게도 그런 귀인이 있었다. 대학 입학 후 부모님과의 갈등으로 가출하여 낮에는 학교에 가고, 밤에는 식당과 술집 아르바이트를 하며 살아가고 있었다. 삶의 밑바닥으로 내동댕이쳐져 곰팡이 가득한 여인숙 쪽방에서 쪼그려 자는 일이 허다했다. 쌀이 없어 밀가루로 수제비를 끓이는데, 휴대용 버너의 부탄가스까지 떨어져 난감했던 기억이 생생하다. 덕분에 덜 익은 수제비를 먹고 배탈이 나서 며칠 동안 고생했었다.

무작정 집을 뛰쳐나와 길고 긴 방황의 끝자락에 매달려 있던 스무 살의 가을밤이었다. 끝내 삶을 마치겠다고 결심하고 마지막 여행을 떠났다. 어느 낯선 간이역 대합실 나무벤치에서 깜빡 잠이 들었는데, 서늘한 손 하나가 호주머니 속으로 쑥 들어왔다. 순간, 온몸에 소름이 돋고 섬뜩했다. 겁이 나기도 했지만, 가진 거라곤 마시다 남은 소주병뿐이었기에 자포자기하는 심정으로 내버려두었다.

무슨 배짱이었는지 그대로 잠이 들었다가 새벽녘 잠에서 깨어 호주머니를 살펴보니 천원짜리 지폐 5장이 들어 있었다. 차갑게 느껴졌던 그 손이 한없이 따뜻한 손으로 변하는 순간이었다. 아, 아직은 살만한 세상이구나 하는 희망 같은 것이 가슴 밑바닥에서 스멀스멀 피어올랐다. 그 길로 다시 용기를 얻어 새로운 도전을 준비하게 되었다.

얼굴도 이름도 모르는 그 서늘한, 아니 따뜻한 손길의 주인에게 그간의 삶을 묶고 묶어 내 몸을

소지(燒紙)하듯 태워 고마운 마음을 올린다. 그분이 주신 천원짜리 지폐 몇 장이 20대 청춘 마지막 날의 낭떠러지에 매달려 있던 나를 붙잡아준 사랑이었음을 깨닫게 된 것이다. 평생 잊지 못할 따뜻한 마음을 전해주고 간 그분의 손길이 희망의 에너지였음을 새삼 느낀다.

대학원 상담심리 석사과정을 밟을 때 성격 진단 검사 · 교육을 위해 다양한 교육 프로그램을 찾아 공부하였다. 그중에 MBTI 전문강사 교육과정이 있었다. 선풍적인 인기 프로그램으로 신청 경쟁률도 엄청 높았다. 은행 문을 열자마자 등록신청을 해도 인원이 초과되어 등록에 실패하기도 했다. 초급과정, 보수과정, 중급과정, 어린이 및 청소년 과정을 마치면 전문강사과정에 등록할 수 있었다. 애니어그램 교육과정도 비슷한 시기에 도전하였다. 또한 홀랜드(Holland) 직업선택 이론과 성격성명학의 비교연구로 석사학위를 받았다.

MBTI, 애니어그램, Big5, 홀랜드 직업선택 이론 등을 공부하는 동안 사주명리학, 성명학, 관상학 등을 연구하는 사람으로서 서양의 연구자나 학자들이 부러웠다. 동양의 운명학은 미래에 대한 예측에 중심을 두고 족집게니 도사니 운운하며 경쟁적으로 자신의 미래 예측능력을 과시한다. 그 결과 사이비, 미신, 무속이라 불리며 비판받는 상황에 직면했다. 하지만 동양의 운명학을 제대로 분석한다면, 그 분석 안에 MBTI, 애니어그램, Big5, 홀랜드 직업선택 이론 등의 성격이나 진로적성 분석보다 더 자세하고 훌륭한 분석방법이 존재한다는 것을 알 수 있을 것이다.

이 책은 『30일에 마스터하는 사주명리학』의 두 번째 시리즈이다. 첫 번째 시리즈인 초급편에서 오행과 신살과 음양을 공부했다면, 이번 중급편에서는 육친을 공부한다. 육친을 통해 성격, 심리, 직업적성, 직무 역량, 부모와 자녀의 관계, 부부관계, 자녀의 교육방법 등을 다양하게 분석하여 한 사람의 인간관계와 사회관계를 심층적으로 해석할 수 있다.

육친 분석은 매우 다양하게 활용할 수 있다. 천천히 반복하여 공부한다면 나를 중심으로 내 가족과 내 주위 사람들, 사회 구성원들과의 관계를 발전적으로 만들어갈 수 있을 것이다.

이 책은 『30일에 마스터하는 사주명리학』의 두 번째 시리즈이다. 첫 번째 시리즈 초급편과 마찬가지로 하루에 2~3시간씩 공부하여 한 달 30일이면 사주명리학 중급을 마스터할 수 있게 구성하였다. 중급이라고 이름을 붙였지만, 이론부터 상담까지 모두 염두에 두고 내용을 구성하였다. 따라서 사주명리학의 주요 이론인 육친을 활용한 성격, 직업적성, 직무 역량, 교육 방법, 부모자녀 관계, 부부관계 분석 등, 명리학 전문가와 상담가들에게 반드시 필요하고 유용하고 중요한 내용들이 수록되어 있다. 반복 또 반복하여 학습하였으면 한다.

이 책에서는 사주명리학이 미래를 족집게처럼 예측하는 학문이 아니라, 지금 이 순간 나와 나의 주변과 가족과 사회와 공동체가 제각각 타고난 장점을 정확하게 분석하여 희망찬 미래를 만들어갈 수 있도록 도와주고 조언하고 컨설팅해주는 학문임을 설명하고 있다. 이것이 바로 이 책을 공부하는 목표였으면 한다.

1	이 책은 사주명리학의 이론과 해설을 30일로 구성하였다.
2	이 책은 육친이라는 사주명리학 이론을 자세하게 설명하고 있다.
3	이 책에서 다루는 육친은 여러 가지 사주명리학 이론 중에서도 사주 분석에 활용하기 위한 가장 중요한 부분이며, 인간의 삶을 분석하는 데 반드시 필요한 내용이다.
4	이 책은 각 육친의 개별적인 성격과 직업적성, 그리고 부모·배우자·자식 등의 관계에서 나타나는 특성 등을 분석하였다.
5	이 책은 비겁, 식상, 재성, 관성, 인성의 발달·과다·태과다의 성격과 특성 등을 분석하였고, 고립이나 태과다 사주에서의 문제점을 자세하게 설명하였다.
6	이 책은 개별 육친의 특성을 실제 사주의 예시를 통해 자세히 설명하였다. 이론과 실제 삶을 비교 분석하여 사주명리학 학습의 재미와 학습효과를 높였다.

30일에 **마스터**하는
사주명리학
〈중급〉

CONTENTS

30일에 마스터하는
사주명리학

DAY 1~
DAY 30

1

육친의 개요

육친은 한 사람의 인간관계와 사회관계를 해석하는 열쇠이다

고대 그리스 철학자 아리스토텔레스(B.C.384~B.C.322)는 「인간은 사회적 동물이다」라고 하였다. 인간은 혼자 살아갈 수 없고 가족, 이웃, 사회, 민족, 국가, 세계 속에서 관계를 맺으면서 살아간다. 육친(六親)은 이와 같은 인간의 사회적 관계를 설명하는 유용한 도구이다.

육친은 자신과 가장 가까이 있는 여섯 가지 관계로 나, 비겁, 식상, 재성, 관성, 인성의 6개 또는 부(父), 모(母), 형(兄), 제(弟), 처(妻), 자(子)를 말한다. 육친은 음양오행의 상생과 상극 관계를 통해서 인간관계와 사회관계를 이해하고 대처할 수 있게 완성시키는, 사주명리학에서는 없어서는 안 될 학문 분야이다. 살아가면서 만나게 되는 가족을 포함한 다양한 인간관계, 그리고 그 안에서 이루어지는 사회성과 사회관계가 육친 속에 내포되어 있다.

육친은 육신(六神), 십신(十神), 십성(十星), 성(星)이라고도 부른다. 부모, 형제, 배우자, 자녀, 친구, 선후배 등의 인간관계, 그리고 사람, 의식주, 재물, 명예, 공부, 부동산 등의 사회적 관계를 해석할 수 있는 유용한 도구가 바로 육친이다. 사주명리학 이론으로 성격과 심리, 직업적성을 분석할 수 있는데, 초급편의 오행을 활용한 분석이 약 40%, 초급편의 신살·음양을 활용한 분석이 10% 정도, 중급편의 육친을 활용한 분석이 50% 정도를 차지한다. 그만큼 육친에 나타나는 성격, 심리, 직업적성 분석 내용이 중요하다. 반복적으로 읽고 또 읽어 머릿속에 완전히 숙지하고 있어야 한다.

DAY 1 >> 육친의 개요

1 육친이란 무엇인가?

육친은 비견(比肩), 겁재(劫財), 식신(食神), 상관(傷官), 편재(偏財), 정재(正財), 편관(偏官), 정관(正官), 편인(偏印), 정인(正印)의 10개로 구분한다. 10개 종류가 있다고 해서 「십신(十神)」, 「십성(十星)」이라고 부른다. 비견과 겁재를 합쳐서 비겁(比劫), 식신과 상관을 합쳐서 식상(食傷), 편재와 정재를 합쳐서 재성(財星), 편관과 정관을 합쳐서 관성(官星), 편인과 정인을 합쳐서 인성(印星)이라고 한다.

육친은 사람에 의미를 부여하는 「사람관계」이자, 사람이 살아가는 데 꼭 필요한 「사회관계」에 해당한다. 오행은 단순하게 목화토금수(木火土金水)로 분류하지만, 육친은 일간이 어떤 음양오행이냐에 따라 일간을 제외한 나머지 자리의 이름이 달라지고 의미도 달라진다. 즉, 육친은 일간인 내가 기준점이 된다.

2 육친 뽑는 방법

* 육친은 오행의 상생과 상극의 원리를 이용한 개념이다. 즉, 일간인 나와 같은가, 내가 생하는가, 나를 생하는가, 내가 극하는가, 나를 극하는가의 관계를 살펴보는 것이다. 일간과 나머지 오행과의 관계를 다음과 같이 정리할 수 있다.

  ① 비견(比肩) : 일간과 오행이 같고 음양도 같은 것

  ② 겁재(劫財) : 일간과 오행이 같고 음양이 다른 것

  ③ 식신(食神) : 일간이 생하고 음양이 같은 것

  ④ 상관(傷官) : 일간이 생하고 음양이 다른 것

  ⑤ 편재(偏財) : 일간이 극하고 음양이 같은 것

  ⑥ 정재(正財) : 일간이 극하고 음양이 다른 것

  ⑦ 편관(偏官) : 일간을 극하고 음양이 같은 것

  ⑧ 정관(正官) : 일간을 극하고 음양이 다른 것

  ⑨ 편인(偏印) : 일간을 생하고 음양이 같은 것

  ⑩ 정인(正印) : 일간을 생하고 음양이 다른 것

• 육친의 의미와 해석

구분	의미와 해석
비견(比肩)	견줄 비(比), 어깨 견(肩)으로 어깨를 견준다는 의미로, 나와 비슷한 관계의 사람들을 말한다.
겁재(劫財)	빼앗을 겁(劫), 재물 재(財)로 재성을 극한다, 재물을 빼앗는다는 의미. 이 책에서는 비견과 겁재를 구분하지 않고 해석한다.
식신(食神)	먹을 식(食), 귀신 신(神)으로 먹을 것을 주는 신(神)이라는 뜻. 먹을 복이 있다 하여 아주 좋은 것으로 해석한다.
상관(傷官)	상하게 할 상(傷), 벼슬 관(官)으로 정관을 상하게 한다는 뜻. 부정적인 육친으로 해석하지만 이 책에서는 식신과 상관을 구분하지 않는다.
편재(偏財)	편중될(치우칠) 편(偏), 재물 재(財)로 편향된 재물을 의미. 변화변동이 큰 뭉텅이 재물을 말한다.
정재(正財)	바를(정당할) 정(正), 재물 재(財)로 규칙적인 재물을 말한다.
편관(偏官)	편중될(치우칠) 편(偏), 벼슬 관(官)으로 치우친 관직을 의미. 일간을 직접 극한다 하여 칠살(七殺)이라고도 하는데 이 책에서는 편관과 정관을 구분하여 해석하지 않는다.
정관(正官)	바를(정당할) 정(正), 벼슬 관(官)으로 바른 관직을 의미. 일반적인 관직으로 본다.
편인(偏印)	편중될(치우칠) 편(偏), 문서(도장·관직) 인(印)으로 치우친 문서, 치우친 권리를 의미. 의식주 복에 해당하는 식신을 극하여 부정적으로 보지만, 이 책에서는 편인과 정인을 분리해서 해석하지 않는다.
정인(正印)	바를(정당할) 정(正), 문서(도장·관직) 인(印)으로 바른 문서, 정당한 권리로 해석한다.

• 육친별 간지 조견표

일간 \ 육친	비견	겁재	식신	상관	편재	정재	편관	정관	편인	정인
甲	甲寅	乙卯	丙巳	丁午	戊辰戌	己丑未	庚申	辛酉	壬亥	癸子
乙	乙卯	甲寅	丁午	丙巳	己丑未	戊辰戌	辛酉	庚申	癸子	壬亥
丙	丙巳	丁午	戊辰戌	己丑未	庚申	辛酉	壬亥	癸子	甲寅	乙卯
丁	丁午	丙巳	己丑未	戊辰戌	辛酉	庚辛	癸子	壬亥	乙卯	甲寅
戊	戊辰戌	己丑未	庚申	辛酉	壬亥	癸子	甲寅	乙卯	丙午	丁巳
己	己丑未	戊辰戌	辛酉	庚辛	癸子	壬亥	乙卯	甲寅	丁巳	丙午
庚	庚申	辛酉	壬亥	癸子	甲寅	乙卯	丙巳	丁午	戊辰戌	己丑未
辛	辛酉	庚申	癸子	壬亥	乙卯	甲寅	丁午	丙巳	己丑未	戊辰戌
壬	壬亥	癸子	甲寅	乙卯	丙巳	丁午	戊辰戌	己丑未	庚申	辛酉
癸	癸子	壬亥	乙卯	甲寅	丁午	丙巳	己丑未	戊辰戌	辛酉	庚申

• 천간 육친 조견표

천간 \ 일간	甲	乙	丙	丁	戊	己	庚	辛	壬	癸
甲	비견	겁재	편인	정인	편관	정관	편재	정재	식신	상관
乙	겁재	비견	정인	편인	정관	편관	정재	편재	상관	식신
丙	식신	상관	비견	겁재	편인	정인	편관	정관	편재	정재
丁	상관	식신	겁재	비견	정인	편인	정관	편관	정재	편재
戊	편재	정재	식신	상관	비견	겁재	편인	정인	편관	정관
己	정재	편재	상관	식신	겁재	비견	정인	편인	정관	편관
庚	편관	정관	편재	정재	식신	상관	비견	겁재	편인	정인
辛	정관	편관	정재	편재	상관	식신	겁재	비견	정인	편인
壬	편인	정인	편관	정관	편재	정재	식신	상관	비견	겁재
癸	정인	편인	정관	편관	정재	편재	상관	식신	겁재	비견

• 지지 육친 조견표

지지 \ 일간	甲	乙	丙	丁	戊	己	庚	辛	壬	癸
子	정인	편인	정관	편관	정재	편재	상관	식신	겁재	비견
丑	정재	편재	상관	식신	겁재	비견	정인	편인	정관	편관
寅	비견	겁재	편인	정인	편관	정관	편재	정재	식신	상관
卯	겁재	비견	정인	편인	정관	편관	정재	편재	상관	식신
辰	편재	정재	식신	상관	비견	겁재	편인	정인	편관	정관
巳	식신	상관	비견	겁재	편인	정인	편관	정관	편재	정재
午	상관	식신	겁재	비견	정인	편인	정관	편관	정재	편재
未	정재	편재	상관	식신	겁재	비견	정인	편인	정관	편관
申	편관	정관	편재	정재	식신	상관	비견	겁재	편인	정인
酉	정관	편관	정재	편재	상관	식신	겁재	비견	정인	편인
戌	편재	정재	식신	상관	비견	겁재	편인	정인	편관	정관
亥	편인	정인	편관	정관	편재	정재	식신	상관	비견	겁재

• 육친의 명칭

합쳐서 부르는 이름	본래 명칭
비겁(比劫)	비견(比肩)과 겁재(劫財)
식상(食傷)	식신(食神)과 상관(傷官)
재성(財星)	편재(偏財)와 정재(正財)
관성(官星)	편관(偏官)과 정관(正官)
인성(印星)	편인(偏印)과 정인(正印)

• 육친의 별칭

본래 명칭	별칭
겁재(劫財)	양인(羊刃 · 陽刃)
식신(食神)	수복신(壽福神), 수성(壽星), 누기(漏氣)
상관(傷官)	도기(盜氣)
편관(偏官)	칠살(七殺)
편인(偏印)	도식(倒食), 효신(梟神)
정인(正印)	인수(印綬)

3 좋은 육친과 나쁜 육친은 없다

- 식신 · 재성 · 정관 · 정인을 「사길신(四吉神)」이라 하고, 겁재 · 상관 · 편관 · 편인을 「사흉신 (四凶神)」으로 분류하는 경우를 자주 볼 수 있다. 하지만 어떤 육친은 좋고 어떤 육친은 나쁜 것으로 나누지 말아야 한다. 어떤 육친이든 장점과 단점을 두루 포함하고 있다.
- 육친은 발달했는가 과다한가(많은가)에 따라 장점과 단점이 나타난다. 발달한 육친은 안정 적이고 안전한 의미의 장점이 많은 편이다. 그에 비해 과다한 육친은 적극적이고 모험적인 의미의 장점이 많은 편이다.

• 사길신과 사흉신

사길신(四吉神)	식신, 재성, 정관, 정인
사흉신(四凶神)	겁재, 상관, 편관, 편인

2

육친의 상생과 상극

TODAY'S POINT | 육친의 사회적 관계는 서로 도와주는(상생) 관계와 서로 갈등하는(상극) 관계가 혼재한다.

육친의 상생과 상극

오행과 마찬가지로 육친 상호 간에는 서로 생(生)하고 서로 극(剋)하는 이해관계가 존재한다. 육친의 상호작용을 알면 가족관계와 사회관계를 손쉽게 이해할 수 있다. 특히 육친은 사회적 관계의 지표를 나타내는 데 유용하다. 사회적 관계는 서로 도와주는 관계와 서로 갈등하는 관계가 복잡하게 뒤섞여 있다. 인간의 사회적 관계에서 나타나는 코스모스(Cosmos, 질서)와 카오스(Chaos, 혼돈)의 상생과 상극이 바로 육친의 기본 형태인 것이다.

육친의 상생	육친의 상극
• 비견 · 겁재는 식신 · 상관을 생한다.	• 비견 · 겁재는 편재 · 정재를 극한다.
• 식신 · 상관은 편재 · 정재를 생한다.	• 식신 · 상관은 편관 · 정관을 극한다.
• 편재 · 정재는 편관 · 정관을 생한다.	• 편재 · 정재는 편인 · 정인을 극한다.
• 편관 · 정관은 편인 · 정인을 생한다.	• 편관 · 정관은 비견 · 겁재를 극한다.
• 편인 · 정인은 비견 · 겁재를 생한다.	• 편인 · 정인은 식신 · 상관을 극한다.

DAY 2 >> 육친의 상생과 상극

1 육친의 상생과 상극

- 생(生)은 「낳는다, 도와준다」는 의미다. 비겁(일간)은 식상을 생하고, 식상은 재성을 생하며, 재성은 관성을 생하고, 관성은 인성을 생하고, 인성은 비겁(일간)을 생한다. 이렇게 각각의 육친이 생으로 연결되어 있기 때문에 상생(相生)이라고 한다.

- 극(剋)은 「자극하고 억누른다」는 의미다. 비겁(일간)은 재성을 극하고, 재성은 인성을 극하고, 인성은 식상을 극하고, 식상은 관성을 극하고, 관성은 비겁(일간)을 극한다. 이렇게 서로가 극으로 연결되어 있기 때문에 상극(相剋)이라고 한다.

• 육친 간의 상생 · 상극 작용도

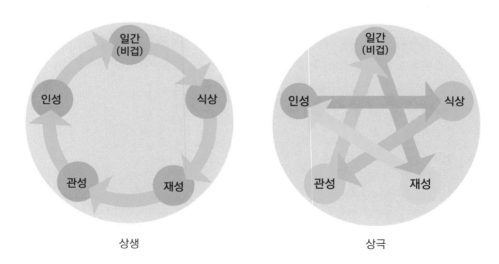

상생   상극

(1) 갑(甲) 일간

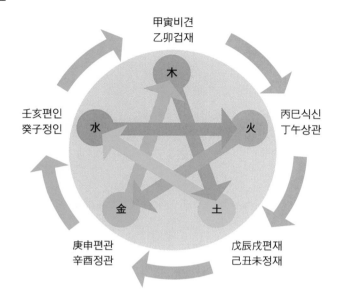

甲寅비견
乙卯겁재

丙巳식신
丁午상관

戊辰戌편재
己丑未정재

庚申편관
辛酉정관

壬亥편인
癸子정인

(2) 을(乙) 일간

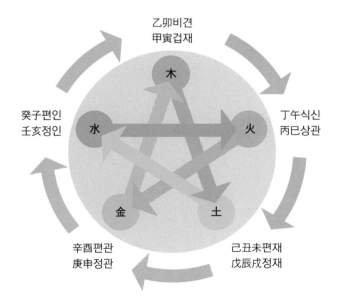

乙卯비견
甲寅겁재

丁午식신
丙巳상관

己丑未편재
戊辰戌정재

辛酉편관
庚申정관

癸子편인
壬亥정인

(3) 병(丙) 일간

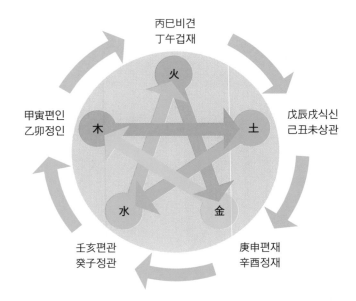

丙巳비견
丁午겁재

戊辰戌식신
己丑未상관

甲寅편인
乙卯정인

火

木   土

水   金

壬亥편관
癸子정관

庚申편재
辛酉정재

(4) 정(丁) 일간

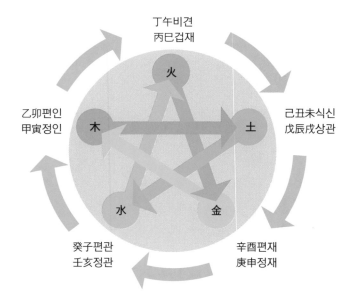

丁午비견
丙巳겁재

己丑未식신
戊辰戌상관

乙卯편인
甲寅정인

火

木   土

水   金

癸子편관
壬亥정관

辛酉편재
庚申정재

(5) 무(戊) 일간

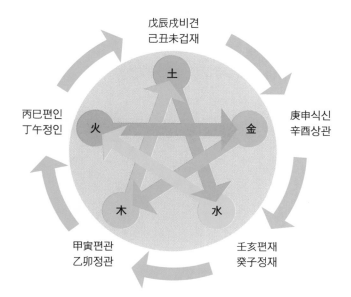

戊辰戌비견
己丑未겁재

庚申식신
辛酉상관

壬亥편재
癸子정재

甲寅편관
乙卯정관

丙巳편인
丁午정인

土
火
金
木
水

(6) 기(己) 일간

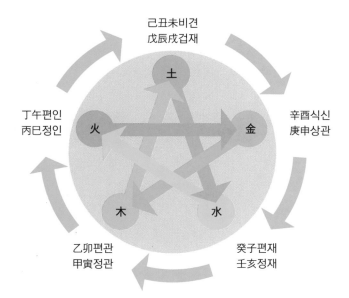

己丑未비견
戊辰戌겁재

辛酉식신
庚申상관

癸子편재
壬亥정재

乙卯편관
甲寅정관

丁午편인
丙巳정인

土
火
金
木
水

(7) 경(庚) 일간

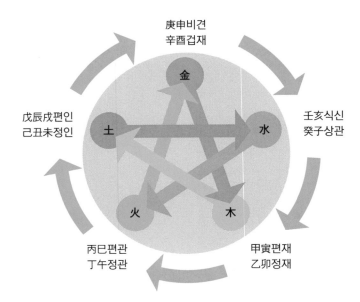

(8) 신(辛) 일간

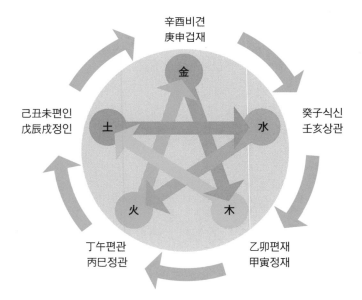

(9) 임(壬) 일간

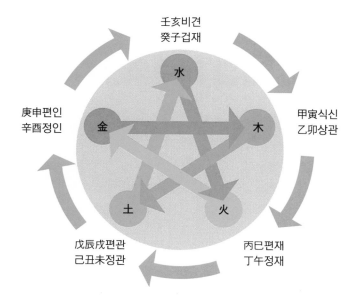

壬亥비견
癸子겁재

水

甲寅식신
乙卯상관

木

庚申편인
辛酉정인

金

丙巳편재
丁午정재

火

戊辰戌편관
己丑未정관

土

(10) 계(癸) 일간

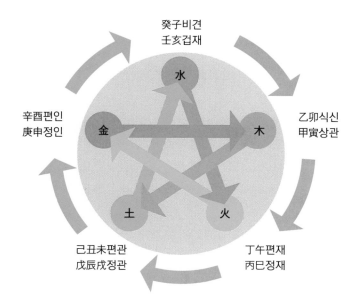

癸子비견
壬亥겁재

水

乙卯식신
甲寅상관

木

辛酉편인
庚申정인

金

丁午편재
丙巳정재

火

己丑未편관
戊辰戌정관

土

DAY

3 육친의 개수와 점수 분석

육친 분석 – 발달과 과다가 함께 있으면 어떻게 해석할까?

사주명리학에서 한 사람의 성격, 기질, 심리는 물론, 직무 역량과 리더십, 직업적성을 분석하는 중요한 도구 중 하나가 육친이다. 육친 분석을 위해서는 점수 분석이 반드시 필요하다. 사주팔자 여덟 글자는 연월일시의 어느 자리에 위치하는가에 따라 저마다 인간의 삶에서 차지하는 비율이 달라진다. 여기서는 그 계산방법을 공부할 것이다.

대덕이론에서는 육친을 「발달」과 「과다(많은 것)」로 나누어 분석하며, 각 육친은 발달과 과다에 따라 성격 유형을 비롯한 직업적 특성이나 적성이 다르게 존재한다고 해석한다. 또한 일반 이론에서 설명하지 못하는 직업 이론, 즉 용신을 찾아내고 용신에 따라 직업을 정하는 이론은 과감하게 버렸다.

비견과 겁재, 식신과 상관, 편재와 정재, 편관과 정관, 편인과 정인은 같은 성격이라고 할 수는 없지만, 비슷한 성격을 지니고 있다고 보아야 한다. 그래서 비견이 발달했는데 겁재가 한두 개 더 있어서 비견과 겁재를 합한 것이 「과다」에 해당하면, 비겁 발달이라 하지 않고 비겁 과다의 성격 유형으로 보아야 한다.

• 비견 발달 + 비겁 1~2개 → 비겁 발달(×), 비겁 과다(○)

또 다른 예로 편관도 발달하고 정관도 발달한 경우를 보자. 이때는 편관 발달 성격도 있고 정관 발달 성격도 존재하는 것이 아니라, 편관과 정관을 합쳐서 「과다」에 해당하는 성격과 직업 유형을 읽어주어야 한다.

- 편관 발달 + 정관 발달 → 관성 발달(×), 관성 과다(○)

하나만 더 예를 들어보자. 편관만 과다할 때의 성격 유형, 정관만 과다할 때의 성격 유형, 편관과 정관이 함께 과다할 때의 성격 유형은 똑같다.

- 편관 과다 = 정관 과다 = 관성 과다

즉, 비견과 겁재는 과다일 때 성격 유형이 똑같고, 마찬가지로 식신과 상관, 편재와 정재, 편관과 정관, 편인과 정인도 과다일 때 성격 유형이 똑같다. 그리고 비견이 과다일 때나 겁재가 과다일 때, 비견과 겁재를 합쳐서 과다일 때도 성격 유형이 똑같다.

정리하면, 비견과 겁재, 식신과 상관, 편재와 정재, 편관과 정관, 편인과 정인은 발달일 때는 분리해서 해석하지만, 과다일 때는 분리하지 않고 같은 육친으로 봐야 한다.

1 육친의 개수와 점수 분석

오행의 점수 분석은 『사주명리학 완전정복』과 『30일에 마스터하는 사주명리학(초급)』에서 자세히 설명한 바 있다. 특히 월지 분석은 오행과 육친 점수 계산에서 매우 중요하므로, 공부가 부족하다고 느낀다면 반드시 앞서의 책을 읽고 복습하기 바란다.

한 가지 주의할 점은 오행의 성격 점수는 총 130점으로 일간이 30점이고, 육친 점수는 총 110점으로 일간이 10점이다. 이 책에서는 육친 점수 110점을 기준으로 하고, 일간 옆에 육친 점수와 오행 점수(+20)를 함께 표시하였다.

지금부터 사주를 보면서 직접 육친의 개수와 점수를 분석해보자. 다음 순서대로 하면 되므로 방법은 매우 간단하다.

① 사주팔자의 오행 점수를 분석한다.

② 일간 오행 옆에 비겁을 적은 다음, 순서대로 비겁 · 식상 · 재성 · 관성 · 인성을 적어 나간다.

예1)

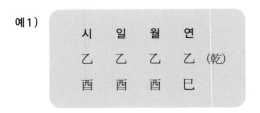

① 먼저 위 사주의 오행 개수와 점수를 분석한다.

② 다음으로 위 사주는 일간이 을목(乙木)이므로, 을목(乙木) 오행에 해당하는 목(木)에 비겁을 적고, 오행 순서대로 화(火)에 식상, 토(土)에 재성, 금(金)에 관성, 수(水)에 인성을 적는다.

```
┌─────────────────────────────────────────────────────────────────────┐
│          오행의 개수와 점수              │      육친의 개수와 점수            │
│                                         │                                  │
│     목(木) 4개 40점(+20)                │   비겁 목(木) 4개 40점(+20)      │
│     화(火) 1개 10점                      │   식상 화(火) 1개 10점           │
│     토(土) 0개  0점        ───────▶     │   재성 토(土) 0개  0점           │
│     금(金) 3개 60점                      │   관성 금(金) 3개 60점           │
│     수(水) 0개  0점                      │   인성 수(水) 0개  0점           │
└─────────────────────────────────────────────────────────────────────┘
```

예2)

```
┌──────────────────────────────┐
│   시    일    월    연         │
│   癸    戊    戊    戊  (乾)   │
│   丑    辰    子    申         │
└──────────────────────────────┘
```

① 먼저 위 사주의 오행 개수와 점수를 분석한다.

② 다음으로 위 사주는 일간이 무토(戊土)이므로 무토(戊土) 오행에 해당하는 토(土)에 비겁을 적고, 오행 순서대로 금(金)에 식상, 수(水)에 재성, 목(木)에 관성, 화(火)에 인성을 적는다.

```
┌─────────────────────────────────────────────────────────────────────┐
│          오행의 개수와 점수              │      육친의 개수와 점수            │
│                                         │                                  │
│     목(木) 0개  0점                      │   관성 목(木) 0개  0점           │
│     화(火) 0개  0점                      │   인성 화(火) 0개  0점           │
│     토(土) 5개 45점(+20점)  ──────▶     │   비겁 토(土) 5개 45점(+20점)    │
│     금(金) 1개 10점                      │   식상 금(金) 1개 10점           │
│     수(水) 2개 55점                      │   재성 수(水) 2개 55점           │
└─────────────────────────────────────────────────────────────────────┘
```

예3)

시	일	월	연	
癸	戊	甲	戊	(乾)
丑	辰	子	申	

① 먼저 위 사주의 오행 개수와 점수를 분석한다.

② 다음으로 위 사주는 일간이 무토(戊土)이므로 무토(戊土) 오행에 해당하는 토(土)에 비겁을 적고, 오행 순서대로 금(金)에 식상, 수(水)에 재성, 목(木)에 관성, 화(火)에 인성을 순서대로 적는다.

오행의 개수와 점수		**육친의 개수와 점수**
목(木) 1개 10점		관성 목(木) 1개 10점
화(火) 0개 0점		인성 화(火) 0개 0점
토(土) 4개 35점(+20점)	→	비겁 토(土) 4개 35점(+20점)
금(金) 1개 10점		식상 금(金) 1개 10점
수(水) 2개 55점		재성 수(水) 2개 55점

(1) 인월(寅月)=양력 2월 초순~3월 초순

웹툰작가(웹툰협회장)

1961년 2월 26일(양) 오후 10시

시	일	월	연	
丁	庚	庚	辛	(乾)
亥	寅	寅	丑	

목(木) 1개
수(水) 30점

의사(의사협회장)

1962년 2월 5일(양) 오후 8시

시	일	월	연	
甲	甲	壬	壬	(乾)
戌	戌	寅	寅	

목(木) 1개
수(水) 30점

(2) 묘월(卯月)=양력 3월 초순~4월 초순

방송국 PD

1978년 3월 14일(양) 오후 7시

시	일	월	연	
乙	乙	乙	戊	(乾)
酉	亥	卯	午	

목(木) 1개
목(木) 30점

가수

1987년 3월 24일(양) 오전 0시 30분

시	일	월	연	
庚	壬	癸	丁	(乾)
子	申	卯	卯	

목(木) 1개
목(木) 30점

(3) 진월(辰月)=양력 4월 초순~5월 초순

가수

1995년 5월 1일(양) 오전 8시

시	일	월	연	(坤)
甲	壬	庚	乙	
辰	辰	辰	亥	

토(土) 1개
토(土) 15점, 목(木) 15점

축구감독

1977년 5월 1일(양) 낮 12시

시	일	월	연	(乾)
戊	戊	甲	丁	
午	午	辰	巳	

토(土) 1개
토(土) 15점, 목(木) 15점

(4) 사월(巳月)=양력 5월 초순~6월 초순

살바도르 달리(Salvador Dali, 화가)

1904년 5월 11일(양) 오전 6시

시	일	월	연	(乾)
己	乙	己	甲	
卯	巳	巳	辰	

화(火) 1개
화(火) 30점

작곡가

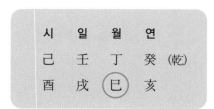

1983년 6월 3일(양) 오후 6시

시	일	월	연	(乾)
己	壬	丁	癸	
酉	戌	巳	亥	

화(火) 1개
화(火) 30점

(5) 오월(午月)=양력 6월 초순~7월 초순

가수

1988년 6월 24일(양) 오전 8시

화(火) 1개
화(火) 30점

골퍼

1995년 6월 13일(양) 낮 12시

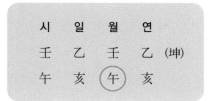

화(火) 1개
화(火) 30점

(6) 미월(未月)=양력 7월 초순~8월 초순

배우

1989년 7월 16일(양) 오전 8시

토(土) 1개
화(火) 30점

변호사

1981년 8월 3일(양) 오후 8시

토(土) 1개
화(火) 30점

(7) 신월(申月)=양력 8월 초순~9월 초순

기업인(전 메타 최고운영책임자)

1969년 8월 28일(양) 낮 12시

금(金) 1개
화(火) 30점

가수

1993년 8월 13일(양) 오후 6시

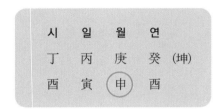

금(金) 1개
화(火) 30점

(8) 유월(酉月)=양력 9월 초순~10월 초순

영화감독

1969년 9월 26일(양) 오전 8시

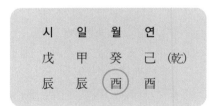

금(金) 1개
금(金) 30점

유튜버

1996년 9월 12일(양) 낮 12시

금(金) 1개
금(金) 30점

(9) 술월(戌月)=양력 10월 초순~11월 초순

야구감독

1976년 10월 11일(양) 오전 3시

토(土) 1개
토(土) 15점, 금(金) 15점

변호사(전 검사장)

1969년 11월 5일(양) 오후 8시

토(土) 1개
토(土) 15점, 금(金) 15점

(10) 해월(亥月)=양력 11월 초순~12월 초순

기타리스트

1957년 11월 21일(양) 낮 12시

수(水) 1개
수(水) 30점

잭 웰치(Jack Welch, 전 GE회장)

1935년 11월 19일(양) 오후 11시

수(水) 1개
수(水) 30점

(11) 자월(子月)=양력 12월 초순~1월 초순

가수

1995년 1월 3일(양) 낮 12시

수(水) 1개
수(水) 30점

가수

1989년 12월 18일(양) 낮 12시

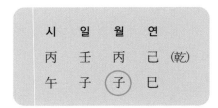

수(水) 1개
수(水) 30점

(12) 축월(丑月)=양력 1월 초순~2월 초순

서울대 교수

1958년 1월 21일(양) 오전 6시

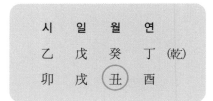

토(土) 1개
수(水) 30점

전 서울대 교수, 전 청와대 경제수석

1939년 1월 16일(양) 오전 6시

토(土) 1개
수(水) 30점

(1) 육친의 긍정적 특성이 나타나는 경우

- 육친이 발달했을 때
- 육친이 과다할 때
- 육친의 발달은 한 가지 육친의 점수가 30~50점인 경우를 말한다. 다만, 육친 점수가 20점 이라도 천간에서 지지로 이어지는 경우나, 육친 점수가 50점 이상이라도 다른 육친의 점수 가 높아서 힘이 있으면 발달로 본다.
- 육친의 과다는 한 가지 육친의 점수가 50점 이상인 경우를 말한다. 다만, 점수가 너무 높은 태과다는 긍정적 특징보다 부정적 특징이 강하게 나타난다.

(2) 육친의 부정적 특징이 나타나는 경우

- 육친이 무존재일 때
- 육친이 고립될 때
- 육친이 태과다할 때
- 사주에 없거나(무존재) 고립된 육친에 집착하면 그 육친의 부정적인 특성이 나타나게 된다. 또한 특정 육친이 집중적으로 분포하여 점수가 50점 이상이면서 많은 것을 「과다」라 하는 데, 과다가 심해질수록 「태과다」라고 부른다. 즉, 육친의 점수가 80점 이상으로 높아질수록 그 육친에 집착하게 되고, 과도한 자신감과 모험심 때문에 부정적인 문제가 발생하게 된다.

(3) 육친의 고립 정의

- 하나의 육친이 주위에 동일한 육친이 없거나, 주위로부터 생을 받지 못하여 힘이 없는 경우
- 하나의 육친이 하나의 기둥 즉 천간과 지지로 이어져 있어서 그 자체는 힘이 있더라도, 나머 지 육친의 점수가 2배 이상 많으면서 해당 육친을 집중적으로 극하는 경우
- 하나의 육친이 하나의 기둥 즉 천간과 지지로 이어져 있어서 그 자체는 힘이 있더라도, 나머 지 육친의 점수가 2배 이상 많으면서 해당 육친을 너무 과도하게 생하는 경우
- 하나의 육친이 주위의 육친으로부터 전부 극을 받고 있는 경우
- 하나의 육친이 주위의 육친에게 너무 과도한 생을 받는 경우

DAY

3

육친의 개수와 점수 분석

● 30일에 마스터하는 사주명리학 ● 중급

| **4** | K-POP 스타의 육친 분포 |

K-POP을 이끌고 있는 방탄소년단(BTS), 블랙핑크(BLACK PINK), 뉴진스(NewJeans), 블랙스완(BLACKSWAN) 멤버들의 사주에서 육친 분포를 분석한다. 다만, 시주를 알 수 없는 멤버도 있기 때문에 연월일만으로 분석하였다.

(1) 방탄소년단

• 육친의 개수와 점수

육친		지민	슈가	제이홉	뷔	정국	RM	진
비겁	개수	2	2	3	2	3	2	2
	점수	20	25	20	20	65	40	25
식상	개수	2	1	1	0	2	1	0
	점수	30	10	10	0	20	10	0
재성	개수	0	1	1	2	1	1	0
	점수	15	10	10	25	0	10	0
관성	개수	1	2	0	0	0	0	2
	점수	10	40	0	0	0	0	20
인성	개수	1	0	1	2	0	2	2
	점수	10	0	45	40	0	25	40

• 총합계

육친	개수	점수
비겁	16	215
식상	7	80
재성	6	70
관성	5	70
인성	8	160

(2) 블랙핑크

• 육친의 개수와 점수

육친		지수	리사	제니	로제
비겁	개수	2	3	3	2
	점수	20	35	65	10
식상	개수	2	0	1	1
	점수	25	0	10	10
재성	개수	1	1	0	1
	점수	10	10	0	10
관성	개수	0	1	2	1
	점수	0	30	10	15
인성	개수	1	1	0	1
	점수	30	10	0	40

• 총합계

육친	개수	점수
비겁	10	130
식상	4	45
재성	3	30
관성	4	55
인성	3	80

(3) 뉴진스

• 육친의 개수와 점수

육친		하니	다니엘	해린	민지	혜인
비겁	개수	1	2	1	2	1
	점수	10	35	10	40	10
식상	개수	2	0	2	2	1
	점수	40	0	40	25	10
재성	개수	1	2	2	1	1
	점수	10	30	25	10	30
관성	개수	1	2	0	0	1
	점수	10	20	0	0	10
인성	개수	1	0	1	1	2
	점수	15	0	10	10	25

• 총합계

육친	개수	점수
비겁	7	105
식상	7	115
재성	7	105
관성	4	40
인성	5	60

(4) 블랙스완

• 육친의 개수와 점수

육친		파투	앤비	가비	스리야
비겁	개수	2	1	2	3
	점수	20	40	25	50
식상	개수	2	2	1	1
	점수	40	20	25	10
재성	개수	0	0	1	1
	점수	0	0	10	15
관성	개수	2	3	1	0
	점수	25	25	15	0
인성	개수	0	0	1	1
	점수	0	0	10	10

• 총합계

육친	개수	점수
비겁	8	135
식상	6	95
재성	2	25
관성	6	65
인성	2	20

DAY 4

비겁(比劫)
가족관계와 사회관계

TODAY'S POINT | 비겁(비견+겁재)은
보여주고 싶어하는 유형이다.

칭찬은 비겁을 춤추게 한다

비견(比肩)은 일간과 오행도 같고 음양도 같은 것이고, 겁재(劫財)는 일간과 오행은 같고 음양이 다른 것이다. 이 둘을 묶어서 「비겁(比劫)」이라 한다.

비견과 겁재는 사람들에게 내(행동 · 끼 · 지식 · 마음 등)가 어떻게 인정받는가에 많은 관심을 가지고 살아가며, 타인에게 긍정적이고 좋은 모습으로 보이기 위해 최선의 노력을 한다. 독일 철학자 헤겔(1770~1831)은 『정신현상학』에서 인간들 사이의 모든 갈등은 인정받고자 하는 욕망에서 비롯되며, 인정 과정은 투쟁이라고 했다. 헤겔을 계승한 악셀 호네트(1947~)는 『인정투쟁』에서 "어떻게 무시와 모욕이 사람들의 분노를 일으키고 마침내 폭동이나 봉기의 원인이 되는가?"라고 했다. 이들이 말하는 「인정욕구가 매우 강한 인간」이 바로 비겁이다.

노래를 부르고 춤을 출 때 부모와 친구들에게 칭찬받은 아이가 있다. 이 아이는 이때부터 더 열심히 춤과 노래 연습을 한다. 악기를 연주했더니 주변 사람들이 환호한다면 더 열심히 연주 연습을 한다. 주변 사람들의 칭찬 덕분에 이들은 가수가 되고 비보이가 되고 연주가가 된다.

또 어떤 아이는 친구들과 어울려 놀다가 축구를 했다. 골을 넣었더니 친구들이 잘했다고 칭찬을 해준다. 친구들 덕분에 힘이 나서 새벽에 일어나 달리기도 하고, 축구 연습도 한다. 다음 축구시합에서 더 멋진 모습을 보여줘서 더 많은 칭찬과 박수를 받고 싶다는 목표가 생긴다. 칭찬과 연습이 반복되다 보니 어느새 축구선수가 되었다.

비겁의 사회성

① 비겁은 지식이나 끼를 가지고 사람들과 관계를 맺어가는 것이다.
② 비겁은 자신을 개발하고, 그것을 타인에게 보여주고 자랑하면서 사람들과 관계를 맺어가는 것이다.

비겁은 자신에 대해 민감하고 감수성이 예민하며 말수가 적다.

비겁은 감정적으로 정직하고 창의적이며 자기중심적이고 개인적이다.

비겁은 자기애가 강하지만, 자아존중감이 부족하여 쉽게 우울해질 수 있다.

비겁은 자신의 약점이나 결점을 다른 사람들에게 보여주는 것에 민감하게 반응하며, 평범하게 사는 삶을 불편하게 여긴다.

비겁은 자신이 다른 사람들에게 특별한 존재로 인식되기를 원한다.

비겁은 자신을 새롭게 변화시키고 창의적, 창조적으로 만들어간다.

비겁은 관계에 민감하고, 다른 사람들이 생각하는 자기 자신에 대해 지나치게 고민하기도 한다.

비겁은 안정된 심리 상태에서는 예민한 감수성과 발랄함을 적극적으로 발휘하여 예술, 문학, 연예, 방송, 체육 등의 분야에서 재능을 나타내며, 정치, 교육 등의 분야에 진출하기도 한다.

비겁은 야망이 크고 유능하고 에너지가 넘친다.

비겁은 스트레스 상태에서는 비교당하는 것, 비판당하는 것에 지나치게 민감하며, 극단적으로는 사람을 밀어내고 우울증이나 방종, 자기연민에 빠지기도 한다.

DAY 4 >> 비겁(比劫)
가족관계와 사회관계

1   비겁의 가족관계

(1) 비겁 자녀의 유형

- 비겁이 많은 아이는 기본적으로 자존감과 질투심이 매우 강하다. 그 대상이 누구든, 자신이 갖지 못한 것에 대한 선망과 부러움이 굉장히 크다. 가진 것에 대해 감사하는 마음보다는 남들이 가진 것을 부러워하는 마음이 크고, 조금이라도 비교 대상이 되면 무척이나 스트레스를 받고 좌절하는 타입이다. 이들은 자신이 해낸 일로 칭찬을 받기 위해 열심히 노력한다.

- 비겁이 많은 남자아이가 있다. 이 아이는 어느 날 자기가 얌전하게 앉아 있을 때 부모님이 칭찬을 많이 해준다는 사실을 깨달았다. "다른 남자애들은 저렇게 극성스럽고 정신없이 뛰어다니기 바쁜데, 너는 어쩌면 이렇게 얌전하고 의젓하게 오래 앉아 있니? 대견하구나." 이런 말을 들은 아이는 으쓱해진다. 그래서 다른 남자아이들이 소리를 지르며 뛰어다닐 때도 혼자 조용히 제자리를 지킨다. 당연히 속마음은 친구들처럼 뛰어다니며 신나게 놀고 싶다. 그러나 친구들과 놀고 싶은 마음보다 어른들에게 칭찬받고 싶은 마음이 더 크다. 아이가 얌전히 앉아 있으니 부모는 더욱더 칭찬하고, 아이는 매번 놀고 싶은 마음을 누르고 제자리를 지킨다. 그러다 보니 점점 얌전히 앉아 있는 것이 습관화된다.

- 한편 비겁이 많은 여자아이가 있다. 이 아이는 어른들이 "예쁘다", "공주 같다"고 칭찬할 때 기쁘다. 그래서 칭찬받기 위해 더 예뻐 보이려고 노력한다. 외모에 일찍부터 신경을 쓰고, 거울을 많이 들여다보고, 엄마의 화장품과 액세서리에 관심을 갖는다. 공주처럼 보이는 옷을 사달라고 조르기도 한다. 그 옷을 입고 외출했을 때 마주치는 어른들이 예쁘다고 칭찬해주면 기분이 좋다. 애교를 부리거나 재롱을 떨 때도 어른들이 좋아하는 것 같다. 그래서 더욱더 애교 많은 성격이 되어간다. 이렇듯 어릴 적에 어떤 칭찬을 받았는지가 성인이 되어서까지 성격에 영향을 미친다.

(2) 비겁 자녀의 양육방법

- 비겁이 많은 아이는 집에 친척이나 부모님의 직장동료, 친구 등 손님이 올 때 가장 흥분한다. 매일 보는 부모님에게 칭찬받는 것보다 외부인에게 칭찬받는 것이 훨씬 감동적이다. 그런데 부모는 어른들끼리 대화하는 데 아이가 방해되므로 방에 들어가 있으라고 한다. 그러

나 방에 들어가 있다고 이 아이가 공부에 집중하는 것도 아니고 공부가 잘되는 것도 아니다. 거실에서 자기 이야기를 하는지 안 하는지가 최대의 관심사이기 때문이다. 그래서 어른들의 대화에 온 신경을 집중하고 있다가, 몇 분 지나지 않아 방에서 나와서 냉장고 문을 열며 "목이 마르다"고 둘러댄다. 잠시 후에 다시 나와서 화장실에 가기도 한다. 어떻게든 손님의 관심을 받고 싶어하는 것이다. 이럴 때는 무조건 방에 들여보내지 말고 오히려 아이를 부른 다음, "요새 얘가 공부를 아주 열심히 해. 대견해 죽겠어." 이런 식으로 이야기하면 방에 들어가서 다시는 나오지 않을 것이다. 칭찬받겠다는 목표에 도달했기 때문이다.

- 비겁이 많은 아이는 어떤 장소, 어떤 상황에서도 멋있게 보이거나 착하게 보이거나 돋보이는 것을 아주 좋아한다. 옷을 센스 있게 잘 입는 아이가 되었든, 착한 아이가 되었든, 공부 잘하는 아이가 되었든, 씩씩한 아이가 되었든, 자신의 장점과 특성을 주변 사람들이나 특정한 사람들이 알아보고 칭찬해주길 바란다. 부모가 반복적으로 칭찬한 부분에서 자신감이 치솟을 것이다. 착한 아이라 칭찬했으면 착한 아이가 되기 위해 모든 노력을 할 것이고, 씩씩한 아이라 칭찬했으면 더욱 씩씩해지려고 노력할 것이다. 그러므로 비겁이 많은 자녀는 아이의 적성과 특성이 무엇인지 사주 전체를 살펴보고 계속해서 인정해주고 칭찬해주면 자신의 능력을 최대한 발휘하게 될 것이다. 「칭찬은 고래도 춤추게 한다」는 말이 가장 잘 적용되는 것이 이 유형의 아이들이다.

- 다만, 자녀가 주변의 칭찬만 바라거나 남이 칭찬할 때만 어떤 일을 하고자 하는 성향이라면, 대화를 통해서 바꿀 수 있도록 해주어야 한다. 부모와 선생님이 칭찬하지 않아도 분명히 사랑하고 있고 인정하고 있다는 사실, 그러므로 사람들에게 칭찬받기 위해서가 아니라 자신이 목표를 세우고 그것을 향해 나가는 것이 우선임을 알려주어야 한다. 주변의 반응보다 스스로 계획을 정하게 하고 스스로 원칙을 지켜 나가도록 격려하고 계획을 실천하도록 해주어야 한다.

- 비겁이 많은 아이는 타인에게 보이는 이미지에 초점을 맞추기 때문에, 외부세계에 강한 인상을 남기고 싶어한다. 그러므로 부모는 자녀가 가지고 있는 자존심과 내면세계를 존중하고, 이들의 관심사와 욕구를 잘 살펴주고 도와주는 것이 좋다.

EXAMPLE

비겁이 많은 아이가 엄마 아빠에게 칭찬받기 위해 청소를 하겠다고 마음먹었다. 그런데 청소를 미리 해놓지 않고 부모님이 돌아오실 때까지 기다리고 있다. 부모님에게 청소하는 모습을 보여주면서 칭찬을 받아야 하는데, 미리 해놓으면 그럴 수 없기 때문이다.

이때 사주에 금(金)이 많은 비판적 성향이 강한 부모는, 엄마 아빠가 집에 들어오는 때에 맞춰 청소를 시작하는 아이를 보며 칭찬하지 않는다. 오히려 청소를 미리 해놓지 않았다고 지적한다. 아이는 자신의 계획과 달리 부모님이 칭찬을 해주지 않자 낙담하게 된다.

아이는 다른 계획을 세운다. 부모에게 칭찬받는 게 어려울 것 같으니, 또래 친구들에게 칭찬받기로 결심한다. 어떻게 하면 칭찬을 받을 수 있을까? 가장 먼저 떠오른 생각은 간식을 사주는 것이다. 하지만 간식을 사줄 돈은 없다. 고민 끝에 부모님의 지갑을 뒤져서 돈을 슬쩍한다.

엉뚱한 결론 같지만, 비겁 아이에게는 그것이 최선의 결론이었던 것이다. 그래서 아이에게 갑자기 도벽이 생겼다면 혹시 이런 경우는 아니었을지 생각해보는 것도 필요하다.

(3) 비겁 부모의 특성

- 비겁이 많은 부모는 자녀가 남들에게 뒤처지지 않고, 어느 분야에서든 남보다 뛰어난 재주나 주변 사람들에게 자랑할 만한 것을 갖고 있어야 한다고 생각한다. 이처럼 자녀들에게 특별한 재능이나 특성을 요구하다 보니 평범한 자녀에게는 스트레스를 많이 주게 된다.

- 또한 비겁이 많은 부모는 자신들이 생각하는 대로 자녀가 재능과 성격을 최대한 발휘하여 성공적인 삶을 살기 원한다. 그러나 기대와 달리 자녀의 재능과 능력이 평범하더라도, 계속 관심을 갖고 존중해야 한다는 것을 유념해야 한다.

- 비겁이 많은 부모 밑에서 자란 자녀는 성인이 된 후 부모의 자존감과 욕심 덕분에 자신들이 더 열정적으로 공부할 수 있었다며 고마워한다. 그러나 동시에 부모의 자존심과 열정 때문에 너무 힘겨웠다고도 생각한다. 부모의 뜻에 따라 움직이다 보니 정작 부모와 따뜻한 감정을 주고받을 기회가 적었다고 생각하기도 한다.

- 비겁이 많은 부모는 자녀가 자신의 기대대로 자라준 것이 그저 기쁘겠지만, 자녀는 서운한 감정이 그대로 쌓인 채 성인이 된 것이다. 그래서 성인이 된 후에 오히려 관계가 서먹해질 수 있으므로 주의해야 한다. 자신의 욕망은 자신의 것일 뿐, 자녀의 욕망이 아니라는 사실을 잊지 말아야 한다.

비겁이 많은 어머니가 있다. 그녀에게는 공부를 잘하는 초등학교 6학년 딸이 있다. 시험을 보면 반에서 1~2등을 하지만, 어머니는 그것으로 만족하지 않는다. 전교 1등은 해야 주위에 자랑할 만하다고 생각하기 때문이다. 그래서 딸이 더욱 좋은 성적을 얻도록 독려하고, 다니는 학원의 수를 늘린다. 어린 나이에 늦은 시각까지 여러 학원을 돌아다니며 공부하는 것이 딸에게는 버거운 일이지만, 어머니는 그것이 딸을 위한 일이라고 생각해서 학원을 줄일 생각이 없다.

어느 날, 학원에서 글쓰기 수업시간에 딸은 자신이 얼마나 힘든지 털어놓는 글을 썼다. 학원 선생님이 보기에 꽤 심각한 상황 같아서 선생님과 어머니가 진지하게 의논을 했고, 어머니는 자신이 얼마나 딸을 몰아붙였는지 깨닫게 되었다. 그리고 딸과의 대화 끝에 다니는 학원의 개수를 줄이기로 했다.

참고로 이 이야기는 다행히 행복한 결말로 끝나지만, 사실 비겁이 많은 부모가 이런 사실을 스스로 깨닫기는 쉽지 않은 일이다.

(4) 비겁 배우자의 특성

- 사주에 비겁이 많은 남편이 아내에게 칭찬받기는 어렵다. 남들의 시선이 중요하고 「좋은 사람」, 「화통한 사람」, 「최고인 사람」이란 말을 듣고 싶어하기 때문이다. 그러니 밖에서 오지랖을 많이 부리고, 누가 부탁하지도 않은 돈을 자기가 먼저 나서서 여기저기 흔쾌히 쓰고 다닌다. 당연히 칭찬은커녕 타박을 받게 된다.

- 가장 가까운 사이인 아내에게 칭찬받지 못하니 이 사람은 누군가에게라도 칭찬을 받기 위해서 남들에게 더 눈을 돌린다. 남에게 얻어먹는 것을 용납하지 않고 밥을 사주고, 누가 어렵다고 하면 나서서 돈을 빌려주고, 동창회비를 대신 내주고, 급기야 보증까지 선다. 그러니 아내의 잔소리가 더 심해진다. 세상에서 지적받는 것을 가장 싫어하는 성향상 아내의 잔소리에 반발하게 되니, 부부 사이가 더욱 안 좋아지는 악순환이 반복된다.

- 자존심이 강하고 자기 보호 본능이 강하게 나타나서 자존심을 지키기 위해 집에서는 고집을 피우거나 과격하게 행동하기도 한다. 반대로 밖에서는 「호인」 소리를 듣고 다닌다. 아내 입장에서는 얼마나 분통이 터지겠는가? 사업하는 비겁 남편을 둔 여자들이 철학관에 많이 찾아가는 이유 중 하나다.

EXAMPLE

사주에 비겁이 많은 남자가 있다. 결혼을 약속하기 전에는 여자친구에게 아주 잘했다. 때마다 꽃과 선물을 안기고, 여자친구 부모님에게도 수시로 선물을 했다. 당연히 여자친구도, 여자친구의 부모님도 매우 흡족해했다.

그러나 결혼을 약속한 후부터 여자친구의 지적이 시작된다. "이제 꽃다발은 그만 사와라. 이제부터는 돈을 모아서 결혼 생활에 보태자", "주위에 오지랖은 그만 부리고 어려운 친구도 그만 도와줘라, 가정을 꾸리려면 그래야 한다" 같은 현실적인 지적을 하기 시작하는 것이다. 남자는 당황한다. 그리고 그런 지적을 듣기 싫으니 하던 대로 행동한다. 여자친구 입장에서는 자기 말을 무시하는 남자가 달갑지 않다. 결혼한 후에도 이런 생활습관을 가지고 함께 살 생각을 하면 한숨이 나온다. 그러니 잦은 다툼을 벌이게 되고, 결국 헤어지고 만다.

2 비겁의 사회관계

(1) 비겁의 육친관계
- 비겁은 남성에게는 친구, 선후배, 동업자, 동료, 형제자매, 배우자(애인)의 남자 등을 상징한다.
- 여성에게는 친구, 선후배, 동업자, 동료, 형제자매, 시댁 식구, 배우자(애인)의 여자 등을 의미한다.
- 사회적으로는 남성과 여성 모두에게 사람이나 대인관계를 의미한다.

(2) 비겁이 발달한 경우의 인간관계
- 남자 사주에 비겁이 발달한 경우는 남성을 상대로 하는 직업이 좋다. 그런 직업을 가지면 사람들에게 인기가 많고 인복이 좋아진다.
- 여자 사주에 비겁이 발달한 경우는 여성을 상대로 하는 직업이 좋다. 그런 직업을 가지면 사람들에게 인기가 많고 인복이 좋아진다.

(3) 비겁이 과다·태과다한 경우의 인간관계
① 남자 사주
- 남자 사주에 비겁이 과다, 특히 태과다하면 비겁이 재성을 극하기 때문에 재성이 힘들다. 재성은 돈이나 재물, 부인(애인) 등을 상징하므로 비겁이 많을수록 재물과 부인이 힘들다.

- 비겁이 과다하면 친구, 선후배, 동료와 보증, 돈거래, 투자 등을 삼가야 한다. 자칫 큰 어려움에 빠질 수 있다.
- 비겁이 과다하면 사업 또한 신중해야 한다. 사업을 크게 확장하면 금전적인 위험에 처하게 된다. 되도록 사업을 하지 말아야 하고, 어쩔 수 없이 사업을 하게 되면 자신의 자산 규모에 맞추어 예산을 축소하고, 계획성 있게 준비하여 시작해야 한다.
- 비겁이 과다하면 밖에서는 과도한 친절을 베풀지만, 집에 들어오면 예민해지고 자존심이 강해진다. 사소한 이야기에도 화내거나 자존심을 내세워서 배우자를 힘들게 한다.
- 남성에게 비겁은 남자에 해당하므로, 비겁이 과다하면 남성에게 인기가 많고 남성을 상대로 하는 직업(군인, 경찰, 연예인, 남학교 교사, 비뇨기과 의사, 남성 양복점, 패션모델 등)이 좋다.

② 여자 사주
- 여자 사주에 비겁이 과다하면, 비겁은 재성을 극하고 동시에 친구, 선후배, 동업자, 동료, 형제자매, 시댁 식구, 남편(애인)의 여자에 해당하므로 이들 때문에 정신적 · 물질적 어려움이 생긴다.
- 또한 비겁은 시댁 식구를 의미하므로 시어머니나 시아버지, 시형제들이 결혼을 반대하거나, 결혼해서도 심하게 간섭하는 경우가 많다. 그리고 그들로 인해 금전적인 지출이 늘어날 수 있다.
- 여성에게 비겁은 여성에 해당하므로 여성들에게 인기가 많고, 여성을 상대로 하는 직업(여학교 교사, 연예인, 패션모델, 여성 의상실, 헤어디자이너 등)이 어울린다.
- 비겁이 과다하면 예민하고 감수성이 발달하여 감각적인 분야의 일들이 어울리지만, 스트레스로 인해 건강문제가 발생할 수 있다.

(4) 비겁이 고립된 경우의 인간관계
- 남자 사주에서 비겁이 고립된 경우는 본인이나 형제자매에게 건강문제나 재산문제가 발생한다. 또는 형제자매와 사이가 멀어지는 경우도 있다.
- 여자 사주에서 비겁이 고립되면 본인이나 형제자매에게 건강문제나 재산문제가 발생한다. 또는 형제자매와 사이가 멀어지는 경우도 있다. 더불어 시댁 식구인 시부모나 시형제 자매 등에게 건강 악화나 불화가 생길 수 있다.
- 남녀 모두 비겁이 하나밖에 없는데 이 비겁이 고립되는 경우에는 친구, 선후배, 형제자매, 시댁 식구(여성의 경우)의 복이 없고 인덕이 부족하다.

DAY 5

비겁(比劫)
성격

| 비겁(비견+겁재)은
인정받기 위해 열심히 노력한다.

비겁은 끼를 발산하는 것을 좋아한다

비견과 겁재는 타인에게 인정받고자 하는 욕구가 강하다. 인정욕구를 충족하기 위해, 다른 사람에게 칭찬받을 수 있는 다양한 방법을 찾아서 적극적으로 행동하고 표현하는 노력을 한다. 다만, 인정욕구가 강한 만큼 자신이 인정받지 못할 때 쉽게 좌절하거나 분노하는 성향이 나타난다.

이들은 끼를 발산하는 것을 좋아한다. 사람들 앞에서 춤을 추거나 노래를 하며 주목받는 것을 즐긴다. 하지만 누가 시키지도 않았는데 자기가 나서는 스타일은 아니다. 오히려 쭈뼛쭈뼛하는 모습을 보인다. 칭찬받으면 좋겠지만 못 받을 수도 있기 때문이다. 하지만 일단 자리를 깔아주면 정말 잘한다. 그래서 자신의 끼를 발산할 수 있는 기회, 예를 들어 축제의 장기자랑 같은 행사를 기다린다.

돌이켜보면 학창시절에 이런 친구 하나쯤은 있었을 것이다. "앞에 나기기 싫어하는 것 같은데 너무 억지로 시키는 거 아니야?" 하는 생각이 들 만큼 머뭇거렸는데, 막상 노래를 시작하면 전혀 다른 사람이 되어 춤까지 추며 신나게 놀고 자리로 돌아오는 것이다.

이런 사람들 중에서 유명한 연예인, 방송인, 뮤지션 등이 나오기도 한다. 칭찬받을 수 있는 방법을 찾다가 자신의 끼를 발견한 경우도 많다. 특히 여자들 중에는 패션 감각을 기르는 방향으로 가는 경우도 많다. 비겁이 많은 연예인이 많은 이유 중 하나다.

비겁의 성격 분석

경쟁심이 있는, 경쟁적인, 고집이 강한, 공동체 의식이 있는, 기분파인, 독립적인, 독창적인, 명예심이 있는, 분위기파인, 비교하는, 비약하는, 비판에 민감한, 사기에 연관되는, 성실한, 순수한, 승부욕이 강한, 실험적인, 양보하는, 열정적인, 예민한, 우유부단한, 의식적인, 자긍심 있는, 자기 과시적인, 자기본위적인, 자기중심적인, 자랑하는, 자존심이 센, 잘난척하는, 조언을 싫어하는, 주관적인, 주장하는, 질투하는, 착한, 책임감 있는, 청각이 발달한, 추진력이 강한, 칭찬에 민감한, 투기하는, 품위 있는, 현실적인, 현재적인

장점
개척정신이 강한, 기분이 좋은, 담백한, 돌격하는, 배려하는, 솔직한, 순수한, 양보하는, 열정적인, 의리 있는, 자신감 넘치는, 적극적인, 조언을 수용하는, 착한, 추진력이 강한, 헌신하는, 협동하는

단점
고집하는, 냉혹한, 민감한, 비판하는, 삐지는, 산만한, 예민한, 조언을 싫어하는, 주장하는, 직선적인(비교당할 때), 질투하는, 폭력성이 나타나는, 화를 내는

건강
과민성 대장, 스트레스성 위장, 과잉반응, 가학성 성격장애, 피학성 성격장애, 자기애성 성격장애, 자기패배적 성격장애, 나르시시즘, 알레르기, 열등감, 공주병 증후군, 계모왕비 콤플렉스, 비교 콤플렉스, 왕자병 증후군, 열등감 콤플렉스, 착한 사람 콤플렉스(착한 아이 증후군), 히스테리, 그루밍족[주1], 둘째아이 증후군[주2], 신데렐라 증후군[주3], 와이미(Why Me) 증후군[주4], 카인 콤플렉스[주5], 파에톤 콤플렉스[주6]

별명
공주병, 왕자병, 관종, 연예인, 분위기 메이커, 엔터테이너

[주1] 그루밍족: 패션과 미용에 아낌없이 투자하는 남자들을 일컫는 신조어
[주2] 둘째아이 증후군: 출생 순서가 중간인 아이들에게 나타나는 심리적 상태
[주3] 신데렐라 증후군: 남성에게 기대어 안정된 삶을 살아가려는 여성의 심리
[주4] 와이미 증후군: 자신만이 부당한 대우를 받고 있고 내 편이 없다고 생각해 우울감을 느끼는 증상
[주5] 카인 콤플렉스: 아버지의 사랑과 축복을 차지하려 애쓰는 형제간의 질투와 경쟁을 의미하는 표현
[주6] 파에톤 콤플렉스: 성공한 아버지 밑에서 인정받지 못한 자식이 타인의 인정에 목말라하는 상황

DAY 5 >> 비겁(比劫)
성격

1 | 비겁의 일반적 성격 특성

- 사주에 비겁이 많은 이들은 사람들이 자신을 쳐다보기를 원하고, 타인의 인정을 받는 것을 중요하게 생각한다. 때로는 그것이 살아가는 이유가 될 정도이다.

- 이들은 「나」가 중심이 아니라 「남」이 중심이며, 내가 보기에 최고인 사람이 되는 것은 중요하지 않다. 즉, 남들의 시선에서 볼 때 최고가 되고 싶어한다. 따라서 이들은 「남들이 나를 어떻게 생각할까?」라는 생각을 멈추지 않으며, 남들이 보기에 좋고 멋있게 보이는 일을 벌이고, 그렇게 생각되는 일에 과감히 뛰어든다.

- 이들은 다수 속에 있는 것, 여러 사람들 사이에서 스포트라이트를 받는 것을 좋아한다. 누군가가 멀리서도 무슨 이야기를 하는지, 특히 자신에 대한 이야기를 하는지에 대해 관심을 갖는다.

- 그런데 이들은 자기애가 강하다. 자기애가 강한 사람을 생각하면 자기 자신에게 온통 신경이 쏠려야 할 것 같은데 희한한 일이다. 오히려 모든 시각적·청각적 감각이 남에게 쏠려 있다. 왜일까? 자기애가 높을 뿐, 자존감은 낮기 때문이다. 그래서 비교당하는 것을 정말 싫어하고 타인의 평가에 매우 예민하다.

- 칭찬받기를 원하는 만큼이나 비난받는 것에 대한 두려움이 크다. 그래서 어떤 일을 하면서도 주위의 반응을 신경 쓰고, 좋지 않은 시선이 보이는 것 같으면 주춤하거나 낙담하고, 그 일을 그만두기도 한다.

- 그렇다. 이들은 인정욕구가 강하다. 모든 오행과 육친을 통틀어서 이들의 인정욕구가 가장 강하다고 할 수 있다. 늘 칭찬을 요구하고 인정받기를 바란다. 그래서 어떻게든 칭찬받을 수 있는 방법을 구상한다.

- 예를 들어 비겁이 많은 아이는 공부처럼 제법 긴 시간을 투자해야 좋은 성과를 얻을 수 있는 것에 눈을 돌리기 쉽지 않다. 그때까지 끈기 있게 기다릴 수가 없다. 하루에 칭찬을 열 번 이상 들어도 부족하기 때문이다. 그래서 설거지, 청소 등 후딱 해치우고 그 즉시 칭찬받을 수 있는 행동을 많이 한다.

- 비겁이 많은 이들은 자신의 감성, 자신의 자존감을 무엇보다 중요하게 여기고, 칭찬받고 싶은 마음을 이해하지 못하는 사람에게는 실망하고 좌절한다. 또한 자신을 이해해줄 완전

하고 이상적인 사람에 대한 동경이 있다. 자신만의 생각과 자존감의 성을 구축하고 그 안에서 끊임없이 자신을 주변에 보여주려고 노력하며, 사람들이 자신에게 관심을 쏟아주길 기대한다.

- 이들은 「나의 모습이 남들에게 어떻게 보일까?」에 대한 부분만 머릿속에 남아 있다. 진정한 자신의 모습이 어떤 것인지 생각하거나, 탄탄한 자존감을 세워가고 만들어가는 과정이 부족하다.

- 이들은 자신이 말할 때는 주변 사람들이 관심을 가지고 집중하기를 기대한다. 그러나 주변 사람들, 이를테면 배우자나 가족의 말에는 정작 귀기울이지 않는 경우가 많고, 심지어 충실한 조언도 잔소리라 생각하기도 한다.

- 그러다 보니 어릴 적에 「착한 행동」을 하고 칭찬받은 적이 있었다면 「착한 사람」이 되기 위해 베풀고 나누어 주는 일에 초점을 맞춘다. 또는 「아름답고 멋진 것」으로 칭찬받은 적이 있었다면 「예쁜 옷, 예쁜 모습, 멋진 모습」에 초점을 맞추어 자신을 꾸미는 데 중점을 두고 생활한다.

- 이들은 어릴 적에 어떤 칭찬을 받았는지가 매우 중요하고, 그때 받은 칭찬들이 평생의 생활습관에 반영된다. 어려서부터 반복적으로 칭찬받은 방향으로 가는 경우가 많다. 공부하는 모습에 적극적 칭찬을 하는 부모와 선생님을 만나면 공부를 열심히 하는 데 중점을 두고 생활한다.

- 만약 칭찬을 많이 하지 않고 비판적인 부모 밑에서 자랐다면 자칫 칭찬받기에 과도하게 연연하기 쉽다. 허영심이 발동하여 씀씀이가 커지거나 일확천금을 꿈꾸기도 한다.

- 비겁이 많은 이들은 남에게 강렬한 인상을 남기고 싶기 때문에 대체적으로 매너 있게 행동한다. 조화를 중시하고 다른 사람을 지지해주며 잘 공감해준다.

- 이들은 인정이 많은 편이며, 남을 챙기는 것을 좋아한다. 그래서 착한 사람이라는 평가를 받는 편이다.

- 이들은 감정 기복이 심하고 자존감의 변동이 크다. 칭찬받을 일에는 자신을 드러내는 반면, 비판받을 일에는 자신을 감춘다.

- 비겁이 많은 이들은 모든 사람들이 자신을 좋아할 거라 생각하고 그렇게 되도록 노력한다. 이들은 자신을 좋아하지 않는 사람들을 이해하기 어렵다. 자신을 받아들이지 않고 존재를 인정하지 않으면 어쩔 줄 몰라 한다.

- 비겁이 많은 이들은 깊고 친밀한 듯한 인간관계를 맺는 것 같지만 얕은 인간관계를 맺는 편이다.

- 비겁이 많은 이들은 칭찬받을 자격이 있는 사람인지 스스로를 의심한다.
- 이들은 명확한 칭찬이 없으면 실망하며, 남들보다 잘하려고 두 배, 세 배 노력한다.

비겁(比劫) — 성격
● 30일에 마스터하는 사주명리학 ● 중급

2 비겁의 관계

남자		여자	
가족관계	사회적 관계	가족관계	사회적 관계
형제, 자매, 이복형제, 이종사촌, 내 여자의 남자, 동서, 며느리, 처형제의 남편, 여형제의 시아버지, 조카며느리, 조카며느리의 여형제	친구, 선후배, 동창, 직장 동료, 라이벌, 상사, 거래인, 경쟁자	형제, 자매, 이복형제, 이종사촌, 내 남자의 여자, 남편의 형수, 남편의 제수, 시고모, 시어머니, 시누이, 시큰아버지, 시작은아버지, 시백부, 시숙부, 시아버지	친구, 선후배, 동창, 직장 동료, 라이벌, 상사, 거래인, 경쟁자

3 비겁의 긍정적인 면과 부정적인 면

긍정적인 면	부정적인 면
감각이 예민하다.	간섭에 민감하다.
감수성이 발달되어 있다.	계산적이다.
강한 결단력이 있다.	계획성이 없다.
경쟁을 좋아한다.	고집이 세다.
경청을 잘한다.	관심을 끌려고 한다.
공감을 잘한다.	남의 의견을 무시한다.
긍정적이다.	대략적이다.
남을 잘 도와준다.	독선적이다.
다른 사람들의 고통을 함께 느낀다.	무모한 추진력이 있다.
담백하다.	변덕스럽다.
독립적이다.	비교에 민감하다.
따뜻하다.	비판적이다.
미적 감각이 뛰어나다.	삐딱한 성격이다.
배려적이다.	삐치기를 잘한다.
사랑받으면 헌신한다.	샘이 많다.
솔직하다.	생각이 너무 많다.

순발력이 있다.

심성이 착하다.

아름다움을 추구한다.

야망이 있다.

어려움에 처한 사람을 돕고 싶어한다.

인정받으면 힘이 난다.

인정이 많다.

자기표현이 발달되어 있다.

자유 지향적이다.

재능이 있다.

재치가 있다.

청각이 발달했다.

추진력이 강하다.

타인을 이해하는 능력이 있다.

품위 있다.

현재를 즐기며 산다.

호기심이 많다.

쉽게 고독해진다.

쉽게 상처받는다.

승부욕이 너무 강하다.

엘리트 의식이 강하다.

의처증과 의부증이 있다.

이기적이다.

자기본위적이다.

자기중심적이다.

자신의 기준으로 구분한다.

자존심이 강하다.

작은 질책에도 좌절한다.

준비되어 있지 않다.

질투가 심하다.

집착이 강하다.

충동적이다.

4 사람들이 바라보는 비겁

- 그들은 매력적이며 착한 사람이다.
- 그들은 많은 사람들이 자신들을 특별한 사람, 중요한 사람으로 느끼도록 만드는 법을 안다.
- 그들은 감수성과 감각이 발달되어 있으며, 아이디어가 반짝인다.
- 그들은 칭찬해주고 맡겨주면 자신을 희생하면서도 능력을 발휘하는 힘이 있다.
- 그들은 수줍음을 잘 타면서도 예술적이고 상상력이 풍부하다.
- 그들은 자신을 내세우기를 좋아하고 잘난척하는 경향이 있다.
- 그들이 자신이 해야 할 일과 바라는 일, 그리고 타인에게 보여주고자 하는 일을 구분할 수 있기를 바란다.

5 사람들이 비겁을 좋아하는 이유

- 그들은 자신감 있는 성격으로 스스로에 대해 만족하기 때문이다.
- 그들은 활동적인 성격과 사색하는 성격을 모두 좋아하기 때문이다.

- 그들은 인정받았을 때 어떤 일이든 성사시키고 결과물을 만들어내기 때문이다.
- 그들은 열심히 일하는 나를 잘 이해해주기 때문이다.
- 그들은 사교적인 성격으로 다른 사람들과 어울리는 걸 즐거워하기 때문이다.
- 그들은 자기애가 강하고, 주변 사람들이 칭찬하고 박수칠 만한 것을 꾸준하게 연구하고 연습하고 노력하기 때문이다.

6 사람들이 비겁을 싫어하는 이유

- 그들은 인정욕구에 집착하는 성격으로 사람이나 일에 집중하면 주위에 무슨 일이 일어나든 관심을 두지 않기 때문이다.
- 그들은 무뚝뚝한 성격으로 마음 깊이 있는 진실된 감정을 끄집어내고 표현하는 데 미숙하기 때문이다.
- 그들은 경쟁심이 많은 성격으로 항상 치열하게 싸움을 하는 사람들이기 때문이다.
- 그들은 자신을 칭찬하고 인정하는 사람들을 찾아 나서는 활동성이 너무 많은 성격이다. 문제는 활동반경이 넓다 보니 스스로 스트레스를 받고 지친다는 것이다.
- 그들은 조언이나 진심어린 충고에도 쉽게 상처받고 삐치기 때문이다.
- 그들은 끊임없이 누군가와 경쟁의식을 가지고 비교당할까 두려워하기 때문이다.

7 비겁이 사람들에게 바라는 것

- 내가 칭찬받고자 하는 일에는 적극적으로 격려해주고 칭찬해야 한다.
- 한 번 나를 칭찬해주고, 두 번 나를 칭찬해주고, 또다시 나를 칭찬해야 한다.
- 나에게 자신의 감정을 보여주되 지나치게 비판적이지 말아야 한다.
- 나에게 자신의 생각을 이야기하되 나를 판단하려 들지는 말아야 한다.
- 나에게 부정적인 감정으로 부담감을 안겨주지 말고 긍정적인 말을 해줘야 한다.
- 나와 내 주변이 늘 평화롭고 안정되고 조화로움을 유지하도록 도와줘야 한다.
- 내가 해낸 일이나 성과들이 자랑스럽다고 표현해줘야 한다.
- 내 존재가 있어 당신들이 행복하며 기쁘다고 말해줘야 한다.
- 나를 인정해주고 맡겨줘야 한다.

- 비겁은 조그만 잔소리나 싫은 소리에도 삐치고 화를 내기 때문에 단점을 지적하기가 쉽지 않다. 단점에 대해 이야기하려면 일단 듣고 싶어하는 칭찬을 먼저 해주어야 한다. 예를 들어 "당신은 의리 있고, 능력 있고, 심성이 착한 사람이다"라는 식의 칭찬으로 말문을 열어야 한다. 그런 후에 에둘러서 "그런데 친구들한테만 주지 말고 아내(남편)인 나에게도 주면 좋겠다" 하는 식으로 말해야 한다. 한마디로「선 칭찬, 후 충고」전략을 써야 한다.
- 비겁 자녀의 경우에는 신체적 접촉을 좋아하므로 자주 쓰다듬거나 안아주는 것도 좋다.
- 비겁 자녀가 사주에 금(金)이 많은 부모처럼 비판과 지적을 잘하는 부모를 만나면, 사랑받지 못하는 느낌을 항상 받기 쉽다.
- 반면에 비겁 자녀가 사주에 수(水)가 많아 걱정이 유난히 많은 부모를 만나면, 사랑은 많이 받지만「하지 말라는 것」도 많기 때문에 잔소리처럼 느낄 가능성이 높다.
- 칭찬받기를 좋아하는 비겁의 성향을 잘 활용한다면 사회생활에도 좋은 영향을 미칠 수 있지만, 그렇지 못할 경우는 문제가 된다. 예를 들어 비겁이 일반 회사에 입사했다고 가정하자. 회사에서는 칭찬보다는 일에 대한 지적이나 비판이 더 많고, 효율적인 업무 능력을 필요로 하는 경우가 많다. 이때 비겁은 다른 사람보다 스트레스를 더 많이 받는다. 그래서 이직을 자주 할 수 있고, 조직 생활에 적응하지 못하고 자기 사업을 벌이기도 한다.

- 한 달 내내 자신에게 일어났던 일들 중 부정적인 일만 추려내는 상상
- 자신이 관심을 갖고 있는 사람에게 비판적인 표현을 듣는 상상
- 버림받고, 아무도 자신을 돌봐주거나 사랑해주는 사람이 없다는 상상
- 자신이 무가치하고 쓸모없다는 상상
- 자신을 비판하고 험담하는 사람과 웃으며 대화하는 상상
- 사람이 많이 있는 공간에서 자존심이 상하는데 웃어야 하는 상상
- 현재 사귀는 사람의 옛날 애인이나 전 배우자를 만났을 때, 자신의 외모와 그 사람의 외모가 비교당하는 상상

10   비겁이 살려야 할 점

- 주변의 시선이 많을수록 능력을 발휘하는 점
- 착한 심성과 단순한 성격이 강한 점
- 기획력이나 아이디어가 뛰어나 최고의 참모가 될 수 있다는 점
- 마음 깊은 곳에 모성본능이 있다는 점
- 칭찬하고 인정해주면 능력을 발휘한다는 점
- 섬세하고 꼼꼼하고 치밀하며 맡은 일이나 마음먹은 일은 끝까지 처리하며, 똑똑하다는 소리를 듣는 점
- 인정받을 때 체계적이고 성실하고 근면하며 헌신적으로 처리한다는 점
- 칭찬받을 때 일을 기어코 완성시키며 정해진 일정표에 맞춰 그 일을 완성한다는 점
- 어떤 일을 복잡하게 만들어서 힘들게 하지는 않는다는 점
- 대부분 장애물이 없는 성실하고 무난한 길을 택한다는 점
- 가정이나 직장을 지키려는 수비본능이 강한 타입이란 점
- 인간적인 정과 일 중에서 하나를 선택하라면 인간적인 정을 우선으로 처리한다는 점
- 타인들에게 인정받고 칭찬받을 때 열정이 넘친다는 점
- 타인들이 박수 쳐주고 바라봐주는 인기를 중심으로 하면 능력이 높아진다는 점

11   비겁이 보완해야 할 점

- 남의 칭찬하는 말에 잘 속아 넘어간다는 점
- 타인의 비판이나 지배를 받기 싫어한다는 점
- 누르고 억압하면 하던 일도 쉽게 싫증낸다는 점
- 규칙적인 생활에는 흥미를 느끼지 못한다는 점
- 주변 사람들의 반응에 극도로 신경 쓴다는 점
- 자존심이 아주 강하다는 점
- 자존감이 매우 낮다는 점
- 보여주고 싶은 욕망이 크다는 점
- 쓸데없는 고집이 세다는 점
- 특별한 목표의식이 부족하고 자신만의 독특한 지도력도 부족하다는 점

- 무엇인가를 하려면 외부의 자극이 필요하다는 점
- 자기 자신을 그렇게 중요한 사람이라고는 생각하지 않는다는 점
- 무엇을 새롭게 시작하려면 생각을 많이 하는 편이고, 융통성과 배짱이 부족하다는 점
- 자신이 흥미를 가지는 것 이외에는 별 욕심이나 관심이 없다는 점
- 섬세하고 성실하고 정직하지만 소심하다는 점
- 자기 자신만의 평가 기준으로 자신과 남들을 평가하고 비판한다는 점
- 모든 것이 자신이 생각한 상태로 정리되어 있지 않으면 짜증이 날 때가 많다는 점
- 아주 단순해서 얼굴에 감정이 다 나타난다는 점
- 부모에게 인정받지 못하면 친구를 비롯해 밖에서 인정받기 위해 도벽 등 좋지 않은 버릇이 생길 수 있다는 점

6

비겁(比劫)
직업적성

비겁을 표현한 유명인의 명언

"인간의 영혼에는 활활 타오르는 뜨거운 용광로가 있다. 그리고 그 곁에는 그 누구도 앉아본 적이 없다."
— 빈센트 반 고흐(Vincent van Gogh)

"나는 평범한 날들이 이어지는 것만 빼고는 무엇이든 참을 수 있다."
— 요한 볼프강 폰 괴테(Johann Wolfgang von Goethe)

"언제 어디서나 당신 자신을 기억하라." — 게오르기 구르지예프(Georgii Ivanovich Gurdzhiev)

"자신이 누구인지를 알고 자기 자신이 되어라." — 핀다로스(Pindaros)

"모든 살아 있는 생명체는 자기 자신을 찾고자 노력한다. 올챙이는 개구리가, 애벌레는 나비가, 상처받은 인간은 온전한 인간이 되고자 하는 것이다. 이것이 바로 영성이다."
— 엘렌 바스(Ellen Bass)

"순수의식은 손가락으로 가리킬 수 있는 물리적인 실체가 아니라 진정한 자아다."
— 키케로(Marcus Tullius Cicero)

"당신이 자신의 「자아」를 묘사하거나 설명할 때, 혹은 단지 내면에서 자아를 느낄 때, 의식하건 의식하지 못하건 당신이 하는 일은 자신이 「자아」라고 부르는 것의 경계, 즉 마음의 선을 긋는 것이다. 그러면서 당신은 그 경계 밖의 모든 것은 자아가 아니라고 느낀다. 다시 말하면 당신의 자아 정체성은 전적으로 당신이 그 선을 어디에 그을 것인지에 달려 있다. — 켄 윌버(Ken Wilber)

"의식적으로 무엇을 안다는 것은 쉽지 않다. 내가 선택하는 것의 깊은 의미, 즉 선택에는 책임이 따른다는 것을 알기 전에 내 삶은 훨씬 더 쉬웠다. 그 순간에는 외부에 책임을 떠맡기는 것이 훨씬 더 쉽게 느껴진다. 그러나 삶을 더 깊이 이해하게 되면 그렇게 자신을 속이는 것을 견딜 수 없게 된다."

— 캐롤라인 미스(Caroline Myss)

"스스로의 내면에서 만족을 찾지 못하는 사람은 어디에서도 만족을 찾을 수 없다."

— 프랑수아 드 라 로슈푸코(Francois de La Rochefoucault)

"당신은 누구에게도 의존할 수 없습니다. 안내자, 스승, 권위자는 없습니다. 당신만이 있을 뿐, 당신과 다른 사람과의 관계, 당신과 세상의 관계가 있을 뿐, 그밖에는 아무것도 없습니다."

— 지두 크리슈나무르티(Jiddu Krishnamurti)

"우리에게 상처를 입히고 우리를 실망시키는 사람들을 사랑하는 일은 불가능한 것 같다. 그러나 그렇지 않은 사람 또한 없다."

— 프랭크 앤드류스(Frank Andrews)

"가장 자주 하는 거짓말은 자신에게 하는 거짓말이다."

— 프리드리히 니체(Friedrich Nietzsche)

"자아실현은 자신의 본성에 대한 깨달음일 뿐이다. 자유를 갈구하는 사람은 의심이나 오해 없이 영원한 것과 일시적인 것을 구분함으로써 자신의 본성을 깨닫는다. 그리고 결코 자신의 자연적인 상태에서 벗어나지 않는다."

— 라마나 마히리쉬(Ramana Maharshi)

1 오행에 따른 비겁의 특성

오행과 마찬가지로 육친에는 성격, 기질, 역량, 리더십, 대인관계 등 인간의 다양한 특성이 나타난다. 따라서 오행과 육친이 결합된 다양한 유형들을 분석함으로써 인간의 특성을 좀 더 깊이 있게 들여다볼 수 있다.

비겁(비견＋겁재)과 오행의 결합으로는 목(木) 비겁, 화(火) 비겁, 토(土) 비겁, 금(金) 비겁, 수(水) 비겁의 다섯 종류가 존재하는데, 오행의 특성에 따라 비겁의 특성 또한 조금씩 다르게 나타난다. 다섯 가지 비겁의 특성을 제대로 분석한다면 명리학 실력이 한층 향상될 것이다.

오행과 마찬가지로 육친은 발달, 과다, 태과다일 때 다음과 같은 강한 기질적 특성이 나타난다.

- 목(木) 비겁 : 긍정성, 배려성, 성장성, 융통성, 자유성, 자율성, 창조성, 호기심
- 화(火) 비겁 : 모험성, 소유성, 예술성, 융합성, 자율성, 창조성, 표현성, 활동성
- 토(土) 비겁 : 관계성, 배려성, 명예성, 소통성, 융통성, 인내성, 선심성, 판단력
- 금(金) 비겁 : 개혁성, 전통성, 논리성, 보수성, 비판성, 완벽성, 준비성, 치밀성
- 수(水) 비겁 : 감수성, 기억성, 분석성, 상상성, 수리성, 연구성, 정보성, 창의성

(1) 목(木) 비겁이 과다 · 태과다일 때

- 사람을 가려 사귀면서도 한번 믿으면 포용력이 있고 마음이 넓다.
- 자유주의적 기질이 있다.
- 공상이 많고 현실성이 약하고 실속이 없다.
- 타인에게 교훈을 주고 희망을 주는 일에 어울린다.
- 일로 접근하는 사람은 싫어하고 인간적인 사람을 좋아한다.

(2) 화(火) 비겁이 과다 · 태과다일 때

- 타인의 마음이나 일의 성격을 쉽게 판단하는 능력이 있다.
- 빠르고 적극적이며 자신감이 넘쳐나는 기질이 있다.
- 감정 기복이 심하여 사람과의 관계에서 갈등이 잦다.
- 다양하고 엉뚱한 상상이나 생각을 잘한다.

- 여러 가지 복잡한 일이나 상황을 하나로 융합하는 능력이 있다.

(3) 토(土) 비겁이 과다·태과다일 때
- 자신의 맡은 일을 성실하고 열심히 끈기 있게 밀고 나간다.
- 명분이나 평화로운 환경에 집착하여 일에서 손해 보는 경우가 있다.
- 사람과 어울리는 것을 좋아하고 타인에게 배려하고 쉽게 소통한다.
- 고집에 매우 세고 자존심이 강하다.
- 정확한 자기 세계가 있어서 한 분야를 밀고 나가면 성공 가능하다.

(4) 금(金) 비겁이 과다·태과다일 때
- 사람을 가려 사귀고 좋고 싫음이 명확하다.
- 자기중심주의적인 기질이 있고 완벽주의자의 성격을 가지고 있다.
- 매사에 일로 접근하는 타입이다.
- 자신만의 구조화, 계획적인 틀이 존재한다.
- 자유방임적인 타입을 싫어한다.

(5) 수(水) 비겁이 과다·태과다일 때
- 예민하고 쉽게 피곤해 하고 스트레스가 심하며, 실천력이 떨어지고 결단 장애, 결정 장애가 있다.
- 생각이 너무 많고 상상력이 풍부하고 아이디어가 다양하다.
- 자의식이 강하고 자존심이 강하지만 겉으로 드러내지 못한다.
- 예지력이 있고 느낌이나 감각이 발달되어 있다.
- 자신만의 다양하고 복잡한 생각에 사로잡히고 옳고 그름을 분석해내는 타입이다.

---

2 | 비겁의 직업적성 개요

- 사주에 비겁이 많은 이들은 돈을 밑천 삼아 벌이는 일이 아니라, 지식과 끼를 바탕으로 사람들과 관계를 맺는 직업이 잘 맞는다. 예를 들어, 물건을 판매하는 것이 아니라 지식을 가지고 학생들과 관계를 맺어가는 교육자도 적합하다. 외교관도 외국어라는 지식을 바탕으로 사람들과 관계를 맺는다는 면에서 적합하다. 공무원 역시 공부한 지식으로 공무원 시험에 합

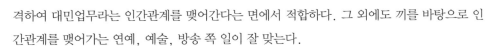

격하여 대민업무라는 인간관계를 맺어간다는 면에서 적합하다. 그 외에도 끼를 바탕으로 인간관계를 맺어가는 연예, 예술, 방송 쪽 일이 잘 맞는다.

- 한편 지식과 끼 중에서 어떤 쪽을 바탕으로 관계를 맺을 것인지를 잘 판단해야 한다. 역마가 많으면서 비겁일 수도 있고, 도화가 많으면서 비겁일 수도 있다. 역마가 많은 비겁은 외교관이 더 잘 맞을 것이고, 도화가 많은 비겁은 연예, 방송 쪽이 더 잘 맞을 것이다. 명예살이 많은 비겁은 정치, 공무원 쪽이 잘 맞을 것이다. 물론 공무원 중에 도화가 많은 비겁이 없으라는 법은 없다. 다만 더 잘 맞는 쪽이 있다는 이야기다.

- 이들은 다른 사람들이 평범하게 스쳐 지나가는 사물이나 상황도 그냥 지나치지 않는다. 그 안에서 자신만의 독특하고 특별한 감성과 감각을 느끼고 상징적인 표현을 잘한다. 풍부한 상상력과 직관적 느낌으로 상황을 잘 파악한다.

- 이들은 스타일에 대한 감각이 남다르고 아름다움을 발견해내는 미적 감각도 뛰어나며, 남들이 우러러보는 예술작품을 만들어내는 능력이 뛰어나다. 장점을 잘 살린다면 예술 쪽으로도 뛰어난 업적을 남기기에 적합하다.

- 또한 자유롭고 독립적인 성격의 소유자로 규칙적인 생활, 억압된 생활, 간섭받는 생활을 거부하며, 자신을 과시하거나 자신의 능력을 보여줄 수 있는 공간과 자신을 내세우는 직업을 선호한다.

- 사업은 어떨까? 사실상 사업은 이들에게 맞지 않는다. 이들의 성향을 파악한 이들에게 이용당할 위험도 높다. 누군가 이들에게 6개월 정도 열심히 칭찬을 아끼지 않다가 어느 순간 "요즘 어렵습니다, 형님…" 하면서 우는 소리를 조금만 해도 선뜻 담보를 내어줄 정도로 오지랖이 넓기 때문이다. 게다가 자신을 조금이라도 비판하는 이와는 거래를 하지 않을 정도이니 사업을 하면서 합리적 판단을 내리기 어렵다.

- 이들은 「남에게 어떻게 보여지는가」가 중요하기 때문에 보여주기식 사업을 벌이는 경우도 많다. 남들의 찬사를 받으며 으스댈 수 있어야 하기 때문이다. 100억원짜리 공사를 해서 5천만원을 남기는 것이, 10억원짜리 공사를 해서 1억원을 남기는 것보다 좋다고 생각한다. 다른 사람들이 보기에는 이해할 수 없는 선택이지만, 이들에게는 실제 이익이 얼마인지보다 겉으로 보여지는 규모가 중요하기 때문이다. 「나는 100억짜리 공사를 따낸 사람이다!」라는 타이틀이 매우 중요하고 자랑스럽다. 그래서 사업을 하면 실속 없는 선택을 거듭하다가 망하기 쉽다.

- 단, 엄청난 지식인이나 연예인이 사업을 벌인다면 예외다. 지식과 끼를 바탕으로 사업하는 것과 다름없기 때문이다. 석학의 지식인이나 특허가 많은 지식인이 사업을 하거나 전문가

(의사·한의사·변호사·세무사·회계사·변리사·노무사) 등 자신의 지식을 바탕으로 하는 사업은 충분히 성공 가능성이 있다.

- 연예인을 하면서 방송을 지속적으로 하면서 하는 사업 또한 성공 가능성이 높다.

적절한 직업

MC, PD, 강사, 교사, 교수, 경찰, 경호원, 공무원, 공장장, 군인, 기술, 기획, 기획담당자, 동시통역사, 디자이너, 리포터, 발명가, 번역가, 변호사, 사업가, 사진작가, 사회복지사, 상담심리학자, 아나운서, 언어치료사, 연구원, 연예인(가수·영화배우·탤런트·패션모델), 예술가(무용가·성악가·음악가·화가), 요리사, 운동선수, 자유직, 작가, 전문직, 정치인, 종교인, 컨설턴트, 코치, 편집, 행정가, 홍보담당자

EXAMPLE

중소기업에 다니는 사람이 있다. 회사 규모는 작지만 안정적이고 내실 있는 업체다. 그런데 그는 이곳에 다니는 것이 영 마땅찮다. 친구들을 만나서 다니는 회사 이름을 말하면 한번에 알아듣는 경우가 없기 때문이다. 그렇다고 지금 자신의 경력으로 더 큰 업체, 누구나 아는 대기업에 취직하기엔 부족하다. 그래서 그는 안정적인 직장을 나와서 개인사업을 시작한다. 사업은 고되고 돈벌이는 시원찮다. 그러나 사람들에게는 「대표님」소리를 들을 수 있다. 최근에 따낸 사업도 규모에 비해서 이익은 거의 없다시피 하지만, 일단은 "큰 사업을 진행 중이다"라고 큰소리칠 수 있다는 점에서 만족스러워 하고 있다.

비겁(比劫) — 직업적성

● 30일에 마스터하는 사주명리학 ● 중급

3   비겁의 직무 역량

(1) 비겁의 직무 관련 특성

장점	자기 인식	목표 지향과 경향성
• 조직이나 다른 사람들을 위해 헌신한다. • 조직 구성원들의 이야기를 적극적으로 경청한다. • 매너 있고 자상하고 인정적이다. • 재능과 재치가 있다. • 예술적 감각과 감수성이 뛰어나다. • 상상력이 풍부하다.	• 나는 착한 사람이다. • 나는 배려하는 사람이다. • 나는 따뜻하고 인정이 많다. • 나는 인정받을 때 힘이 난다. • 나는 재능이 있고 재치가 있다. • 나는 사랑받으면 헌신한다. • 나는 자율적인 환경을 좋아한다. • 나는 야망이 있다. • 나는 감수성과 감각이 발달되어 있다. • 나는 예술적 재능이 있다.	• 나는 착한 사람이 되고 싶다. • 나는 의리 있는 사람이 되고 싶다. • 나는 보여주는 사람이 되고 싶다. • 나는 성공한 사람이 되고 싶다. • 나는 능력 있는 사람이 되고 싶다. • 나는 내세우는 사람이 되고 싶다. • 나는 타인을 많이 의식할 때가 있다.

잠재 역량	배워야 할 것	좋아하는 것
• 창의성이 뛰어난 사람 • 감수성이 발달한 사람 • 청각과 시각이 발달한 사람 • 인정받고자 하는 사람 • 자유로움을 추구하는 사람 • 보여주고자 하는 사람 • 착하고자 하는 사람 • 예술성이 잠재된 사람 • 야망과 품위 사이에서 방황하는 사람 • 타인의 시선에 민감한 사람	• 타인의 시선이나 관심에 자신을 맡기지 말아야 한다. • 비판이나 지적에 대해서 슬기롭게 대처하거나 무시하는 연습을 해야 한다. • 비교와 경쟁에서 지나치게 예민해지지 않도록 해야 한다. • 꼼꼼하고 계획적인 행동을 배워야 한다. • 생각과 걱정을 줄이도록 해야 한다. • 지나친 꿈과 희망을 줄이도록 해야 한다. • 친한 사람하고만 거래하거나 쓸데없는 의리 때문에 손해 보지 말아야 한다.	칭찬, 관심, 인정, 자율, 자유, 능력, 성공, 의리
		싫어하는 것
		비판, 무관심, 무시, 억압, 구속, 무능, 실패, 배신, 비교

(2) 조직에서의 비겁

적합한 조직 구성과 형태	조직의 가치와 목표	조직의 시간 개념
• 소통하는 구조 • 개인의 창의성과 능력을 인정하는 구조 • 개인의 욕구와 요구를 인간적인 배려하는 구조 • 비판보다 칭찬과 강화를 해주는 구조 • 개성이 살아 있는 구조	• 조직 구성원들이 자유롭고 질서 있게 맡은 바 일처리를 하지만, 각자의 창의성과 창조성을 인정하고 보장하며 개성을 존중하고, 각자의 능력과 업적을 인정해주는 인간적인 따뜻함이 존재하는 조직에 가치를 둔다.	• 조직이나 상사가 비겁 구성원들의 의견을 수용하고 배려해주는 분위기에서는 적극적으로 업무에 대처하여 시간이 단축된다. • 조직이나 상사가 비겁 구성원들에게 비판적이거나 구성원들의 공적을 가로챌 때는 업무시간이 지체된다.

조직 적응	문제해결 능력	비겁과 잘 지내는 법
• 비판적인 환경에 적응하기 힘들다. • 인정받고 수용하는 환경에 적응하기 쉽다. • 노력에 대한 대가가 반드시 필요하다. • 밝고 활기찬 분위기가 좋다. • 의사소통이 잘 이루어지는 환경이 좋다. • 창의성과 창조성이 발휘되는 환경이 좋다. • 자유로운 업무 환경이 좋다. • 정확한 목표와 과정보다는 융통성 있는 목표와 과정이 좋다. • 실패하거나 실수해도 성공을 위한 경험이라고 격려해주는 조직이 좋다. • 비교당하는 환경은 싫다. • 인간적 배려가 없는 환경은 싫다.	• 책임을 주고 신뢰하는 조직에서 문제가 발생하면 적극적으로 대처해 해결해 나간다. • 책임을 질 사람이 따로 존재하거나 주도하는 사람이나 조직이 따로 있을 때는 방관자적인 편이다. • 라이벌이나 상대 조직과 경쟁적일 때 문제를 해결할 힘이 난다.	• 칭찬해라. • 인정해라. • 표현해라. • 즉각적으로 반응을 보여라. • 결과도 중요하지만 과정에 대해 인정하라. • 인간적 모욕감을 주지 마라. • 비판하지 마라. • 비교하지 마라.

비겁(比劫) — 직업적성

● 30일에 마스터하는 사주명리학 ● 중급

4 | 비겁 리더의 직무 역량

원하는 환경	원하지 않는 환경
• 자율성이 보장된 환경 • 창의성과 창조성이 보장된 환경 • 비교하지 않는 환경 • 배려하고 인정하는 환경 • 과정에 대해 칭찬하는 환경 • 결과에 대한 포상이 있는 환경 • 책임을 맡겨주는 환경 • 소통이 잘되는 환경 • 사람 관계가 원만한 환경 • 독립성이 보장된 환경 • 실패에 대해 너그러운 환경	• 비판적인 환경 • 비교하는 환경 • 지시를 받는 환경 • 기계적인 환경 • 자율성이 없는 환경 • 반복적인 환경 • 전통적인 환경 • 일 지향적인 환경 • 목표 지향적인 환경 • 성과를 인정하지 않는 환경

장점과 능력	단점과 보완할 점
• 감각이 뛰어나다. • 감수성이 발달되어 있다. • 아이디어가 뛰어나다. • 창의적이다. • 인정받을 때 능력이 배가된다. • 재치와 재능이 있다. • 야망이 있다. • 배려를 잘한다. • 따뜻한 인정이 있다. • 독립성을 가지고 판단한다. • 상사나 조직이 원하는 바를 잘 안다.	• 계획성이 부족하다. • 관심을 끌려고 한다. • 비교당하는 것을 싫어한다. • 쉽게 토라진다. • 감정이 불규칙하다. • 상처를 잘 받는다. • 질투가 심하다. • 무슨 생각을 하는지 모를 때가 있다. • 충동적이다. • 엘리트 의식이 강하다. • 좋고 싫음을 가린다. • 낯을 가릴 때가 있다. • 새로운 사람, 새로운 공간에 대해 어색해한다. • 자기우월주의가 있다. • 예민하다. • 조직이나 상대의 눈치에 민감하다.

리더의 질문(지시)	리더의 스트레스
• 당신은 나를 믿습니까? • 당신은 나를 따르겠습니까? • 참신한 아이디어를 만들어주십시오. • 대인관계가 좋아야 업무성과도 오릅니다. • 업무 지시할 때 집중해 주시겠습니까? • 전통적인 방식을 따르지 않아도 됩니다. • 건의는 할 수 있어도 강요하지 마세요. • 불평불만이나 요구에 대해 항의하지 마십시오. • 어떤 상황이든 부드럽게 상담하세요. • 요청이 있을 때는 인간적으로 건의하세요.	• 조직이나 조직 구성원, 특히 상사의 시선에 신경을 많이 쓴다. • 상사의 비판이나 비교에 민감하게 반응한다. • 계속적인 간섭이나 구속을 받으면 스트레스를 심하게 받는다. • 반복되고 전통적인 방식은 스트레스가 심하다.

구성원들의 스트레스

• 리더가 뜻하지 않은 언어 표현에 상처를 받기 때문에 말하기 조심스럽다.

• 리더가 칭찬이나 아부성 언어에 현혹되는 경우가 많다.

• 리더가 규칙적이고 계획적인 업무에 지루해하고 비판적이기 쉽다.

• 리더가 지속적이고 끈기가 필요한 일에 짜증을 자주 낸다.

• 리더가 팀의 성과를 자기 덕분이라고 생각하는 것 같다.

• 리더가 조직 구성원들의 시선과 사랑을 독점하고자 한다.

• 리더가 쉽게 질투하고 시기한다.

DAY

7

비겁(比劫)
일간별 비겁 발달 · 과다 · 태과다

TODAY'S POINT | 일간별 비겁 발달 · 과다 · 태과다의
다양한 특성을 실제 사주와 비교하며 공부할 수 있다.

지식과 끼를 가진 개그맨

1972년 8월 14일(양) 오후 8시

시	일	월	연	
庚	丁	戊	壬	(乾)
戌	丑	申	子	

목(木)	화(火)	토(土)	금(金)	수(水)
인성	비겁	식상	재성	관성
0개	1개	3개	2개	2개
0점	40점 (+20)	40점	10점	20점

위 사주는 정화(丁火) 일간이다. 월지의 신(申)은 개수는 금(金)이지만, 양력 8월이라서 여름에
해당하니 화(火) 30점으로 분석한다.

토(土) 식상이 40점으로 타인을 이끌 수 있다는 자존감 높은 성격이다. 또한 화(火) 비겁이 40점
으로 드러내고 표현하는 것을 좋아한다. 그러나 50점이 안 되기 때문에 어느 정도 꾸준히 가는
것을 좋아한다. 지식과 끼를 가지고(비겁) 사람과 관계를 맺고, 말로서 사람을 성장시킨다(식상).
화(火)는 기본적으로 역마의 기질을 가지고 있으니 움직이는 것을 좋아한다.

비겁은 인정받고 싶어하고, 칭찬받고 싶어한다. 화(火) 일간이니 더더욱 보여주고, 표현하고,
이해하고 싶어한다. 식상은 말하는 직업이 잘 어울리며, 타인을 말과 음식으로 성장시키고 싶
어한다.

DAY 7 >> 비겁(比劫)
일간별 비겁 발달·과다·태과다

일간별 비겁 발달·과다·태과다

비겁 발달·과다·태과다에 해당하는 사주들의 오행 및 육친 개수와 점수, 그리고 사주 주인공의 직업적성을 분석해 놓았다. 독자들이 주변 사람들의 사주를 분석하면서 얻은 비겁 사주들과 이 책의 비겁 사주들을 비교하면서 앞서 공부한 비겁의 다양한 특성을 실전에 활용하는 토대가 될 수 있을 것이다.

1 목(木) 일간 목(木) 비겁 발달·과다·태과다

동물학자, 환경운동가

1934년 4월 3일(양) 오후 8시

시	일	월	연
甲	甲	丁	甲 (坤)
戌	辰	卯	戌

목(木)	화(火)	토(土)	금(金)	수(水)
비겁	식상	재성	관성	인성
4개	1개	3개	0개	0개
60점 (+20)	10점	40점	0점	0점

바둑 9단

2000년 3월 17일(양) 오후 8시

시	일	월	연
甲	甲	乙	庚 (乾)
戌	戌	卯	辰

목(木)	화(火)	토(土)	금(金)	수(水)
비겁	식상	재성	관성	인성
4개	0개	3개	1개	0개
60점 (+20)	0점	40점	10점	0점

정치인, 환경운동가

1982년 3월 12일(양) 오전 6시

시	일	월	연	(乾)
丁	甲	癸	壬	
卯	午	卯	戌	

목(木)	화(火)	토(土)	금(金)	수(水)
비겁	식상	재성	관성	인성
3개	2개	1개	0개	2개
55점 (+20)	25점	10점	0점	20점

J. 로버트 오펜하이머(Julius Robert Oppenheimer, 물리학자)

1864년 3월 30일(양) 오전 8시

시	일	월	연	(乾)
戊	甲	丁	甲	
辰	午	卯	子	

묘(卯)월 진(辰)시=목(木) 15점

목(木)	화(火)	토(土)	금(金)	수(水)
비겁	식상	재성	관성	인성
3개	2개	2개	0개	1개
65점 (+20)	25점	10점	0점	10점

전 광복회장

1944년 3월 31일(양) 낮 12시

시	일	월	연	(乾)
庚	甲	丁	甲	
午	午	卯	申	

목(木)	화(火)	토(土)	금(金)	수(水)
비겁	식상	재성	관성	인성
3개	3개	0개	2개	0개
50점 (+20)	40점	0점	20점	0점

빅터 프랭클(Viktor Frankl, 정신과 의사)

1905년 3월 26일(양) 오후 11시

시	일	월	연	
乙	甲	己	乙	(乾)
亥	子	卯	巳	

목(木)	화(火)	토(土)	금(金)	수(水)
비겁	식상	재성	관성	인성
4개	1개	1개	0개	2개
60점 (+20)	10점	10점	0점	30점

김환기(서양화가)

1913년 4월 3일(양) 오전 9시

시	일	월	연	
戊	甲	乙	癸	(乾)
辰	寅	卯	丑	

목(木)	화(火)	토(土)	금(金)	수(水)
비겁	식상	재성	관성	인성
4개	0개	3개	0개	1개
80점 (+20)	0점	20점	0점	10점

마야 안젤루(Maya Angelou, 시인, 인권운동가)

1928년 4월 4일(양) 오전 8시

시	일	월	연	
戊	甲	乙	戊	(坤)
辰	戌	卯	辰	

목(木)	화(火)	토(土)	금(金)	수(水)
비겁	식상	재성	관성	인성
3개	0개	5개	0개	0개
65점 (+20)	0점	45점	0점	0점

배우

1976년 4월 2일(양) 오전 6시

시	일	월	연	
丁	甲	辛	丙	(乾)
卯	申	卯	辰	

목(木)	화(火)	토(土)	금(金)	수(水)
비겁	식상	재성	관성	인성
3개	2개	1개	2개	0개
55점 (+20)	20점	10점	25점	0점

판사

1980년 4월 1일(양) 오전 6시

시	일	월	연	
丁	甲	己	庚	(乾)
卯	辰	卯	申	

목(木)	화(火)	토(土)	금(金)	수(水)
비겁	식상	재성	관성	인성
3개	1개	2개	2개	0개
55점 (+20)	10점	25점	20점	0점

앵커, 언론인

1969년 3월 10일(양) 오전 6시

시	일	월	연	
丁	甲	丁	己	(乾)
卯	申	卯	酉	

묘묘유(卯卯酉) 도화는 연예, 예술, 방송의 끼가 있다.

목(木)	화(火)	토(土)	금(金)	수(水)
비겁	식상	재성	관성	인성
3개	2개	1개	2개	0개
55점 (+20)	20점	10점	25점	0점

변호사

1976년 3월 13일(양) 오전 1시

시	일	월	연	
甲	甲	辛	丙	(坤)
子	子	卯	辰	

목(木)	화(火)	토(土)	금(金)	수(水)
비겁	식상	재성	관성	인성
3개	1개	1개	1개	2개
50점 (+20)	10점	10점	10점	30점

시인

1906년 3월 31일(양) 오전 7시

시	일	월	연	
丁	甲	辛	丙	(乾)
卯	戌	卯	午	

목(木)	화(火)	토(土)	금(金)	수(水)
비겁	식상	재성	관성	인성
3개	3개	1개	1개	0개
55점 (+20)	30점	15점	10점	0점

요리연구가

1956년 3월 8일(양) 오전 8시

시	일	월	연	
戊	甲	辛	丙	(乾)
辰	戌	卯	申	

목(木)	화(火)	토(土)	금(金)	수(水)
비겁	식상	재성	관성	인성
2개	1개	3개	2개	0개
55점 (+20)	10점	25점	20점	0점

DAY

7

비겁(比劫) ― 일간별 비겁 발달 · 과다 · 태과다

● 30일에 마스터하는 사주명리학 ● 중급

배우

1980년 3월 13일(양) 오전 7시

시	일	월	연
己	乙	己	庚 (乾)
卯	酉	卯	申

목(木)	화(火)	토(土)	금(金)	수(水)
비겁	식상	재성	관성	인성
3개	0개	2개	3개	0개
55점 (+20)	0점	20점	35점	0점

정신과 의사

1962년 3월 8일(양) 낮 12시

시	일	월	연
壬	乙	癸	壬 (乾)
午	巳	卯	寅

목(木)	화(火)	토(土)	금(金)	수(水)
비겁	식상	재성	관성	인성
3개	2개	0개	0개	3개
50점 (+20)	30점	0점	0점	30점

배우

1973년 3월 20일(양) 오전 6시

시	일	월	연
己	乙	乙	癸 (乾)
卯	卯	卯	丑

목(木)	화(火)	토(土)	금(金)	수(水)
비겁	식상	재성	관성	인성
5개	0개	2개	0개	1개
80점 (+20)	0점	20점	0점	10점

가수

1950년 3월 21일(양) 오전 4시

시	일	월	연
戊	乙	己	庚 (乾)
寅	卯	卯	寅

목(木)	화(火)	토(土)	금(金)	수(水)
비겁	식상	재성	관성	인성
5개	0개	2개	1개	0개
80점 (+20)	0점	20점	10점	0점

방송 PD

1980년 3월 22일(양) 오후 11시 45분

시	일	월	연
丙	乙	己	庚 (坤)
子	未	卯	申

목(木)	화(火)	토(土)	금(金)	수(水)
비겁	식상	재성	관성	인성
2개	1개	2개	2개	1개
40점 (+20)	10점	25점	20점	15점

정당 대학생위원회 위원장

1994년 3월 10일(양) 오후 2시

시	일	월	연
癸	乙	丁	甲 (乾)
未	未	卯	戌

목(木)	화(火)	토(土)	금(金)	수(水)
비겁	식상	재성	관성	인성
3개	1개	3개	0개	1개
50점 (+20)	10점	40점	0점	10점

국제변호사

1983년 3월 28일(양) 오후 2시

시	일	월	연	
癸	乙	乙	癸	(坤)
未	卯	卯	亥	

목(木)	화(火)	토(土)	금(金)	수(水)
비겁	식상	재성	관성	인성
4개	0개	1개	0개	3개
65점 (+20)	0점	15점	0점	30점

국제통역사

1983년 3월 28일(양) 오후 6시

시	일	월	연	
乙	乙	乙	癸	(坤)
酉	卯	卯	亥	

목(木)	화(火)	토(土)	금(金)	수(水)
비겁	식상	재성	관성	인성
5개	0개	0개	1개	2개
75점 (+20)	0점	0점	15점	20점

가톨릭 주교

1956년 3월 19일(양) 오전 0시 50분

시	일	월	연	
丙	乙	辛	丙	(乾)
子	酉	卯	申	

목(木)	화(火)	토(土)	금(金)	수(水)
비겁	식상	재성	관성	인성
2개	2개	0개	3개	1개
40점 (+20)	20점	0점	35점	15점

배우

1975년 3월 10일(양) 오전 6시

시	일	월	연
己	乙	己	乙 (坤)
卯	卯	卯	卯

목(木)	화(火)	토(土)	금(金)	수(水)
비겁	식상	재성	관성	인성
6개	0개	2개	0개	0개
90점 (+20)	0점	20점	0점	0점

화가

1913년 3월 25일(양) 오후 6시

시	일	월	연
乙	乙	乙	癸 (乾)
酉	巳	卯	丑

목(木)	화(火)	토(土)	금(金)	수(水)
비겁	식상	재성	관성	인성
4개	1개	1개	1개	1개
60점 (+20)	15점	10점	15점	10점

성악가

1983년 3월 28일(양) 오후 11시

시	일	월	연
丁	乙	乙	癸 (乾)
亥	卯	卯	亥

목(木)	화(火)	토(土)	금(金)	수(水)
비겁	식상	재성	관성	인성
4개	1개	0개	0개	3개
65점 (+20)	10점	0점	0점	35점

배우

1981년 3월 18일(양) 오전 6시

시	일	월	연	
己	乙	辛	辛	(坤)
卯	未	卯	酉	

목(木)	화(火)	토(土)	금(金)	수(水)
비겁	식상	재성	관성	인성
3개	0개	2개	3개	0개
55점 (+20)	0점	25점	30점	0점

---

2 화(火) 일간 화(火) 비겁 발달·과다·태과다

비보이

1988년 7월 30일(양) 진(辰)시

시	일	월	연	
壬	丙	己	戊	(乾)
辰	戌	未	辰	

월지 미(未)=개수는 토(土), 양력 7월 초순~8월 초순이므로 화(火) 30점

목(木)	화(火)	토(土)	금(金)	수(水)
인성	비겁	식상	재성	관성
0개	1개	6개	0개	1개
0점	40점 (+20)	60점	0점	10점

바둑기사

1997년 8월 2일(양) 오전 1시

시	일	월	연	
戊	丙	丁	丁	(乾)
子	子	未	丑	

월지 미(未)=개수는 토(土), 점수는 화(火) 30점

목(木)	화(火)	토(土)	금(金)	수(水)
인성	비겁	식상	재성	관성
0개	3개	3개	0개	2개
0점	60점 (+20)	20점	0점	30점

영화배우

1962년 8월 6일(양) 오전 1시

시	일	월	연	
戊	丙	丁	壬	(坤)
子	子	未	寅	

월지 미(未)=개수는 토(土), 점수는 화(火) 30점

목(木)	화(火)	토(土)	금(金)	수(水)
인성	비겁	식상	재성	관성
1개	2개	2개	0개	3개
10점	50점 (+20)	10점	0점	40점

환경운동가

1975년 7월 9일(양) 오전 6시

시	일	월	연	
辛	丙	癸	乙	(坤)
卯	辰	未	卯	

월지 미(未)=개수는 토(土), 점수는 화(火) 30점

목(木)	화(火)	토(土)	금(金)	수(水)
인성	비겁	식상	재성	관성
3개	1개	2개	1개	1개
35점	40점 (+20)	15점	10점	10점

퓨전국악가

1980년 7월 22일(양) 오전 8시

시	일	월	연	
壬	丙	癸	庚	(乾)
辰	申	未	申	

월지 미(未)=개수는 토(土), 점수는 화(火) 30점

목(木)	화(火)	토(土)	금(金)	수(水)
인성	비겁	식상	재성	관성
0개	1개	2개	3개	2개
0점	40점 (+20)	15점	35점	20점

무에타이 선수

1997년 7월 23일(양) 낮 12시

시	일	월	연	(乾)
甲	丙	丁	丁	
午	寅	未	丑	

월지 미(未)=개수는 토(土), 점수는 화(火) 30점

목(木)	화(火)	토(土)	금(金)	수(水)
인성	비겁	식상	재성	관성
2개	4개	2개	0개	0개
25점	75점 (+20)	10점	0점	0점

소설가

1965년 7월 31일(양) 오후 8시

시	일	월	연	(坤)
戊	丙	癸	乙	
戌	戌	未	巳	

월지 미(未)=개수는 토(土), 점수는 화(火) 30점

목(木)	화(火)	토(土)	금(金)	수(水)
인성	비겁	식상	재성	관성
1개	2개	4개	0개	1개
10점	50점 (+20)	40점	0점	10점

음식체인 사업가

1966년 9월 4일(양) 오전 9시

시	일	월	연	(乾)
壬	丙	丙	丙	
辰	寅	申	午	

월지 신(申)=개수는 금(金), 양력 8월 초순~9월 초순이므로 화(火) 30점

목(木)	화(火)	토(土)	금(金)	수(水)
인성	비겁	식상	재성	관성
1개	4개	1개	1개	1개
15점	70점 (+20)	15점	0점	10점

가수

1997년 9월 1일(양) 오전 8시

시	일	월	연	
壬	丙	戊	丁	(乾)
辰	午	申	丑	

월지 신(申)=개수는 금(金), 점수는 화(火) 30점

목(木)	화(火)	토(土)	금(金)	수(水)
인성	비겁	식상	재성	관성
0개	3개	3개	1개	1개
0점	65점 (+20)	35점	0점	10점

가수

1993년 8월 13일(양) 오후 6시

시	일	월	연	
丁	丙	庚	癸	(坤)
酉	寅	申	酉	

월지 신(申)=개수는 금(金), 점수는 화(火) 30점

목(木)	화(火)	토(土)	금(金)	수(水)
인성	비겁	식상	재성	관성
1개	2개	0개	4개	1개
15점	50점 (+20)	0점	35점	10점

축구선수

2003년 8월 21일(양) 오전 5시

시	일	월	연	
庚	丙	庚	癸	(乾)
寅	寅	申	未	

월지 신(申)=개수는 금(金), 점수는 화(火) 30점

목(木)	화(火)	토(土)	금(金)	수(水)
인성	비겁	식상	재성	관성
2개	1개	1개	3개	1개
30점	40점 (+20)	10점	20점	10점

배우

1982년 7월 3일(양) 오후 11시

시	일	월	연	
辛	丁	丙	壬	(乾)
亥	亥	午	戌	

목(木)	화(火)	토(土)	금(金)	수(水)
인성	비겁	식상	재성	관성
0개	3개	1개	1개	3개
0점	50점 (+20)	10점	10점	40점

격투기 선수

1975년 7월 29일(양) 낮 12시

시	일	월	연	
甲	丙	癸	乙	(乾)
午	子	未	卯	

월지 미(未)=개수는 토(土), 점수는 화(火) 30점

목(木)	화(火)	토(土)	금(金)	수(水)
인성	비겁	식상	재성	관성
3개	2개	1개	0개	2개
30점	55점 (+20)	0점	0점	25점

개그맨

1975년 7월 29일(양) 오전 10시

시	일	월	연	
癸	丙	癸	乙	(乾)
巳	子	未	卯	

월지 미(未)=개수는 토(土), 점수는 화(火) 30점

목(木)	화(火)	토(土)	금(金)	수(水)
인성	비겁	식상	재성	관성
2개	2개	1개	0개	3개
20점	55점 (+20)	0점	0점	35점

문익환(목사)

1918년 7월 8일(양) 오후 8시

시	일	월	연	
戊	丙	己	戊	(乾)
戌	辰	未	午	

목(木)	화(火)	토(土)	금(金)	수(水)
인성	비겁	식상	재성	관성
0개	2개	6개	0개	0개
0점	50점 (+20)	60점	0점	0점

전 대법관

1957년 7월 3일(양) 오전 6시

시	일	월	연	
辛	丙	丙	丁	(乾)
卯	子	午	酉	

목(木)	화(火)	토(土)	금(金)	수(水)
인성	비겁	식상	재성	관성
1개	4개	0개	2개	1개
15점	60점 (+20)	0점	20점	15점

가수

1991년 6월 16일(양) 낮 12시

시	일	월	연	
丙	丁	甲	辛	(乾)
午	巳	午	未	

목(木)	화(火)	토(土)	금(金)	수(水)
인성	비겁	식상	재성	관성
1개	5개	1개	1개	0개
10점	80점 (+20)	10점	10점	0점

포털사이트 창업자

1967년 6월 22일(양) 오후 11시

시	일	월	연	
辛	丁	丙	丁	(乾)
亥	巳	午	未	

목(木)	화(火)	토(土)	금(金)	수(水)
인성	비겁	식상	재성	관성
0개	5개	1개	1개	1개
0점	75점 (+20)	10점	10점	15점

3 토(土) 일간 토(土) 비겁 발달 · 과다 · 태과다

무역사업 CEO

1962년 10월 27일(양) 오전 8시

시	일	월	연	
丙	戊	庚	壬	(乾)
辰	戌	戌	寅	

월지 술(戌)=개수는 토(土), 양력 10월 초순~11월 초순이므로 토(土) 15점, 금(金) 15점

목(木)	화(火)	토(土)	금(金)	수(水)
관성	인성	비겁	식상	재성
1개	1개	4개	1개	1개
10점	10점	55점 (+20)	25점	10점

아나운서 출신 국회의원

1983년 11월 6일(양) 오후 8시

시	일	월	연	
壬	戊	壬	癸	(坤)
戌	戌	戌	亥	

술(戌)월 술(戌)시=월지 술(戌)은 토(土) 15점, 금(金) 15점, 시지 술(戌)은 금(金) 15점

목(木)	화(火)	토(土)	금(金)	수(水)
관성	인성	비겁	식상	재성
0개	0개	4개	0개	4개
0점	0점	40점 (+20)	30점	40점

가수

1946년 10월 21일(양) 오전 8시

시	일	월	연	
丙	戊	戊	丙	(乾)
辰	辰	戌	戌	

목(木)	화(火)	토(土)	금(金)	수(水)
관성	인성	비겁	식상	재성
0개	2개	6개	0개	0개
0점	20점	75점 (+20)	15점	0점

이종격투기 선수

1979년 10월 28일(양) 오전 3시

시	일	월	연	
癸	戊	甲	己	(乾)
丑	辰	戌	未	

목(木)	화(火)	토(土)	금(金)	수(水)
관성	인성	비겁	식상	재성
1개	0개	6개	0개	1개
10점	0점	75점 (+20)	15점	10점

아나운서

1977년 11월 7일(양) 오후 8시

술(戌)월 술(戌)시=월지 술(戌)은 토(土) 15점, 금(金) 15점, 시지 술(戌)은 금(金) 15점

시	일	월	연	
壬	戊	癸	丁	(乾)
戌	辰	戌	巳	

목(木)	화(火)	토(土)	금(金)	수(水)
관성	인성	비겁	식상	재성
0개	2개	4개	0개	2개
0점	20점	40점 (+20)	30점	20점

배우

1969년 4월 23일(양) 오후 8시

시	일	월	연	(坤)
壬	戊	戊	己	
戌	辰	辰	酉	

월지 진(辰)=개수는 토(土), 양력 4월 초순~5월 초순이므로 목(木) 15점, 토(土) 15점

목(木)	화(火)	토(土)	금(金)	수(水)
관성	인성	비겁	식상	재성
0개	0개	6개	1개	1개
15점	0점	75점 (+20)	10점	10점

전 외교부 장관

1955년 4월 7일(양) 오전 2시

시	일	월	연	(坤)
癸	戊	庚	乙	
丑	戌	辰	未	

월지 진(辰)=개수는 토(土), 점수는 목(木) 15점, 토(土) 15점

목(木)	화(火)	토(土)	금(金)	수(水)
관성	인성	비겁	식상	재성
1개	0개	5개	1개	1개
25점	0점	65점 (+20)	10점	10점

전 국제기관 사무총장

1944년 5월 4일(양) 낮 12시

시	일	월	연	(乾)
戊	戊	戊	甲	
午	辰	辰	申	

월지 진(辰)=개수는 토(土), 점수는 목(木) 15점, 토(土) 15점

목(木)	화(火)	토(土)	금(金)	수(水)
관성	인성	비겁	식상	재성
1개	1개	5개	1개	0개
25점	15점	60점 (+20)	10점	0점

양궁선수

1970년 4월 18일(양) 오후 4시

시	일	월	연
庚	戊	庚	庚 (坤)
申	辰	辰	戌

월지 진(辰)=개수는 토(土), 점수는 목(木) 15점, 토(土) 15점

목(木)	화(火)	토(土)	금(金)	수(水)
관성	인성	비겁	식상	재성
0개	0개	4개	4개	0개
15점	0점	50점 (+20)	45점	0점

김영삼(전 대통령)

1928년 1월 14일(양) 오후 8시

시	일	월	연
甲	己	乙	戊 (乾)
戌	未	丑	辰

월지 축(丑)=개수는 토(土), 양력 1월 초순~2월 초순이므로 수(水) 30점

목(木)	화(火)	토(土)	금(金)	수(水)
관성	인성	비겁	식상	재성
2개	0개	6개	0개	0개
20점	0점	60점 (+20)	0점	30점

환경운동가

1949년 1월 19일(양) 오전 8시

시	일	월	연
戊	己	乙	戊 (乾)
辰	酉	丑	子

월지 축(丑)=개수는 토(土), 점수는 수(水) 30점

목(木)	화(火)	토(土)	금(金)	수(水)
관성	인성	비겁	식상	재성
1개	0개	5개	1개	1개
10점	0점	45점 (+20)	15점	40점

| 4 | 금(金) 일간 금(金) 비겁 발달 · 과다 · 태과다 |

신격호(롯데그룹 창업자)

1921년 10월 4일(양) 오후 6시

시	일	월	연	
乙	庚	丁	辛	(乾)
酉	子	酉	酉	

목(木)	화(火)	토(土)	금(金)	수(水)
재성	관성	인성	비겁	식상
1개	1개	0개	5개	1개
10점	10점	0점	75점 (+20)	15점

개그맨

1970년 9월 27일(양) 오전 1시

시	일	월	연	
丙	庚	乙	庚	(乾)
子	戌	酉	戌	

목(木)	화(火)	토(土)	금(金)	수(水)
재성	관성	인성	비겁	식상
1개	1개	2개	3개	1개
10점	10점	25점	50점 (+20)	15점

법정스님

1932년 11월 5일(양) 낮 12시

월지 술(戌)=개수는 토(土), 점수는 토(土) 15점, 금(金) 15점

시	일	월	연	
壬	庚	庚	壬	(乾)
午	午	戌	申	

목(木)	화(火)	토(土)	금(金)	수(水)
재성	관성	인성	비겁	식상
0개	2개	1개	3개	2개
0점	30점	15점	45점 (+20)	20점

축구선수

1996년 9월 20일(양) 낮 12시

시	일	월	연	
壬	庚	丁	丙	(乾)
午	申	酉	子	

목(木)	화(火)	토(土)	금(金)	수(水)
재성	관성	인성	비겁	식상
0개	3개	0개	3개	2개
0점	35점	0점	55점 (+20)	20점

교수

1962년 9월 20일(양) 오전 10시

시	일	월	연	
癸	辛	己	壬	(乾)
巳	酉	酉	寅	

목(木)	화(火)	토(土)	금(金)	수(水)
재성	관성	인성	비겁	식상
1개	1개	1개	3개	2개
10점	15점	10점	55점 (+20)	20점

영화배우

1985년 9월 19일(양) 오전 10시

시	일	월	연	
癸	辛	乙	乙	(乾)
巳	酉	酉	丑	

목(木)	화(火)	토(土)	금(金)	수(水)
재성	관성	인성	비겁	식상
2개	1개	1개	3개	1개
20점	15점	10점	55점 (+20)	10점

격투기 선수

1987년 9월 9일(양) 오후 8시

시	일	월	연
戊	辛	己	丁 (乾)
戌	酉	酉	卯

유(酉)월 술(戌)시=가을날 저녁시간으로 개수는 토(土), 점수는 금(金) 15점

목(木)	화(火)	토(土)	금(金)	수(水)
재성	관성	인성	비겁	식상
1개	1개	3개	3개	0개
10점	10점	20점	70점 (+20)	0점

가수

1995년 9월 27일(양) 오후 2시

시	일	월	연
乙	辛	乙	乙 (坤)
未	酉	酉	亥

목(木)	화(火)	토(土)	금(金)	수(水)
재성	관성	인성	비겁	식상
3개	0개	1개	3개	1개
30점	0점	15점	55점 (+20)	10점

배우

1991년 9월 8일(양) 오후 8시

시	일	월	연
戊	辛	丁	辛 (坤)
戌	巳	酉	未

유(酉)월 술(戌)시=가을날 저녁시간으로 개수는 토(土), 점수는 금(金) 15점

목(木)	화(火)	토(土)	금(金)	수(水)
재성	관성	인성	비겁	식상
0개	2개	3개	3개	0개
0점	25점	20점	65점 (+20)	0점

전 총리

1956년 12월 21일(양) 오전 5시

시	일	월	연
癸	壬	庚	丙 (乾)
卯	戌	子	申

목(木)	화(火)	토(土)	금(金)	수(水)
식상	재성	관성	인성	비겁
1개	1개	1개	2개	3개
15점	10점	15점	20점	50점 (+20)

정신과 의사

1975년 1월 5일(양) 오후 11시 40분

시	일	월	연
庚	壬	丙	甲 (乾)
子	子	子	寅

목(木)	화(火)	토(土)	금(金)	수(水)
식상	재성	관성	인성	비겁
2개	1개	0개	1개	4개
20점	10점	0점	10점	70점 (+20)

가수

1992년 12월 22일(양) 오전 4시

자(子)월 인(寅)시=개수는 목(木), 점수는 수(水) 15점

시	일	월	연
壬	壬	壬	壬 (坤)
寅	申	子	申

목(木)	화(火)	토(土)	금(金)	수(水)
식상	재성	관성	인성	비겁
1개	0개	0개	2개	5개
0점	0점	0점	25점	85점 (+20)

인스타그램 창업자

1983년 12월 30일(양) 오전 8시

시	일	월	연	(乾)
甲	壬	甲	癸	
辰	辰	子	亥	

목(木)	화(火)	토(土)	금(金)	수(水)
식상	재성	관성	인성	비겁
2개	0개	2개	0개	4개
20점	0점	30점	0점	60점 (+20)

이건희(전 삼성그룹 회장)

1942년 1월 9일(양) 오후 8시

시	일	월	연	(乾)
庚	壬	辛	辛	
戌	戌	丑	巳	

목(木)	화(火)	토(土)	금(金)	수(水)
식상	재성	관성	인성	비겁
0개	1개	3개	3개	1개
0점	10점	30점	30점	40점 (+20)

경제학과 교수

1949년 3월 3일(양) 오전 8시

시	일	월	연	(乾)
甲	壬	丙	己	
辰	辰	寅	丑	

월지 인(寅)=개수는 목(木), 양력 2월 초순~3월 초순이므로 수(水) 30점

목(木)	화(火)	토(土)	금(金)	수(水)
식상	재성	관성	인성	비겁
2개	1개	4개	0개	1개
10점	10점	50점	0점	40점 (+20)

영화감독

1967년 1월 28일(양) 오전 5시

시	일	월	연	
壬	壬	辛	丙	(乾)
寅	辰	丑	午	

축(丑)월 인(寅)시=월지 축(丑)은 개수는 토(土), 점수는 수(水) 30점, 시지 인(寅)은 개수는 목(木), 점수는 수(水) 15점

목(木)	화(火)	토(土)	금(金)	수(水)
식상	재성	관성	인성	비겁
1개	2개	2개	1개	2개
0점	20점	15점	10점	65점 (+20)

수학 일타강사

1964년 12월 10일(양) 낮 12시

시	일	월	연	
戊	癸	丙	甲	(乾)
午	巳	子	辰	

목(木)	화(火)	토(土)	금(金)	수(水)
식상	재성	관성	인성	비겁
1개	3개	2개	0개	2개
10점	40점	20점	0점	40점 (+20)

배우

1983년 12월 21일(양) 오후 2시

시	일	월	연	
己	癸	甲	癸	(乾)
未	未	子	亥	

목(木)	화(火)	토(土)	금(金)	수(水)
식상	재성	관성	인성	비겁
1개	0개	3개	0개	4개
10점	0점	40점	0점	60점 (+20)

철학과 교수(공동체 운영)

1943년 2월 24일(양) 오전 7시

시	일	월	연	
乙	癸	甲	癸	(乾)
卯	丑	寅	未	

월지 인(寅)=개수는 목(木), 점수는 수(水) 30점

목(木)	화(火)	토(土)	금(金)	수(水)
식상	재성	관성	인성	비겁
4개	0개	2개	0개	2개
35점	0점	25점	0점	50점 (+20)

목사

1936년 2월 11일(양) 오전 10시

시	일	월	연	
丁	癸	庚	丙	(乾)
巳	亥	寅	子	

월지 인(寅)=개수는 목(木), 점수는 수(水) 30점

목(木)	화(火)	토(土)	금(金)	수(水)
식상	재성	관성	인성	비겁
1개	3개	0개	1개	3개
0점	35점	0점	10점	65점 (+20)

의사

1963년 1월 10일(양) 오후 2시

시	일	월	연	
己	癸	癸	壬	(乾)
未	丑	丑	寅	

월지 축(丑)=개수는 토(土), 점수는 수(水) 30점

목(木)	화(火)	토(土)	금(金)	수(水)
식상	재성	관성	인성	비겁
1개	0개	4개	0개	3개
10점	0점	40점	0점	60점 (+20)

DAY

8

식상(食傷)
가족관계와 사회관계

식상(식신+상관)은
창조적이고 활동적인 유형이다.

식상은 지식, 예술, 음식을 통해 표현한다

식신과 상관을 합쳐서 식상이라고 한다. 식상은 타인을 성장시키고자 하는 이타심을 지니고 있다. 식상은 잠재된 이타심을 바탕으로 타인들의 장점을 살려주고 단점을 보완하는 데 도움을 주거나, 타인들에게 필요한 것을 정확하게 파악하거나, 타인들에게 즐거움이나 행복을 주는 데 탁월한 능력을 발휘한다.

식상은 지식, 예술, 음식을 통해 정신적 성장 또는 육체적 성장을 돕기 위해 자신의 능력과 특성을 발전시켜 나간다. 다만, 간혹 타인의 성장에 집착하여 그 사람을 조종하거나 구속하거나 비판하거나 잔소리를 하는 등, 억압과 독재를 하기도 한다.

식상의 사회성

식상은 지적 호기심이 많고, 통찰력이 뛰어나다. 자신의 생각이나 아이디어를 발휘하여 예술, 문학, 기술을 발전시키는 데 집중하는 능력이 있다.

식상은 새롭고 혁신적이며, 독창적인 아이디어를 가지고 다른 사람들이나 조직을 놀라게 한다.

식상은 자신만의 생각과 공상에 빠지기도 한다.

식상은 다른 사람들과 조직의 특성을 잘 파악하고 장점을 이끌어내는 멘토적 자질이 있다. 또한 다른 사람들이나 조직을 성장시키는 스승이나 참모적 능력이 뛰어나다.

식상은 때로는 엉뚱하고 허무맹랑한 상상력, 우유부단하거나 비정상적인 생각과 행동으로 사람들을 당혹스럽게 만들기도 한다.

식상은 기획력이나 창의성과 창조성이 뛰어나고, 새로운 변화를 간파하여 미래를 설계하는 능력이 있다.

식상은 상상력의 개척자, 아이디어 개척자, 몽상적인 개척자로서 보통 사람들과는 전혀 다른 눈으로 세상을 바라보는 능력이 있다.

식상은 안정된 심리 상태에서는 시대를 앞선 새로운 창의성과 창조성, 아이디어, 기획력으로 다른 사람들이나 조직을 키우고 성장시키며 조언하는 능력이 뛰어나다.

식상은 스트레스를 받는 상태에서는 허풍을 떨거나 과도한 행동을 하며, 스스로 고립되고 허무주의에 빠지기 쉽다. 또한 타인에게 집착하고 가스라이팅을 하거나 강제적 교육, 지시 등을 하기 쉽다.

DAY 8 >> 식상(食傷)
가족관계와 사회관계

1 식상의 가족관계

(1) 식상 자녀의 유형

- 사주에 식상이 많은 아이들은 자신이 좋아하는 일은 계획을 짜놓고, 그 계획에 맞추어 잘 해나간다. 더불어 다양한 표현력을 가지고 있고 호기심이 많고 재주도 많으며, 자신이 하고자 하는 과목에 매사 적극적이고 성적도 우수하다.

- 사주에 식상이 많은 아이들은 부모님이나 선생님의 태도와 기분에 영향을 많이 받고, 개별적으로 특별히 관심받고 싶어서 착한 일도 많이 한다. 숙제나 과제물을 준비할 때도 그냥 하지 않는다. 되도록 화려하고 예쁘게 꾸미려고 노력한다.

- 이 아이들은 예능 쪽으로 소질이 많다. 즉흥적이지만 창의성을 발휘하여 다양하게 재능과 재주를 발휘하고, 최고로 잘하려고 노력한다. 그러다가 무리해서 병이 날 때도 있다.

- 사주에 식상이 많은 아이들은 모든 것에 의미를 부여하고 신기하게 생각하며, 소유하고 있는 물건 하나하나에 의미를 부여하거나 이야기를 만들기도 한다. 선물을 받으면 포장지까지 버리지 않고 모아놓고 의미를 부여하기도 한다. 그러다 보니 필요 없는 물건이 방안 가득 쌓이기도 한다.

- 이들은 물건이나 정보수집을 잘한다. 물건들을 이 방 저 방에 펼쳐 놓거나 어질러 놓아서 주위가 산만하다고 혼나기도 하고, 여러 가지를 동시에 하려고 해서 야단맞기도 한다.

- 그러나 부모와 선생님의 칭찬을 받으면 몰입해서 하는 열정이 있다. 사교적이고 인사성이 밝다. 그러다 보니 주변 사람들이나 일가친척의 사랑을 받기도 한다.

- 집에 손님이 오는 것을 좋아한다. 친구들이 놀러오는 것도 좋아하고, 친구 집에 초대받아 가는 것도 좋아한다. 어릴 적부터 아는 사람들, 친구들, 친척들에게 전화나 안부편지 등을 보내기도 잘해서 주변 사람들과 관계도 좋고 분위기도 좋다. 늘 자신만만하고 활발하고 어울려 노는 것을 좋아하고 자기 의견이나 주장을 쉽게 잘 표현한다.

- 사주에 식상이 많은 아이들은 자기 논리가 강하다. 그래서 실제로는 맞는 말이 아닌데도 타인이 듣기에 그 말이 꼭 맞는 말처럼 들리기도 한다.

- 친구들과 어울려 공부를 하면 집중하지 않고 반은 놀고 반은 공부한다. 제대로 하지 않으면서도 불안하고 걱정이 없는 아이처럼 태평하고 산만하다.

- 숙제나 과제물은 미루고 미루다가 막판에 몰아서 하는 경우가 많다. 호기심을 자극하는 숙제를 더 좋아하고, 활동적이거나 창의적인 과제를 더 좋아한다.

(2) 식상 자녀의 양육방법

- 사주에 식상이 많은 아이들은 자신만이 가지고 있는 특별한 방법으로 계획을 세우거나 공부방법을 정한다. 그렇기 때문에 부모나 선생님은 아이와 충분히 대화를 나누고, 아이가 원하는 학습 목표와 계획이 무엇인지 정확하게 파악한 후에 보조 역할을 하는 편이 좋다. 이 아이들은 기본 심성이 착하고 여리면서 자신만의 개성이 존재하고 자신만의 생각이 있기 때문에, 부모가 관심을 가지고 대화를 나누면 쉽게 아이들과 소통할 수 있을 것이다.

- 새로운 시도, 새로운 아이디어로 똘똘 뭉쳐 있지만, 부모는 이 아이들이 착하고 약간은 어수룩하다고 느끼기 때문에 제대로 아이들을 파악하기 힘들 수도 있다. 어느 때는 철없고 다른 아이에 비해 엉뚱하다고 생각될 수도 있다. 그러므로 보수적인 부모나 선생님은 이 아이들의 장점을 쉽게 파악하기 어려울 수 있으니 섬세하게 살펴봐야 한다.

EXAMPLE

식상이 많은 아이가 있다. 부모는 둘 다 명문대를 나왔으며, 본인들이 학창시절에 터득한 공부 방법이 있다. 그래서 아이에게 그 공부 방법을 전수하려고 부단히 노력한다. 그러나 아이는 부모가 알려주는 방식을 받아들이려고 하지 않는다. 공부 계획을 세우는 것부터 학습 방법까지 잘 아는 부모는 자신들이 가르쳐주는 방식대로 따르지 않는 아이가 못마땅하다.

그러나 이 아이는 다른 방법으로 공부하는 것을 원할 뿐이다. 부모가 알려주는 방식이 나쁘다고 생각하거나 부모를 못 믿는 게 아니다. 자기만의 공부 방법과 학습 목표가 있는데 자꾸 다른 방식을 강요하는 부모님에게 서운한 생각이 든다.

---

(3) 식상 부모의 특성

- 식상이 많은 부모는 감각이나 창의성, 표현성이 발달되어 있다. 가능성을 중시하고, 희망을 꿈꾸는 가치관을 갖고 살아가며, 자연스럽게 결정한다. 원만하고 개방적이며 재치가 있고, 미래적이며 영리하고 말을 잘한다.

- 식상이 많은 부모는 자녀에게도 표현을 많이 하고 자상하기 때문에, 이들 부모와 함께 있으면 기분이 좋다.

- 이들은 실천하는 행동파로서 세상을 낙관적으로 살아간다. 그러나 간혹 허무맹랑한 발상과

행동으로 자녀들에게 두려움을 주거나 혼란스러움을 느끼게 할 수도 있다. 또한 살면서 먹고 즐기는 데 중점을 맞추다 보니 계획했던 일들이 어긋날 수도 있다.

- 이와 같은 식상 부모 밑에서 자란 아이들은 성인이 된 후 자유롭고 희망적인 부모 덕분에 창조적인 모습과 새로운 변화를 잘 소화할 수 있었다고 고맙게 생각한다. 다만 부모가 간혹 허무맹랑한 발상을 자녀에게 주입하려 하거나, 본인들이 그렇게 행동하는 것은 당황스러웠다고 말한다.

> **EXAMPLE**
>
> 식상이 많은 아버지가 있다. 이 아버지는 자녀들에게 자상하고 애정 표현을 듬뿍 해주어서 자녀들은 아버지와 함께 있는 시간을 좋아한다. 자녀들과 함께 여행이나 캠핑도 자주 다니면서 즐거운 추억도 많이 남긴다.
> 그런데 아버지가 다니는 회사의 사정이 어려워지면서 어머니의 표정이 어두워질 때가 많다. 집안 사정이 어려워지고 있고, 월급도 밀리기 시작하고 있다는 사실을 자녀도 어렴풋이 눈치채기 시작한다. 그러나 아버지는 어머니와 달리 큰 걱정이 없는 눈치다. 집안 사정이 어려워지기 전과 같이 자녀들과 여행을 가려고 계획한다. 그 모습이 못마땅한 어머니와 아버지가 종종 다투기도 한다. 자녀들은 어떻게 처신해야 할지 혼란스러워한다.

(4) 식상 배우자의 특성

- 여자의 경우 식상 점수가 높을수록 「배우자복이 없다」고 표현한다. 식상 점수가 80점 이상으로 태과다하면 100% 이혼수가 있다. 싫은 소리를 못 견디고, 자존심이 센 반면 자존감은 약하기 때문이다.
- 식상 점수가 높은 부인은 남편을 성장시키고 싶은 성향이 과도하여 집착적으로 강제하고 조종하며, 자신의 의견을 따르도록 세뇌하고 강요한다.
- 식상이 없으면 자녀가 늦게 생기거나, 자녀를 갖는 데 어려움을 겪거나, 낳은 후에도 부모 자식 사이가 좋지 않을 수 있다.

사주에 식상이 80점 이상인 여자가 있다. 그녀는 남편이 회사에서 인정받고 성장하기를 바란다. 그래서 회사에 갈 때 입는 양복과 넥타이, 구두 색깔까지 정해주고 반드시 자신의 뜻대로 입게 한다. 남편이 자기 마음대로 입고 나가면 화까지 낸다.

남편 입장은 어떨까. 처음에는 아내가 옷을 골라주는 대로 입으니 자기도 편해서 아내의 뜻을 따른다. 그러나 시간이 지나면서 아내의 간섭과 타박이 심해질수록 반발심이 생긴다. '옷도 내 마음대로 못 입나' 싶어서 아내의 간섭이 못마땅한 것이다. 그래서 출퇴근할 때 입는 옷을 마음대로 입겠다고 선언한다.

아내는 자신이 입으라는 대로 입으면 사람들에게 좋은 인상을 줄 수 있고, 그게 다 회사 내의 평판과 승진에까지 도움이 되는 길인데 왜 자기 말대로 하지 않는지 이해가 안 된다.

2   식상의 사회관계

(1) 식상의 육친관계

- 식상은 남성에게는 육친관계상 장모와 할머니를 상징하지만, 활용하지 않아도 된다.
- 여성에게 식상은 자식을 상징한다.
- 사회적으로는 남성과 여성 모두에게 입과 관련된 것, 즉 의식주나 먹는 것, 또한 말하는 것 등을 의미한다.

(2) 식상이 발달한 경우의 인간관계

① 남자 사주

- 의식주가 풍부하고 어디를 가나 먹을 복과 인덕이 강하다.
- 언어능력이 발달되어 있고 언어를 다루는 직업에서 성공 가능성이 높다.
- 아랫사람이나 제자 등으로 인한 복이 있고 기쁨이 크다.

② 여자 사주

- 의식주가 풍족하고 어디를 가나 먹을 복과 인덕이 있다.
- 언어능력이 발달되어 있거나 언어를 다루는 직업에서 성공 가능성이 높다.
- 자식복이 있거나 자식으로 인한 기쁨이 크다.

- 아랫사람이나 제자 등으로 인한 복이 있고 기쁨이 크다.

(3) 식상이 과다 · 태과다한 경우의 인간관계

① 남자 사주

- 남자 사주에 식상이 태과다하면, 식상은 관성을 극하기 때문에 직장의 안정성이 떨어진다. 쉽게 직장생활에 싫증을 내고 직업의 변동이 잦다.
- 남자 사주에 식상이 과다하면 음식사업, 웰빙사업, 학원사업, 강사, 사회단체, 재야단체 등에 어울리고, 기획력이나 참모기질이 있다.

② 여자 사주

- 여자 사주에 식상이 태과다하면, 식상이 관성을 극하기 때문에 남편과 갈등이 있거나 남편과 인연이 멀어진다.
- 여자 사주에 식상이 과다 또는 태과다하면, 식상은 자식에 해당하므로 자식이 늦게 생기거나 자식과 인연이 적어서 떨어져 지내는 경우가 많다

(4) 식상이 고립된 경우의 인간관계

- 남자에게 식상은 장인 장모에 해당하므로, 식상이 고립되면 장인 장모에게 건강문제나 재산문제가 발생한다. 또는 장인 장모와 사이가 원만하지 않고 불화가 생기는 경우도 있다. 그러나 한국 남성은 장인 장모와 거리를 두고 생활하는 경우가 많기 때문에 식상의 고립으로 인한 영향력이 강하지 않다. 다만, 최근에는 처가살이를 하는 경우가 많은데, 이때에는 식상 고립의 영향력이 매우 크게 나타날 수 있다.
- 여자에게 식상은 자식에 해당하므로, 식상의 고립은 자식이 늦게 생기거나 잘 안 생기거나 자식에게 건강문제가 발생한다. 또는 자식이 일찍 해외유학을 떠나거나 맞벌이로 인해 자식을 다른 사람에게 맡기거나 하여 자식과 떨어져 지낸다. 또는 자식과 사이가 원만하지 못한 경우도 있다.
- 남녀 모두 식상은 의식주와 구설수에 해당하므로, 식상이 하나밖에 없는데 고립된 경우에는 의식주 문제가 발생하거나 구설수에 시달리는 경우가 많다.

9

식상(食傷)
성격

TODAY'S POINT | 식상(식신+상관)은
감수성이 풍부하고 열정적이다.

식상은 성장시키고자 하고 표현력이 좋다

식상(식신+상관)은 다양한 상상력과 아이디어, 창의력, 기획력을 가지고 있다. 이들은 감각과 감수성이 발달되어 있고 창의력, 기획력, 예술성, 문학성, 창작성의 바탕을 가지고 있다. 또한 배려적, 봉사적, 이타적 성향으로 개인이나 집단을 돕고 성장시키고자 한다.

여기 사주에 식상이 발달한 강사가 있다. 이 사람은 명문대 출신이 아니지만, 제자들을 가르쳐서 명문대에 입학하도록 성장시킬 수 있는 능력이 있다. 남을 가르치는 능력이 탁월하고, 남을 성장시키고자 하는 욕구가 강하다. 조언자나 참모 역할에 적합한 것이다.

또 다른 식상을 보자. 이 사람은 말을 많이 하고 표현력이 좋다. 그런데 표현력이 너무 과한 나머지 사람들에게 종종 「뻥을 친다」는 느낌을 주곤 한다. 화재 현장에 소방차 1대가 출동해서 불을 껐는데, 이 사람은 "소방차가 줄줄이 달려왔는데도 화재 진압에 애를 먹었다"고 묘사하는 식이다. 사람들이 이야기의 허점을 지적하면 얼렁뚱땅 넘어간다. 그러나 사기성이 있거나 악의가 있는 것은 아니다. 그저 이야기를 재미있게 하느라 그런 것이다.

식상의 성격 분석

가능성이 있는, 가르치는, 교육하는, 감각 있는, 감수성이 있는, 기획력이 뛰어난, 기획하는, 다재다능한, 도와주는, 도움을 주는, 돌보는, 봉사하는, 상상력이 풍부한, 새로운, 성장시키는, 세련된, 솔선수범하는, 아이디어가 풍부한, 열성적인, 영감이 있는, 융통성이 있는, 융합하는, 통합하는, 자기계발을 하는, 조언하는, 즉흥적인, 창의력이 있는, 창조성이 있는, 충동적인, 컨설팅하는, 코칭하는, 통찰력 있는, 표현력이 있는, 헌신하는

장점

가능성을 중시하는, 변화를 중시하는, 감각이 뛰어난, 윈윈(win-win)하고자 하는, 자신이 성장하는, 창조적인, 타인을 성장시키는

단점

비현실적인, 생각이 산만한, 지시하는, 집착하는, 즉흥적인, 충동적인, 황당한, 허황된

건강

경계성 성격장애, 공황장애, 과도한 물질주의, 도피주의자, 성장지상주의, 이성개조성향, 물질남용, 방탕, 충동적, 조울증, 히스테리, 히스테리성 성격장애, 선생님 콤플렉스, 제갈공명 콤플렉스, 평강공주 증후군, 애니멀호더(Animal hoarder)[주1], 행복공포증

별명

고아원 원장, 교육가, 기숙사 사감, 꼰대, 돌보는 사람, 멘토, 보존가, 봉사자, 사교가, 사교적인 외교관, 세상의 소금, 예언자, 조언자, 조종자, 친선 도모자, 친절한 협력자, 카운슬러, 헌신가, 협조자, 훈장 선생

주1 애니멀호더: 동물학대의 하나로, 자신의 사육 능력을 넘어서서 지나치게 많은 수의 동물을 키우는 사람

DAY 9 >> 식상(食傷)
성격

- 식신(食神)은 내(일간)가 생하면서 음양이 같은 경우를 말하고, 상관(傷官)은 내(일간)가 생하고 음양이 다른 경우를 말한다. 이 둘을 묶어서 식상(食傷)이라 한다.

- 이들은 옷 하나를 입더라도 그냥 입지 않는다. 나름대로 센스를 생각하고 품격 있거나 멋스럽게 입고자 한다. 감각이나 감수성이 남다르기 때문에 문학성, 예술성, 창작성이 가미된 일에 흥미를 느끼고 매진한다. 어릴 적에는 순수함이 강해서 쉽게 드러나지 않는 감각이나 창조성이지만, 나이가 들어가면서 재능과 재주가 드러난다.

- 또한 이들은 연구능력이 있고 계획적인 기질이 강하다.

- 하나의 지식에 만족하지 않고 새로운 것에 관심이 크다. 새로운 가능성을 추구하고 창의적으로 일을 시작한다.

- 풍부한 상상력과 영감을 가지고 새로운 프로젝트를 잘 시작한다.

- 아이디어가 뛰어나고 틀에 얽매이기 싫어하며, 다른 사람이 가지지 못한 특별한 재능이 있다.

- 상상력과 충동적 에너지가 풍부하고, 즉흥적으로 일을 재빠르게 솔선수범하여 해결한다. 자신이 관심을 가진 분야에 관한 한 흥미가 배가되고 척척 해내는 사람이다.

- 묵묵하게 자신의 일을 처리하고, 중후하고 안정적이며, 인품이 고상하고 단정하고 예의바르다. 인간미가 있고 부드러운 성격이다. 섬세하고 분명한 것을 좋아하며, 신의가 있고 자신의 맡은 바를 완수하고자 한다.

- 두뇌가 뛰어나고 언변이 좋으며, 기획력이 탁월하고 재치와 임기응변이 뛰어나다. 자기 주관과 주장이 강하고 강한 고집이 있다. 다재다능한 능력의 소유자이다. 총명하고 머리가 좋다.

- 뛰어난 통찰력으로 상대방이 가지고 있는 성장과 발전 가능성을 들여다보며, 자신의 열성으로 다른 사람들도 어떤 일이나 프로젝트에 흥미를 갖게 하고, 다른 사람을 잘 도와준다. 남들을 정신적, 육체적으로 성장시키는 데 보람을 느낀다. 여기에서 정신적인 성장은 언어, 지식 등을 활용해 돕는 것을 말하고, 육체적인 성장은 요리를 해주거나 음식을 대접하는 것 같은 행동을 말한다.

- 이들은 스스로를 발전시키는 것보다 남들을 발전시키는 데 뛰어난 능력이 있다. 상대방이 잘되면 나에게도 떨어지는 것이 있을 거라는 생각에서 그러는 것은 아니다. 그저 그것에서 기쁨을 느끼는 것이다.

- 이들은 인간미가 있고 남에게 도움을 주려고 한다. 인정이 많고 베풀 줄 안다.

- 이들은 참모적 기질이 뛰어나다. 세상을 보는 시야가 넓고 생각의 범위도 넓다. 그래서 남들에게 조언을 하는 데 탁월한 능력이 있다. 코칭, 상담, 멘토, 교육 등의 방면에서 능력을 발휘하는데, 어느 분야에서나 대체적으로 재능을 발휘한다. 단, 식상이 과다하면 조언자보다는 조종하거나 휘두르려는 성향이 나타난다.

- 어려움을 당하면 더욱 자극받고 난관을 독창적으로 해결한다. 아이디어와 창의력, 기획력이 탁월한 장점이 본격적으로 드러나는 것이다.

- 한편 작은 것도 크게 부풀려서 표현하는 재능이 있기 때문에, 가끔은 「뻥쟁이」나 「허풍쟁이」로 보는 시선도 있다. 실제로 이들은 별것 아닌 사건에 대해서도 마치 큰일을 겪은 것처럼 과장해서 떠들어댄다. 상상력이 풍부한 나머지 세상에서 일어나는 일들을 과도하게 부풀려서 보는 경향이 있는 탓이다. 그러나 이런 습성은 사기성과는 관계가 없다. 악의 없는 허풍인 셈이다. 이런 특성을 잘 살리면 문학가로 성공할 수도 있다.

- 이들은 순간적인 재치가 있고 열정적이기 때문에 예술 · 연예 · 방송 · 기술 등의 분야에서 끼를 발휘한다.

- 이들은 남들의 장점을 잘 알아볼 수 있는 능력이 있다. 그래서 홍보 쪽의 일을 맡아도 적합하다. 조금 아는 분야에 대해서도 매우 많이 아는 것처럼 떠드는 경향도 홍보 쪽에서는 오히려 장점이 될 수 있다.

- 그런데 이들이 기업의 대표나 조직의 리더가 되면 문제가 생기기도 한다. 남들의 재능은 잘 알아보지만, 자신의 재능을 발견하는 것에는 영 소질이 없기 때문이다. 그래서 사업이 방향을 잡지 못하고 이리저리 헤매면서 굴곡을 겪기도 한다.

2 식상의 관계

남자		여자	
가족관계	사회적 관계	가족관계	사회적 관계
장모, 할머니	제자, 아랫사람, 부하직원	자식(아들, 딸)	제자, 아랫사람, 부하직원

3 식상의 긍정적인 면과 부정적인 면

긍정적인 면	부정적인 면
가능성이 열려 있다.	거짓말을 잘한다.
관심이 있는 일에 열성적이다.	경쟁적이다.
넓은 안목이 있다.	과로한다.
논리적이다.	과시한다.
대인지향적이다.	다방면에 관심이 분산되어 있다.
도움을 준다.	덜렁거리고 안정감이 없다.
독창적이다.	무리하게(지나치게) 확장한다.
명랑하다.	변화가 너무 크다.
발산한다.	변화변동이 너무 잦다.
배려한다.	새로운 것으로의 변화가 심하다.
사색적이다.	생색을 내기 쉽다.
상상력이 풍부하다.	쉽게 상처받는 경향이 있다.
솔선력이 강하다.	시도 때도 없이 가르치고 교육하려 한다.
순간적 재치가 있다.	쓸데없는 도덕심에 사로잡혀 있다.
승부근성이 강하다.	얽매이기 싫어한다.
아이디어가 반짝인다.	엉뚱한 일에 관심이 크다.
연구능력이 있다.	요란하다.
열성적이다.	원칙이 없다.
영감이 있다.	자기 주관이 너무 강하다.
이해가 빠르다.	자기중심적이다.
이해한다.	자유분방하다.
인정이 많다.	자존심이 강하다.
자신감이 있다.	적당히 넘어간다.
자유지향적이다.	주변 사람을 구속하려고 한다.
적극적으로 베푼다.	주의가 산만하다.

정적이다.	즉흥적이다.
조용하다.	집착하고 조종한다.
지적 관심이 많다.	폼을 잡는다.
지적이다.	하나의 지식에 만족하지 않는다.
직관력이 있다.	허풍이 심하다.
차분하다.	현실감이 떨어진다.
창조적이다.	훈계한다.
침착하다.	
통찰력이 뛰어나다.	
혁신적이다.	
호기심이 많다.	
활동성이 넓다.	
활발하다.	

4 사람들이 바라보는 식상

- 그들은 열성적이다.
- 그들은 즉흥적이고 창의적이다.
- 그들은 상담이나 교육, 목회, 문학, 예술 등에 잘 어울린다.
- 그들은 반복되는 일에나 일상적인 일에 스트레스를 받는다.
- 그들은 기존에 하던 일이나 계획을 마치기도 전에 새로운 것에 호기심을 갖는다.
- 그들은 세부적이고 섬세하게 보기보다 큰 틀에서 접근하려고 한다.
- 그들은 지나치게 확장하고 너무 많은 일들을 벌이려는 경향이 있다.
- 그들은 자신들이 관심 갖는 일에만 열정적이고, 관심 가는 일만 시도하려고 한다.
- 그들은 일의 우선순위를 정하는 데 미숙하다.
- 그들은 가능성에 초점에 두고 자신들의 직관력과 영감을 중시하는 경우가 종종 있다.
- 그들은 사람을 다루는 솜씨가 뛰어나다.
- 그들은 다른 사람의 태도에 대해 민감하게 판단하기보다는 이해하려고 한다.
- 그들은 신념이 생기거나 느낌이 오는 것에 몰입하는 경향이 있다.
- 그들은 새로운 아이디어나 호기심에 충실하려고 한다.
- 그들은 새로운 지식이나 책이나 표현에 관심이 크고 열성이 있다.

- 그들은 자신이 가진 지식이나 재주를 기반으로 설득력과 독창성을 발휘한다.
- 그들의 내면에는 열성적인 면이 자리잡고 있다.
- 그들은 허풍이 심하지만 사기성은 없다.

5 사람들이 식상을 좋아하는 이유

- 그들은 통찰력이 있고 감수성이 뛰어나기 때문이다.
- 그들은 창조적인 감각이 뛰어나기 때문이다.
- 그들은 표현능력이 뛰어나고 예술적 감각이 뛰어나기 때문이다.
- 그들은 낭만적이고 변화에 대처하는 능력이 뛰어나기 때문이다.
- 그들은 상상력과 순간대처능력이 뛰어나기 때문이다.
- 그들은 따뜻하고 배려적이며 봉사적이기 때문이다.
- 그들은 헌신하고 돌보며, 타인을 타인을 성장시키려 하기 때문이다.

6 사람들이 식상을 싫어하는 이유

- 그들은 자기가 하려는 것에 지나치게 몰입하기 때문이다.
- 그들은 너무 야심이 크고, 하고자 하는 것이 너무 많기 때문이다.
- 그들은 말재주가 너무 뛰어나고 비위를 잘 맞추기 때문이다.
- 그들은 잔재주가 많고 모략이 뛰어나기 때문이다.
- 그들은 어느 때는 너무 신중하게 관찰하고 분석하기 때문이다.
- 그들은 집착하고 조종하고 훈계하고 간섭하기 때문이다.

7 식상이 사람들에게 바라는 것

- 내가 몰입하는 일을 인정해주고 좋아해주면 좋겠다.
- 내가 무언가에 대해 신이 나서 말할 때 내 말을 잘 들어주면 좋겠다.
- 내가 실수를 해도 너그럽게 넘어가주면 좋겠다.
- 나의 공상, 상상을 비현실적이라고 비난하지 않으면 좋겠다.
- 내가 원하는 것, 시키는 것을 잘 따라주면 좋겠다.

8   식상과 잘 지내려면?

- 그들은 새로운 아이디어에 관심이 많으므로 자신의 생각을 표현하려고 할 때 잘 들어주어야 한다.
- 그들의 표현력에 대해 긍정적인 반응을 보여주어야 한다.
- 그들은 자유주의적인 기질이 강하니 틀에 가두려고 하면 안 된다.
- 그들이 입고 꾸미는 의상이나 액세서리에 관심을 보여주어야 한다.
- 그들은 구조화된 계획적 틀을 부담스러워 하니 명령이나 잔소리를 하면 안 된다.
- 그들은 문학적, 예술적, 감각적인 기능이 뛰어나니 적극적으로 인정해야 한다.
- 그들의 허무맹랑한 이야기나 과도한 표현도 그들에게는 진지한 내용이기 때문에 귀담아들어야 한다.
- 그들은 자신이 관심을 가지고 있는 사물이나 사람에 대해 수용력이 높다. 그 안에 포함되도록 노력해야 한다.
- 그들은 이상적인 것을 선호한다. 그들의 꿈과 함께하라.
- 그들은 자신이 믿는 사람이나 대의명분을 위해서 희생을 불사한다. 그들의 희생정신을 격려해 주어야 한다.
- 그들이 원하는 방향이나 생각에 순순히 따라야 한다.

9   식상이 상상하기 싫은 것

- 눈에 보이는 현상을 있는 그대로만 보는 것
- 주어진 것을 그대로 방치하는 것
- 새로운 것에 대한 호기심을 없애고 계획적인 일을 반복하는 것
- 다른 사람들과 비슷한 행동을 하고, 똑같은 옷차림으로 외출하는 것
- 타인을 기쁘게 해주는 마음이나 좋아하는 마음을 가지지 않는 것
- 갈등 관계를 좋아하고 타인을 누르려고 하는 것
- 외부자극에 대해 호기심을 가지지 않고 평상심을 유지하는 것
- 타인에 대해 냉랭한 듯 보이는데, 내면적으로도 진심으로 멀리하는 것
- 아름다운 것과 추한 것, 선한 것과 약한 것, 도덕적인 것과 비도덕적인 것에 전혀 관심이 없는 것

- 상징적인 것을 해석하지 않고, 창조하는 재능을 활용하지 않고, 딱딱한 글이나 논리적인 글을 쓰는 것
- 새로운 정보나 아이디어를 수용하지 않고 배척하는 것
- 타인의 정서를 무시하고 좋아하는 사람에게 관심을 없애는 것

10 식상이 살려야 할 점

- 어떤 일이나 목표도 매우 조심스럽게 출발하는 점
- 안정적이고 성실한 점
- 정확한 것을 중요하게 여기는 점
- 꼼꼼하고 계획적인 점
- 구조화되어 있는 틀에서 능력을 발휘할 수 있는 점
- 장애물이 없는 무난한 길을 선택하는 점
- 주위 사람들로부터 성실하다고 평가받는 점
- 생각을 깊게 하는 점
- 모든 일을 일관성 있게 추진하는 점
- 세밀하고 꼼꼼하게 일하는 점
- 계획대로 실천하는 점
- 자신이 하고자 하는 것은 반드시 하고야 마는 점
- 모든 것을 깔끔하게 정리하는 점
- 책임진 분야에서는 꼼꼼하게 계획하고 마무리를 철저하게 하는 점
- 섬세하고 감정과 수비본능이 강하여 한 분야에서 꾸준하게 발전하는 점
- 계획성이나 기획력이 뛰어난 점

11 식상이 보완해야 할 점

- 자신의 감정을 제대로 표현하지 못하는 점
- 상황에 순응하는 편이지만 자신의 생각에 집착하는 점
- 자신이 중요한 사람이라고 생각하지 않는 점
- 여러 일이 동시에 발생하는 것을 싫어하고 작은 것에 집착하는 경우가 많은 점

- 빨리 결정하지 못하고 우유부단한 점
- 작은 것에는 강하나 큰것에서 배짱이 줄어드는 점
- 조금이라도 실패할 가능성이 있으면 새로운 일을 회피하는 점
- 새로운 일보다는 항상 하는 익숙한 일이나 활동을 더 하려고 하는 점
- 완벽하게 일이 이루어지지 않으면 잠을 못 자는 점
- 잔소리가 많은 점
- 자신의 의견이 통과되지 않는 상황이 반복되면 자폐적인 증세가 나타나는 점
- 더 잘할 수 있는데 왜 못하냐고 자기 자신이나 주위 사람들을 자주 나무라는 점
- 인간관계가 원만하지만, 간혹 아랫사람이나 자신보다 약한 사람은 무시하고 멸시하는 점
- 작은 실수나 결점에도 신경 쓰는 점
- 여성의 경우 감정 기복이 심하고, 자식 중에서도 좋고 싫은 자식을 구분하려 드는 점

DAY 10

식상(食傷)
직업적성

식상은 표현력을 발휘할 수 있고
타인을 성장시키는 직업이 잘 맞는다.

식상을 표현한 유명인의 명언

"현명한 사람에게는 한마디면 충분하다."
— 플라우투스(Titus Maccius Plautus)

"자신의 생각을 바꾸지 못하는 사람은 결코 현실을 바꿀 수 없다." — 안와르 사다트(Anwar Sadat)

"삶을 사는 데는 단 두 가지 방법이 있다. 하나는 기적은 전혀 없다고 여기는 것이고, 또 다른 하나는 모든 것이 기적이라고 여기는 방식이다."
— 알베르트 아인슈타인(Albert Einstein)

"무료함의 본질은 당신이 강박관념을 가지고 새로운 것을 찾고 있다는 것이다."
— 조지 레너드(George Leonard)

"자신에 대한 앎에는 끝이 없다. 당신은 끝에 도달할 수 없으며 결론에 도달할 수 없다. 그것은 끝이 없는 강이다."
— 지두 크리슈나무르티(Jiddu Krishnamurti)

"당신이 아무리 멀리 가더라도 영혼의 한계를 찾을 수는 없을 것이다."
— 헤라클레이토스(Heraclitus)

"구하라 그러면 얻을 것이요, 찾아라 그러면 찾을 것이요, 두드려라 그러면 열릴 것이다."
— 예수(Jesus)

"자기 한계를 다시 정하거나 바꾸는 것은 가장 큰 자기를 경험할 때 일어난다. 이러한 경험을 할 때는 우주를 포함하는 정체성을 갖게 된다."
— 켄 윌버(Ken Wilber)

DAY 10 >> 식상(食傷)
직업적성

1 오행에 따른 식상의 특성

오행과 마찬가지로 육친에는 성격, 기질, 역량, 리더십, 대인관계 등 인간의 다양한 특성이 나타난다. 따라서 오행과 육친이 결합된 다양한 유형들을 분석함으로써 인간의 특성을 좀 더 깊이 있게 들여다볼 수 있다.

식상(식신+상관)과 오행의 결합은 목(木) 식상, 화(火) 식상, 토(土) 식상, 금(金) 식상, 수(水) 식상이 존재하며, 오행의 특성에 따라 식상의 특성 또한 조금씩 다르게 나타난다.

오행과 마찬가지로 육친은 발달, 과다, 태과다일 때 다음과 같은 강한 기질적 특성이 나타난다. 사주에 식상이 많을 때의 특징은 구조화되고 언어능력이 탁월하다는 점이다.

- 목(木) 식상 : 분석력, 명예성, 신중성, 성공성, 창의성, 기획성, 현실성
- 화(火) 식상 : 창조성, 표현성, 감수성, 통찰성, 통솔성, 융통성, 유머감각
- 토(土) 식상 : 설득성, 이해성, 판단성, 지도성, 합리성, 관계성, 융통성
- 금(金) 식상 : 판단성, 계획성, 판별성, 창의성, 완벽성, 주도성, 집착성
- 수(水) 식상 : 보수성, 예민성, 섬세성, 수리성, 신중성, 정보성, 분석성

(1) 목(木) 식상이 과다 · 태과다일 때

- 정보수집 능력이 뛰어나다.
- 언어능력이 발달되어 있다.
- 목표가 크고 큰일을 좋아하며 늘 바쁘게 활동한다.
- 추진하는 고집은 매우 강하나 뒤끝이 약하다.

(2) 화(火) 식상이 과다 · 태과다일 때

- 성질이 급하고 화통하다.
- 소리가 크고 목소리로 승부를 걸려는 경향이 있다.
- 이상은 크나 현실감각이 떨어진다.
- 어떤 일이든 쉽게 시작하고 주도하는 능력이 있다.
- 독립적, 전문적, 예술적 영역에서 인정받을 수 있다.

(3) 토(土) 식상이 과다 · 태과다일 때

- 말재주가 있고 자신감이 있다.
- 배짱이 있고 고집이 센 편이다.
- 직장 생활에 적응하기 힘들고 독립적, 자유적이다.
- 자존심이 매우 강하고 질투심이 있다.
- 활동적이고 적극적이고 머리가 총명하다.

(4) 금(金) 식상이 과다 · 태과다일 때

- 강단이 있고 자신을 지키는 능력이 있다.
- 신경이 예민하고 간섭이나 잔소리를 많이 하는 경우도 있다.
- 구조화된 일이나 계획적인 일에서 능력을 발휘한다.
- 자신의 현실을 정확하게 직시하는 능력이 있다.
- 매사에 집중력과 끈기가 강하나 간혹 집착이 강하다.

(5) 수(水) 식상이 과다 · 태과다일 때

- 본능적 직관이 대단하다.
- 늘 부지런하게 움직이고 생각이 많다.
- 예감과 직관이 발달되어 있다.
- 자신의 느낌이나 생각을 이야기하고 싶어한다.
- 무슨 일이든 빨리 결정해서 손해를 보기도 한다.

2 **식상의 직업적성 개요**

- 사주에 식상이 발달한 이들은 남을 도와주는 선생님이나 공무원 같은 일이 적합하다. 남을 도울 수 있으면서 독립적인 학원사업 등을 하는 것도 좋다. 식상이 발달했는데 도화가 있으면 연예, 예술, 방송 쪽으로도 활동하고, 역마가 있으면 외교관, 천문성이 있으면 의사, 법조인으로 활약하기도 한다.
- 식상 점수가 높을수록 직장 생활은 힘들어진다. 식상이 80~90점 이상으로 과다하면 독립적인 기질이 너무 강해져서 대장 노릇을 하려고 한다. 그래서 자기 사업을 벌이게 되는 경우가 많다. 그러나 이들이 벌이는 사업에는 굴곡이 많다. 남들의 재능은 잘 보지만 나의 재능, 즉

내 사업체가 잘할 수 있고 어떤 방향으로 나아가야 좋을지 객관적으로 보는 능력은 떨어지기 때문이다.

적절한 직업

MC, 가정주부, 강사, 건축, 검사, 경제학, 경찰, 공무원, 과학, 광고기획, 교사, 교수, 교육가, 기자, 기획실장, 대변인, 말하는 직업, 목사, 목회자, 문인, 문제해결사, 문필가, 문학평론가, 발명가, 방송작가, 법학, 변호사, 보건, 사무직, 사무총장, 사회복지사, 상담가, 샐러리맨, 생산, 서비스, 성직자, 스님, 신부, 수학, 순수과학, 음식장사 등 요식업 분야, 아나운서, 언론인, 어린이집, 엔지니어링, 연구소, 연예인(영화배우·연극배우·탤런트·가수·패션모델), 영화평론가, 예술가, 음악평론가, 의사, 작가, 저널리스트, 종교인, 컨설턴트, 토목, 통계, 판매, 판사, 학원강사, 학원사업, 회계, 회사원

EXAMPLE

사람들이 잘 모르는 대학을 나온 사람이 있다. 학력은 떨어지지만 언변이 좋아서 강의를 하는 데 뛰어난 소질이 있다. 그래서 낮은 학력에도 불구하고 능력을 높이 인정받아서 입시학원 강사를 하게 되었다. 처음에는 강사의 학력 때문에 선입견을 갖던 학생들도 그의 강의를 들으면 실력을 인정한다. 실제로도 그의 제자들 중에 명문대에 진학하는 경우가 많아지면서 입소문이 빠르게 퍼진다.

3 식상의 직무 역량

(1) 식상의 직무 관련 특성

장점	자기 인식	목표 지향과 경향성
• 조직이나 다른 사람들에게 조언과 상담을 잘한다. • 새로운 아이디어 및 창의성을 발휘한다. • 언어 구사능력과 표현력이 있다. • 예지력과 통찰력이 있다. • 풍부한 상상력과 영감이 있다. • 본능적 직관력을 발휘한다.	• 나는 조직이나 타인을 성장시킨다. • 나는 멘토, 스승으로서 재능이 있다. • 나는 표현하는 사람이다. • 나는 아이디어나 끼가 있다. • 나는 상상력과 영감이 있다. • 나는 독창적이고 창의적이다. • 나는 새로운 가능성을 추구한다. • 나는 언어능력이 뛰어나다. • 나는 사색적이고 연구능력이 있다.	• 나는 열정적인 사람이고 싶다. • 나는 누군가를 최고로 만들고 싶다. • 나는 나를 표현하고 싶다. • 나는 내 아이디어가 어딘가에서 사용되길 바란다. • 나는 창조성으로 승부를 걸고 싶다. • 나는 나의 감각이나 감수성이 더 발휘되면 좋겠다.

잠재 역량	배워야 할 것	좋아하는 것
• 창의성이 뛰어난 사람 • 엉뚱한 상상력을 발휘하는 사람 • 가능성을 추구하는 사람 • 아이디어가 뛰어난 사람 • 다른 사람들에게 베풀고 그들을 성장시키고자 하는 사람	• 조직이나 다른 사람의 성장만큼 자신의 성장도 중요하다. • 현실과 부합하는 창의력과 아이디어를 활용하라. • 새로운 것도 중요하지만 전통적인 것에 대한 관심도 필요하다. • 즉흥적 발상만큼 계획적인 변화에 대해 신경 써야 한다.	사색적, 솔선수범, 상상력, 직관력, 가능성, 성장과 배려, 통찰력, 혁신적
		싫어하는 것
		경쟁적, 구속, 안정적, 현실적, 전통적, 지시와 비판, 기계적, 체계적

(2) 조직에서의 식상

적합한 조직 구성과 형태	조직의 가치와 목표	조직의 시간 개념
• 서로 소통하는 구조 • 개인의 창의성과 창조성을 인정하는 구조 • 개인의 능력을 인정하되 한 사람이 독식하지 않는 구조 • 조직 구성원들이 서로 윈윈하는 구조 • 구성원들의 의사전달이 자유로운 구조	• 조직의 구성원 각자가 창의성과 창조성을 활성화하고 장점을 극대화할 수 있도록 격려한다.	• 조직 구성원들이 각자 창의성과 창조성을 발휘할 수 있도록 조언하고, 교육 등의 준비기간을 주어야 한다.

조직 적응	문제해결 능력	식상과 잘 지내는 법
• 개인이 독주하는 환경은 싫다. • 조직 구성원들이 함께 성장하는 환경이 좋다. • 조직 구성원들에게 필요한 것이 무엇인지 끊임없이 관심을 갖는 환경이 좋다. • 인간적으로 배려하고, 서로 화합과 협력을 하는 환경이 좋다. • 이타심이 넘치고 서로가 도와주고 도움받는 환경이 좋다. • 과거를 답습하고 현실에 안주하는 환경을 거부한다. • 새로운 변화와 변동의 역동성이 있는 환경을 선호한다. • 창의적인 생각과 창조적인 환경을 선호한다. • 가능성이 있으면 언제나 도전할 수 있는 환경이 좋다.	• 공동체나 조직원의 성장을 도와주며 그들의 능력을 향상시켜 문제를 해결해 나간다. • 새로운 아이디어와 창의적 기획력을 통하여 문제를 해결해 나간다. • 조직 구성원들을 결속시키고 함께하는 공동체의식을 함양해 문제를 해결해 나간다.	• 창의성을 인정하라. • 창조성을 인정하라. • 기획력을 인정하라. • 표현하고 대화를 나누어라. • 이타적인 성향을 칭찬하라. • 함께 성장하고자 함을 칭찬하라. • 가르치고 교육하는 능력을 인정하라.

4 식상 리더의 직무 역량

원하는 환경	원하지 않는 환경
• 조직원들에게 충분한 조언을 해줄 수 있는 환경 • 아이디어를 자유롭게 제시할 수 있는 환경 • 새로운 가능성을 발견할 수 있는 환경 • 순간적인 판단력을 내리고 반영할 수 있는 환경 • 자신의 생각을 마음껏 표현할 수 있는 환경 • 사색하고 연구할 수 있는 환경 • 즉흥적인 판단이 받아들여지는 환경 • 구성원들이 마음껏 성장할 수 있는 환경 • 상상력이 필요한 환경 • 사색할 수 있는 환경	• 경쟁적인 환경 • 구속과 제재가 많은 환경 • 모험적이지 않은 환경 • 새로운 것이 없는 환경 • 지시와 비판이 많은 환경 • 기계적인 환경 • 틀에 짜여진 환경 • 의견 제시가 어려운 환경
장점과 능력	**단점과 보완할 점**
• 언어구사능력이 뛰어나 업무 지시를 잘한다. • 멘토, 스승의 역할을 잘 수행한다. • 조직원들에게 많이 베풀고 그들의 성장을 돕는다. • 조직원들의 가능성에 주목한다. • 뛰어난 예지력과 통찰력으로 한 수 앞을 내다본다. • 본능적 직관력으로 상황 판단을 잘한다. • 솔선수범한다. • 혁신적이다. • 열정적이다.	• 즉흥적이다. • 지나치게 자유로움을 추구한다. • 필요한 때도 경쟁을 피하려는 경향이 있다. • 기계적, 체계적인 업무에 맞지 않다. • 실현 가능성이 떨어지는 아이디어에 집착한다. • 현실성이 부족하다. • 체계적이고 계획적인 변화에 거부감이 있다. • 새로운 아이디어를 구상하느라 기존 업무에 소홀하다.
리더의 질문(지시)	**리더의 스트레스**
• 당신은 새로운 가능성에 관심이 있습니까? • 당신은 나의 조언을 받아들일 자세가 되어 있습니까? • 당신의 아이디어가 대중이나 조직에 필요하고 성장에 도움이 됩니까? • 언제든 나를 찾아 상담하십시오. • 새로운 아이디어를 많이 제시하십시오. • 일을 하기 위해서는 감수성도 중요합니다. • 즉흥적인 지시에도 잘 따라주십시오. • 혁신적인 제안을 두려워하지 마십시오. • 나의 제안이 조직을 위한 것임을 인정해주십시오. • 나의 본능적인 직관력을 믿어주십시오.	• 실적 경쟁 등 비교당하는 업무에 스트레스가 심하다. • 조언이 받아들여지지 않는 경우 좌절감이 크다. • 상사의 기계적인 업무 지시를 불편하고 구속으로 여긴다. • 조직이 너무 현실적인 것에만 매달린다고 생각한다.

구성원들의 스트레스

- 리더가 현실성이 떨어지는 업무 지시를 내린다.
- 리더가 끝없이 새로운 아이디어를 제시하며 일거리를 만든다.
- 리더가 원치 않는 조언을 많이 한다.
- 리더가 즉흥적인 업무 지시를 많이 한다.
- 리더의 재치를 알아주고 일일이 반응해줘야 한다.

EXAMPLE

기업 대상 컨설팅 업체에 다니는 사람이 있다. 그의 업무역량은 뛰어나다. 컨설팅을 의뢰한 업체의 장점을 잘 파악해서 어떤 방향으로 사업을 전개해야 하는지 적절하고 탁월한 방안을 제시한다. 그는 컨설팅을 받은 이들이 감탄할 때마다 마음속으로 의아해한다. 자기 눈에는 훤히 보이는 방법을 남들은 모르고 있었다는 사실이 신기하기도 하다.

그러나 그는 직장의 구성원으로 있는 것이 영 답답하다. 결국 회사를 나와서 자기만의 컨설팅 업체를 차리고 영업을 시작한다. 다른 업체들에게 컨설팅해주는 족족 업체들을 성장시켰으니 이제 자기가 직접 할 차례라고 생각한다.

그런데 이상하게도 생각처럼 움직여지지 않는다. 남들에게 조언할 때는 그렇게 창의적이고 적합한 생각이 줄줄 떠오르더니, 막상 내 사업에 적용하려니 쉽지가 않다. 이유를 모르겠으니 답답할 뿐이다.

11

식상(食傷)
일간별 식상 발달 · 과다 · 태과다

인기를 타고난 배우

1962년 12월 28일(양) 오전 8시

시	일	월	연
庚	庚	壬	壬 (乾)
辰	子	子	寅

목(木)	화(火)	토(土)	금(金)	수(水)
재성	관성	인성	비겁	식상
1개	0개	1개	2개	4개
10점	0점	15점	20점 (+20)	65점

위 사주는 경금(庚金) 일간이며, 자자(子子) 도화와 임임(壬壬) 도화로 모두 4개의 도화가 있는 연기자 사주이다.

또한 인(寅)과 경경(庚庚) 역마가 있고, 양팔통으로 활동성과 배짱, 적극성이 있다. 원리원칙적, 계획적, 준비적, 순서적, 비판적, 구조화, 약속지향적이다. 금수(金水) 쌍청은 암기력이 아주 뛰어난 사주로, 대본 암기를 해야 하는 배우에 적합하다.

사주의 주인공은 청춘스타로 큰 사랑을 받았고, 지금은 사극 전문배우로 연기 변신에도 성공했으며, 그와 그의 아내는 대표적인 연예계 잉꼬부부이다.

식상 수(水)가 65점(水)이어서 살짝 뻥 기질이 있다.

일간별 식상 발달·과다·태과다

식상 발달·과다·태과다에 해당하는 사주들의 오행 및 육친 개수와 점수, 그리고 사주 주인공의 직업적성을 분석해 놓았다. 독자들이 주변 사람들의 사주를 분석하면서 얻은 식상 사주들과 이 책의 식상 사주들을 비교하면서, 앞서 공부한 식상의 다양한 특성을 실전에 활용하는 토대가 될 수 있을 것이다.

1 목(木) 일간 화(火) 식상 발달·과다·태과다

전 문화단체 이사장

1946년 5월 20일(양) 오전 5시

시	일	월	연	
丙	甲	癸	丙	(乾)
寅	午	巳	戌	

목(木)	화(火)	토(土)	금(金)	수(水)
비겁	식상	재성	관성	인성
2개	4개	1개	0개	1개
25점 (+20)	65점	10점	0점	10점

프로게이머

1996년 5월 7일(양) 오전 8시

시	일	월	연	
戊	甲	癸	丙	(乾)
辰	辰	巳	子	

목(木)	화(火)	토(土)	금(金)	수(水)
비겁	식상	재성	관성	인성
1개	2개	3개	0개	2개
10점 (+20)	40점	40점	0점	20점

피아니스트

1994년 5월 28일(양) 오전 8시

시	일	월	연
戊	甲	己	甲 (乾)
辰	寅	巳	戌

목(木)	화(火)	토(土)	금(金)	수(水)
비겁	식상	재성	관성	인성
3개	1개	4개	0개	0개
35점 (+20)	30점	45점	0점	0점

작가

1992년 8월 7일(양) 오후 2시

시	일	월	연
癸	乙	丁	壬 (坤)
未	卯	未	申

미(未)월 미(未)시=월지 미(未)는 개수는 토(土), 점수는 화(火) 30점, 시지 미(未)는 개수는 토(土), 점수는 화(火) 15점

목(木)	화(火)	토(土)	금(金)	수(水)
비겁	식상	재성	관성	인성
2개	1개	2개	1개	2개
25점 (+20)	55점	0점	10점	20점

심리학 교수

1968년 7월 24일(양) 오후 2시

시	일	월	연
癸	乙	己	戊 (乾)
未	未	未	申

목(木)	화(火)	토(土)	금(金)	수(水)
비겁	식상	재성	관성	인성
1개	0개	5개	1개	1개
10점 (+20)	45점	35점	10점	10점

전 대기업 사장

1956년 7월 6일(양) 오후 8시

시	일	월	연	
甲	甲	甲	丙	(乾)
戌	戌	午	申	

목(木)	화(火)	토(土)	금(金)	수(水)
비겁	식상	재성	관성	인성
3개	2개	2개	1개	0개
30점 (+20)	40점	30점	10점	0점

격투기 선수

1992년 7월 17일(양) 낮 12시

시	일	월	연	
庚	甲	丁	壬	(乾)
午	午	未	申	

월지 미(未)=개수는 토(土), 양력 7월 초순~8월 초순이므로 화(火) 30점

목(木)	화(火)	토(土)	금(金)	수(水)
비겁	식상	재성	관성	인성
1개	3개	1개	2개	1개
10점 (+20)	70점	0점	20점	10점

농구감독

1975년 7월 27일(양) 낮 12시

시	일	월	연	
庚	甲	癸	乙	(乾)
午	戌	未	卯	

목(木)	화(火)	토(土)	금(金)	수(水)
비겁	식상	재성	관성	인성
3개	1개	2개	1개	1개
30점 (+20)	45점	15점	10점	10점

변희봉(영화배우)

1942년 7월 20일(양) 낮 12시

시	일	월	연	
庚	甲	丁	壬	(乾)
午	戌	未	午	

목(木)	화(火)	토(土)	금(金)	수(水)
비겁	식상	재성	관성	인성
1개	3개	2개	1개	1개
10점 (+20)	65점	15점	10점	10점

셰프

1959년 7월 11일(양) 오후 2시

시	일	월	연	
辛	甲	辛	己	(乾)
未	午	未	亥	

목(木)	화(火)	토(土)	금(金)	수(水)
비겁	식상	재성	관성	인성
1개	1개	3개	2개	1개
10점 (+20)	60점	10점	20점	10점

영화배우

1976년 8월 10일(양) 낮 12시

시	일	월	연	
庚	甲	丙	丙	(坤)
午	午	申	辰	

월지 신(申)=개수는 금(金), 양력 8월 초순~9월 초순
이므로 화(火) 30점

목(木)	화(火)	토(土)	금(金)	수(水)
비겁	식상	재성	관성	인성
1개	4개	1개	2개	0개
10점 (+20)	80점	10점	10점	0점

배우

1980년 8월 9일(양) 오후 4시

시	일	월	연
壬	甲	甲	庚 (乾)
申	寅	申	申

신(申)월 신(申)시=월지 신(申)은 개수는 금(金), 점수는 화(火) 30점, 시지 신(申)은 개수는 금(金), 점수는 화(火) 15점

목(木)	화(火)	토(土)	금(金)	수(水)
비겁	식상	재성	관성	인성
3개	0개	0개	4개	1개
35점 (+20)	45점	0점	20점	10점

배우

1970년 9월 1일(양) 오후 4시

시	일	월	연
壬	甲	甲	庚 (乾)
申	申	申	戌

목(木)	화(火)	토(土)	금(金)	수(水)
비겁	식상	재성	관성	인성
2개	0개	1개	4개	1개
20점 (+20)	45점	10점	25점	10점

금융인

1930년 8월 12일(양) 낮 12시

시	일	월	연
庚	甲	甲	庚 (乾)
午	午	申	午

목(木)	화(火)	토(土)	금(金)	수(水)
비겁	식상	재성	관성	인성
2개	3개	0개	3개	0개
20점 (+20)	70점	0점	20점	0점

법조인

1967년 7월 30일(양) 오후 2시

시	일	월	연	(乾)
癸	乙	丁	丁	
未	未	未	未	

목(木)	화(火)	토(土)	금(金)	수(水)
비겁	식상	재성	관성	인성
1개	2개	4개	0개	1개
10점 (+20)	65점	25점	0점	10점

우주비행사

1978년 6월 2일(양) 낮 12시

시	일	월	연	(坤)
壬	乙	丁	戊	
午	未	巳	午	

목(木)	화(火)	토(土)	금(金)	수(水)
비겁	식상	재성	관성	인성
1개	4개	2개	0개	1개
10점 (+20)	65점	25점	0점	10점

리더십코칭 전문가

1973년 5월 9일(양) 낮 12시

시	일	월	연	(乾)
壬	乙	丁	癸	
午	巳	巳	丑	

목(木)	화(火)	토(土)	금(金)	수(水)
비겁	식상	재성	관성	인성
1개	4개	1개	0개	2개
10점 (+20)	70점	10점	0점	20점

축구선수

1992년 7월 8일(양) 오전 1시

시	일	월	연	
丙	乙	丁	壬	(乾)
子	酉	未	申	

목(木)	화(火)	토(土)	금(金)	수(水)
비겁	식상	재성	관성	인성
1개	2개	1개	2개	2개
10점 (+20)	50점	0점	25점	25점

가수

1995년 7월 23일(양) 낮 12시

시	일	월	연	
壬	乙	癸	乙	(坤)
午	卯	未	亥	

목(木)	화(火)	토(土)	금(金)	수(水)
비겁	식상	재성	관성	인성
3개	1개	1점	0개	3개
35점 (+20)	45점	0점	0점	30점

야구선수

1973년 7월 28일(양) 오후 3시 50분

시	일	월	연	
甲	乙	己	癸	(乾)
申	丑	未	丑	

미(未)월 신(申)시=월지 미(未)는 개수는 토(土), 점수는 화(火) 30점, 시지 신(申)은 개수는 금(金), 점수는 화(火) 15점

목(木)	화(火)	토(土)	금(金)	수(水)
비겁	식상	재성	관성	인성
2개	0개	4개	1개	1개
20점 (+20)	45점	35점	0점	10점

농구선수

1985년 8월 4일(양) 오후 2시

시	일	월	연	
癸	乙	癸	乙	(乾)
未	亥	未	丑	

목(木)	화(火)	토(土)	금(金)	수(水)
비겁	식상	재성	관성	인성
2개	0개	3개	0개	3개
20점 (+20)	45점	10점	0점	35점

이브 생 로랑(Yves Saint Laurent, 디자이너)

1936년 8월 1일(양) 낮 12시

시	일	월	연	
壬	乙	乙	丙	(乾)
午	卯	未	子	

월지 미(未)=개수는 토(土), 점수는 화(火) 30점

목(木)	화(火)	토(土)	금(金)	수(水)
비겁	식상	재성	관성	인성
3개	2개	1개	0개	2개
35점 (+20)	55점	0점	0점	20점

---

2 **화(火) 일간 토(火) 식상 발달·과다·태과다**

전 축구 대표팀 감독

1946년 11월 8일(양) 오후 8시

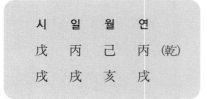

시	일	월	연	
戊	丙	己	丙	(乾)
戌	戌	亥	戌	

목(木)	화(火)	토(土)	금(金)	수(水)
인성	비겁	식상	재성	관성
0개	2개	5개	0개	1개
0점	20점 (+20)	60점	0점	30점

배우

1949년 10월 23일(양) 오후 2시

시	일	월	연	
乙	丙	甲	己	(乾)
未	戌	戌	丑	

월지 술(戌)=개수는 토(土), 양력 10월 초순~11월 초순이므로 토(土) 15점, 금(金) 15점

목(木)	화(火)	토(土)	금(金)	수(水)
인성	비겁	식상	재성	관성
2개	1개	5개	0개	0개
20점	10점 (+20)	65점	15점	0점

카바디 선수

1992년 11월 6일(양) 오후 8시

시	일	월	연	
戊	丙	庚	壬	(乾)
戌	戌	戌	申	

술(戌)월 술(戌)시=월지 술(戌)은 토(土) 15점, 금(金) 15점, 시지 술(戌)은 금(金) 15점

목(木)	화(火)	토(土)	금(金)	수(水)
인성	비겁	식상	재성	관성
0개	1개	4개	2개	1개
0점	10점 (+20)	40점	50점	10점

노벨상 수상자, 분자생물학자

1928년 4월 6일(양) 오전 8시

시	일	월	연	
壬	丙	丙	戊	(乾)
辰	子	辰	辰	

진(辰)월 진(辰)시=월지 진(辰)은 목(木) 15점, 토(土) 15점, 시지 진(辰)은 목(木) 15점

목(木)	화(火)	토(土)	금(金)	수(水)
인성	비겁	식상	재성	관성
0개	2개	4개	0개	2개
30점	20점 (+20)	35점	0점	25점

영화감독

1963년 10월 10일(양) 오전 8시

	시	일	월	연	
	壬	丙	壬	癸	(乾)
	辰	戌	戌	卯	

목(木)	화(火)	토(土)	금(金)	수(水)
인성	비겁	식상	재성	관성
1개	1개	3개	0개	3개
10점	10점 (+20)	45점	15개	30점

프랑수아 미테랑(Francois Mitterrand, 전 프랑스 대통령)

1916년 10월 26일(양) 오후 8시

	시	일	월	연	
	戊	丙	戊	丙	(乾)
	戌	申	戌	辰	

술(戌)월 술(戌)시=월지 술(戌)은 토(土) 15점, 금(金) 15점, 시지 술(戌)은 금(金) 15점

목(木)	화(火)	토(土)	금(金)	수(水)
인성	비겁	식상	재성	관성
0개	2개	5개	1개	0개
0점	20점 (+20)	45점	45점	0점

기상캐스터

1991년 10월 13일(양) 오전 3시

	시	일	월	연	
	己	丙	戊	辛	(坤)
	丑	辰	戌	未	

목(木)	화(火)	토(土)	금(金)	수(水)
인성	비겁	식상	재성	관성
0개	1개	6개	1개	0개
0점	10점 (+20)	75점	25점	0점

배우

1998년 11월 5일(양) 오후 8시

시	일	월	연
戊	丙	壬	戊 (坤)
戌	辰	戌	寅

목(木)	화(火)	토(土)	금(金)	수(水)
인성	비겁	식상	재성	관성
1개	1개	5개	0개	1개
10점	10점 (+20)	50점	30점	10점

야구감독

1976년 10월 11일(양) 오전 3시

시	일	월	연
己	丙	戊	丙 (乾)
丑	申	戌	辰

목(木)	화(火)	토(土)	금(金)	수(水)
인성	비겁	식상	재성	관성
0개	2개	5개	1개	0개
0점	20점 (+20)	60점	30점	0점

축구선수

1979년 4월 29일(양) 오후 8시

시	일	월	연
戊	丙	戊	己 (乾)
戌	寅	辰	未

목(木)	화(火)	토(土)	금(金)	수(水)
인성	비겁	식상	재성	관성
1개	1개	6개	0개	0개
30점	10점 (+20)	70점	0점	0점

3 토(土) 일간 금(金) 식상 발달·과다·태과다

프로 골퍼

1977년 9월 28일(양) 오후 8시

시	일	월	연	
壬	戊	己	丁	(坤)
戌	子	酉	巳	

유(酉)월 술(戌)시=개수는 토(土), 점수는 금(金) 15점

목(木)	화(火)	토(土)	금(金)	수(水)
관성	인성	비겁	식상	재성
0개	2개	3개	1개	2개
0점	20점	20점 (+20)	45점	25점

양궁 국가대표

1971년 9월 10일(양) 낮 12시

시	일	월	연	
戊	戊	丁	辛	(坤)
午	戌	酉	亥	

목(木)	화(火)	토(土)	금(金)	수(水)
관성	인성	비겁	식상	재성
0개	2개	3개	2개	1개
0점	25점	35점 (+20)	40점	10점

셰프

1976년 9월 13일(양) 낮 12시

시	일	월	연	
戊	戊	丁	丙	(乾)
午	辰	酉	辰	

목(木)	화(火)	토(土)	금(金)	수(水)
관성	인성	비겁	식상	재성
0개	3개	4개	1개	0개
0점	35점	45점 (+20)	30점	0점

프로 골퍼

1995년 10월 4일(양) 오전 6시

시	일	월	연
乙	戊	乙	乙 (坤)
卯	辰	酉	亥

목(木)	화(火)	토(土)	금(金)	수(水)
관성	인성	비겁	식상	재성
4개	0개	2개	1개	1개
45점	0점	25점 (+20)	30점	10점

김준엽(독립운동가)

1920년 10월 7일(양) 오전 6시

시	일	월	연
乙	戊	乙	庚 (乾)
卯	戌	酉	申

목(木)	화(火)	토(土)	금(金)	수(水)
관성	인성	비겁	식상	재성
3개	0개	2개	3개	0개
35점	0점	25점 (+20)	50점	0점

전 국무총리

1948년 9월 11일(양) 오후 11시

시	일	월	연
乙	己	辛	戊 (乾)
亥	亥	酉	子

목(木)	화(火)	토(土)	금(金)	수(水)
관성	인성	비겁	식상	재성
1개	0개	2개	2개	3개
10점	0점	20점 (+20)	40점	40점

야구선수

1981년 10월 8일(양) 오후 6시

시	일	월	연
癸	己	丁	辛 (乾)
酉	未	酉	酉

목(木)	화(火)	토(土)	금(金)	수(水)
관성	인성	비겁	식상	재성
0개	1개	2개	4개	1개
0점	10점	25점 (+20)	65점	10점

가수

1969년 9월 11일(양) 오후 6시

시	일	월	연
癸	己	癸	己 (乾)
酉	丑	酉	酉

목(木)	화(火)	토(土)	금(金)	수(水)
관성	인성	비겁	식상	재성
0개	0개	3개	3개	2개
0점	0점	35점 (+20)	55점	20점

대기업 사장

1970년 10월 6일(양) 오전 8시

시	일	월	연
戊	己	乙	庚 (坤)
辰	未	酉	戌

목(木)	화(火)	토(土)	금(金)	수(水)
관성	인성	비겁	식상	재성
1개	0개	5개	1개	1개
10점	0점	60점 (+20)	30점	10점

대기업 임원

1974년 10월 5일(양) 오후 6시

시	일	월	연
癸	己	癸	甲 (坤)
酉	卯	酉	寅

목(木)	화(火)	토(土)	금(金)	수(水)
관성	인성	비겁	식상	재성
3개	0개	1개	2개	2개
35점	0점	10점 (+20)	45점	20점

4 　금(金) 일간 수(水) 식상 발달 · 과다 · 태과다

정치인

1960년 12월 18일(양) 오전 8시

시	일	월	연
庚	庚	戊	庚 (乾)
辰	辰	子	子

목(木)	화(火)	토(土)	금(金)	수(水)
재성	관성	인성	비겁	식상
0개	0개	3개	3개	2개
0점	0점	40점	30점 (+20)	40점

전 총리

1952년 12월 20일(양) 오전 8시

시	일	월	연
庚	庚	壬	壬 (乾)
辰	子	子	辰

목(木)	화(火)	토(土)	금(金)	수(水)
재성	관성	인성	비겁	식상
0개	0개	2개	2개	4개
0점	0점	25점	20점 (+20)	65점

가수

1994년 1월 4일(양) 오후 6시

시	일	월	연	
乙	庚	甲	癸	(坤)
酉	寅	子	酉	

목(木)	화(火)	토(土)	금(金)	수(水)
재성	관성	인성	비겁	식상
3개	0개	0개	3개	2개
35점	0점	0점	35점 (+20)	40점

첼리스트, 지휘자

1982년 12월 23일(양) 오전 8시

시	일	월	연	
庚	庚	壬	壬	(坤)
辰	辰	子	戌	

목(木)	화(火)	토(土)	금(金)	수(水)
재성	관성	인성	비겁	식상
0개	0개	3개	2개	3개
0점	0점	40점	20점 (+20)	50점

영화감독

1946년 12월 12일(양) 오전 9시

시	일	월	연	
庚	庚	庚	丙	(乾)
辰	申	子	戌	

목(木)	화(火)	토(土)	금(金)	수(水)
재성	관성	인성	비겁	식상
0개	1개	2개	4개	1개
0점	10점	25점	45점 (+20)	30점

개그우먼, 사업가

1973년 1월 4일(양) 오전 8시

시	일	월	연	
庚	庚	壬	壬	(坤)
辰	子	子	子	

목(木)	화(火)	토(土)	금(金)	수(水)
재성	관성	인성	비겁	식상
0개	0개	1개	2개	5개
0점	0점	15점	20점 (+20)	75점

전 정당 대표, 전 국회의원

1969년 12월 22일(양) 오후 4시 30분

시	일	월	연	
丙	辛	丙	己	(坤)
申	未	子	酉	

목(木)	화(火)	토(土)	금(金)	수(水)
재성	관성	인성	비겁	식상
0개	2개	2개	3개	1개
0점	20점	25점	35점 (+20)	30점

가수

1990년 12월 12일(양) 오후 4시

시	일	월	연	
丙	辛	戊	庚	(乾)
申	亥	子	午	

목(木)	화(火)	토(土)	금(金)	수(水)
재성	관성	인성	비겁	식상
0개	2개	1개	3개	2개
0점	20점	10점	35점 (+20)	45점

스티븐 호킹(Stephen William Hawking, 천체물리학자)

축(丑)월 축(丑)시=월지 축(丑)은 수(水) 30점, 시지 축(丑)은 수(水) 15점

1942년 1월 8일(양) 오전 2시

시	일	월	연	(乾)
己	辛	辛	辛	
丑	酉	丑	巳	

목(木)	화(火)	토(土)	금(金)	수(水)
재성	관성	인성	비겁	식상
0개	1개	3개	4개	0개
0점	10점	10점	45점 (+20)	45점

---

5 **수(水) 일간 목(木) 식상 발달·과다·태과다**

래퍼

1987년 3월 24일(양) 오전 12시 30분

시	일	월	연	(乾)
庚	壬	癸	丁	
子	申	卯	卯	

목(木)	화(火)	토(土)	금(金)	수(水)
식상	재성	관성	인성	비겁
2개	1개	0개	2개	3개
40점	10점	0점	25점	35점 (+20)

가수

1979년 4월 5일(양) 오전 4시

시	일	월	연	(坤)
壬	壬	丁	己	
寅	寅	卯	未	

목(木)	화(火)	토(土)	금(金)	수(水)
식상	재성	관성	인성	비겁
3개	1개	2개	0개	2개
60점	10점	20점	0점	20점 (+20)

디자이너

1954년 3월 17일(양) 낮 12시

시	일	월	연	
丙	壬	丁	甲	(坤)
午	申	卯	午	

목(木)	화(火)	토(土)	금(金)	수(水)
식상	재성	관성	인성	비겁
2개	4개	0개	1개	1개
40점	45점	0점	15점	10점 (+20)

박수근(화가)

1914년 3월 17일(양) 낮 12시

시	일	월	연	
丙	壬	丁	甲	(乾)
午	寅	卯	寅	

목(木)	화(火)	토(土)	금(金)	수(水)
식상	재성	관성	인성	비겁
4개	3개	0개	0개	1개
65점	35점	0점	0점	10점 (+20)

전 총경, 정치인

1978년 3월 11일(양) 오전 6시

시	일	월	연	
癸	壬	乙	戊	(坤)
卯	申	卯	午	

목(木)	화(火)	토(土)	금(金)	수(水)
식상	재성	관성	인성	비겁
3개	1개	1개	1개	2개
55점	10점	10점	15점	20점 (+20)

박원순(전 서울시장)

1955년 2월 11일(양) 오전 6시

시	일	월	연
乙	癸	戊	乙 (乾)
卯	卯	寅	未

목(木)	화(火)	토(土)	금(金)	수(水)
식상	재성	관성	인성	비겁
5개	0개	2개	0개	1개
50점	0점	20점	0점	40점 (+20)

웹툰작가

1976년 3월 12일(양) 오전 6시

시	일	월	연
乙	癸	辛	丙 (乾)
卯	亥	卯	辰

목(木)	화(火)	토(土)	금(金)	수(水)
식상	재성	관성	인성	비겁
3개	1개	1개	1개	2개
55점	10점	10점	10점	25점 (+20)

정치인

1963년 3월 21일(양) 오전 1시

시	일	월	연
壬	癸	乙	癸 (乾)
子	亥	卯	卯

목(木)	화(火)	토(土)	금(金)	수(水)
식상	재성	관성	인성	비겁
3개	0개	0개	0개	5개
50점	0점	0점	0점	60점 (+20)

학원 창업자

1933년 3월 28일(양) 오후 7시

시	일	월	연
乙	癸	乙	癸 (乾)
卯	巳	卯	酉

목(木)	화(火)	토(土)	금(金)	수(水)
식상	재성	관성	인성	비겁
4개	1개	0개	1개	2개
65점	15점	0점	10점	20점 (+20)

12

재성(財星)
가족관계와 사회관계

TODAY'S POINT | 재성(편재+정재)은 행복을 추구하며 사람들과 어울리는 유형이다.

재성은 재미있는 것에서 능력을 발휘한다

재성(편재+정재)은 긍정적, 낙천적, 희망적, 쾌락적인 성향을 가지고 있다. 재미(즐거움), 놀이, 오락, 모험, 계산(산수 · 수학) 등 다재다능한 감각과 감수성을 활용하여 연예, 예술, 방송, 체육, 운동, 공부 등 자신이 재미있게 생각하는 분야에서 능력을 발휘하고, 사람들과 관계를 맺어 나간다.

여기에 재성이 많은 아이가 있다. 아이의 부모는 처음에는 아이가 산만하고 공부에 영 재미를 붙이지 못해서 '공부에 소질이 없나 보다'라는 생각이 들었다. 그러나 아이의 머리가 나쁜 것은 아닌 듯하니 공부를 아예 포기할 수는 없었다.

아이가 유독 「재미있는 것」을 좋아한다는 것을 눈치챈 부모는 학습 방법을 바꿔보기로 했다. 실습, 퀴즈게임, 동영상학습, 현장학습 등 최대한 다양한 방법으로 공부를 시킨 것이다. 문제를 풀더라도 내기를 걸면 더 좋아한다는 사실을 알게 된 후로는 "20문제를 다 풀면 상품이 걸려 있다", "이 참고서를 다 끝내면 깜짝 선물을 주겠다"라는 식으로 유도했다. 그러자 아이가 반응을 보이기 시작했다. 공부하는 과정을 「재미있는 것」으로 인식하자 스스로 공부하는 시간이 늘기 시작한 것이다.

재성의 사회성

KEY POINT

① 재성은 쾌락·행복·모험을 통해 사람들과 관계를 맺어가는 것이다.
② 재성은 수리(계산)·보수·안전을 통해 사람들과의 관계에서 자신을 지켜가는 것이다.
③ 재성은 즐거움에 대해서는 모험적이고, 생활(삶)에 대해서는 안전적이다.

재성은 긍정적이고 낙천적이며, 외향적이고 활동적이다. 또한 자발적이고 적극적이다.

재성은 매사에 유쾌하고 즐거워하며 만족스러워하며 감사할 줄 안다.

재성은 다재다능하고 감각적이며 재주꾼이다.

재성은 늘 새롭고 신나는 경험이나 관계를 추구하지만, 무엇을 반복하거나 계속 유지하는 데는 관심이 없고 쉽게 지루해하며 피곤해한다.

재성은 일을 지나치게 벌이거나 관계를 너무 방만하게 만들어 놓는다.

재성은 산만하고 규범이나 규율 또는 원칙을 잘 지키지 못해 능력을 적절히 발휘하지 못하는 경향이 있다.

재성은 자기절제 부족이나 인내력 부족으로 문제를 겪기도 한다.

재성은 안정된 심리 상태에서는 매사에 긍정적이고 희망적이며, 가치 있는 목표에 자신의 재능을 집중시키고 즐겁게 일하거나 관계를 맺어간다.

재성은 스트레스를 받는 상태에서는 쾌락과 중독에 빠지거나 관계를 너무 산만하게 맺기도 한다. 삶을 포기한 사람처럼 보이거나, 일이나 조직에 무책임한 행동을 하고 회피하거나 방치하기도 한다.

재성이 삶을 대하는 모습을 보면 가정적이고 보수적이다. 만약 직장이 재미있다면 꾸준하게 잘 다닌다.

재성은 수학·수리에 어릴 적부터 관심이 많고, 수학적 재능이 뛰어나 금융·경제·회계·통계·수학·화학·약학 등의 분야에서 두각을 나타내기도 한다.

재성은 끊임없이 재미있는 것에 관심이 커서 연예·예술·방송·운동 등에 재능이 있다.

재성은 모험적이기 때문에 군인이나 경찰 등의 직업도 잘 어울린다.

재성은 자신의 즐거움을 위해서는 투자를 아끼지 않지만 타인에게는 인색하다.

재성은 일확천금을 꿈꾸기 때문에 사업을 하면 위험에 빠질 수 있다.

재성은 다단계, 주식, 도박에 잘 빠지고 놀면서 돈을 벌고 싶어한다.

DAY 12 >> 재성(財星)
가족관계와 사회관계

---

1 **재성의 가족관계**

(1) 재성 자녀의 유형

- 재성이 많은 아이들에게는 부모나 선생님이 흥미를 유발할 수 있게 재미있는 방법으로 가르치고, 관심을 가져주며 교육하는 것이 좋다. 이들은 다양하고 변화 가능한 환경에서 공부할 때 최선을 다한다.

- 혼자서 공부하기보다는 현장학습 공부나 시청각 공부, 친구나 형제들과 모여 즐겁게 공부하는 것이 잘 맞는다. 이들은 즉흥적으로 문제를 해결하는 능력을 타고나며, 이런 부분을 부모나 선생님에게 인정받고 싶어한다.

- 이 아이들은 부모나 선생님이 구조적이고 체계적인 행동을 요구하면 견디기 힘들어한다. 어른들이나 부모, 형제, 친구들과도 자연스럽게 어울리기를 좋아한다.

- 이들은 어떤 일을 하는 데 결정을 내리기 힘들어하고, 어디에 매이고 싶어하는 감정과 치유를 원하는 감정 사이에서 혼란에 빠진다. 또한 자신이 결정한 일에 대해 선택의 폭이 좁아지고 자신의 행동을 구속할까봐 겁을 내기도 한다.

- 호기심도 많고 활발하며 자유로움을 가지고 있는 타입이다. 겉으로는 자신감이 있어 보이지만, 내면에는 고통과 걱정이 잠재되어 있는 아이도 있다. 부모와 윗사람이 지나치게 엄격하면 이들은 자기 마음대로 하기 위해 거짓말을 하기도 한다. 하지만 재미있고 흥미 있는 일은 서두르고 앞장서서 하며 자발적으로 한다.

(2) 재성 자녀의 양육방법

- 재성 아이들은 놀기 좋아하고 친구들과 재미있게 어울리는 것을 좋아하는 편이다. 한자리에 가만히 앉아 있거나 오랫동안 머무르는 것은 이 아이들에게 고문이고 체벌과 같다. 하고 싶은 일이 너무 많고 새로운 흥밋거리를 찾아 돌아다니는 것을 좋아한다.

- 이 아이들은 이상주의자에 가깝다. 매우 긍정적이고, 세상의 재미와 흥미와 하고 싶은 일들은 언제 어떻게든 하고자 하며, 진정 자신이 원하는 것은 반드시 하고자 한다. 그러므로 자유롭게 흥미를 갖고 적극적으로 할 수 있도록 분위기를 만들어주는 것이 좋다.

- 일일이 틀을 만들어놓고 간섭하고 계획을 정해놓고 밀고 나가게 하기보다는, 큰 형태와 방

법만 정해놓고 나머지는 자신들이 목표를 끌고 나가도록 옆에서 조언만 해주면 좋을 것이다. 재미와 모험과 행동과 시청각을 동시에 추구하고자 하는 타입이므로, 천편일률적인 주입식 교육보다는 다양한 형태의 교육방법을 준비하는 것이 좋다.

- 이들은 흥미가 생기도록 재미있게 만들어놓은 교육은 시간 가는 줄 모르고 열정적으로 밀고 나가는 타입이다. 하지만 반복적이고 지루한 주입식 공부는 금방 싫증 낼 가능성이 매우 높다. 부모와 선생님이 섬세하게 배려하여 적절한 양육방법을 찾아야 할 것이다.

EXAMPLE

재성이 많은 아이를 키우는 부모가 있다. 초등학교 저학년 시절, 아이가 수학 문제를 풀었을 때 적극적으로 칭찬해주고 보상해주었더니 그때부터 수학 분야에 관심이 커졌다. 새로운 수학 문제를 풀 때마다 재미있고 흥미롭게 생각한다. 수학 문제와 노는 것이 너무 행복하다고 한다. 그리고 수학자, 물리학자, 화학자 등이 되고 싶다고 말한다.

(3) 재성 부모의 특성

- 재성이 많은 부모는 관계성과 즐거움을 추구한다. 그러다 보니 자녀가 부모와 대화를 많이 하고, 함께 장난치고 놀 수 있기를 바란다. 여행이나 등산, 산책 등이나 놀이공원, 공연장 등을 아이 손을 잡고 함께 찾으며, 늘 새로운 것과 즐거움이 있는 공간을 찾아 떠난다.

- 이 유형의 부모 밑에서 자란 아이들은 성인이 된 후 부모들이 해주는 이야기나 농담, 부모와 함께하는 여행이나 놀이가 늘 흥미롭고 재미있었다고 생각한다. 하지만 아이들만의 시간을 허용하지 않을 때가 많았고, 너무 많은 관심사를 공유하길 원했으며, 변화가 많고 불규칙한 생활로 인해 두려움이나 혼란스러움이 많았다고 생각하기도 한다.

재성이 많은 부모와 남매로 이루어진 가족이 있다. 아이들은 흥이 많은 부모와 사는 것이 즐겁다. 다른 친구들에 비하면 엄마 아빠와 함께 놀러 다니는 시간이 월등히 많아서 친구들도 부러워한다.

그런데 어릴 때와는 달리 자랄수록 남매는 부모를 부담스러워하기 시작한다. 사춘기가 다가오면서 슬슬 혼자만의 시간이나 또래 친구들과의 시간이 필요한데, 부모는 여전히 자기들과 함께 다닐 것을 요구하기 때문이다.

심지어 다음 주가 시험 기간인데 이번 주말에 즉흥적으로 여행을 다녀오자고 제안하기도 한다. 공부하는 것보다는 여행이 재미있으니 일단 부모가 하자는 대로 따르면서도, '이렇게 하는 게 맞나?'라는 생각을 지울 수가 없다. 시험을 코앞에 앞두고 여행을 가는 사람은 자기들 가족밖에 없을 것 같다고 생각한다.

(4) 재성 배우자의 특성

- 사주에 재성이 많은 남편은 주로 가정 밖에서 하는 행동에서 쾌락과 재미를 느낀다. 그래서 낚시, 기타, 댄스, 운동모임 따위를 찾아 돌아다닌다.

- 반면에 아내의 경우에는 남편이나 자녀 등 가족이 즐거워하는 모습에서 쾌락을 느낀다. 그래서 가족에게 헌신하는 경우가 많다. 요리학원에 다니거나 바리스타 자격증을 따서 가족에게 요리를 해주고 커피를 내려주는 식이다. 간혹 여성의 경우에도 밖에서 쾌락과 재미를 느끼는 이들도 있다. 그러나 가족에게 헌신하는 이들이 많은 비율을 차지한다.

- 남자의 경우에는 직장 회식도 좋아하고, 재미만 있다면 누구하고도 어울리려고 한다. 그러나 자기가 먼저 다 같이 뭉치자는 식으로 나서지는 않는다. 예를 들어 노래방을 가자고 먼저 분위기를 띄우는 사람은 아닌데, 누군가 가자고 하면 적극적으로 동조하는 식이다. 별 생각 없이 사람들을 따라 들어가는가 싶더니, 조명이 켜지는 순간 테이블 위에 올라가 있는 것이다. 그날의 사회를 보거나 놀이를 주도하는 것도 사양하지 않는다. 그러다가 비용을 계산할 때는 쭈뼛거린다. 반면에 낚시, 기타 등 배우는 것과 취미생활에는 돈을 아끼지 않는다.

- 재성이 많은 남자는 유머감각이 많아서 사람들 사이에서 즐겁고 긍정적인 분위기를 조성하고, 부드러운 성향도 있어서 이성에게 인기가 많다. 그러니 아내 입장에서는 스트레스를 받을 수밖에 없다. 농담처럼 '아내를 독하게 만드는 재능이 있다'고 표현할 정도다. 이런 부부는 80% 정도는 이혼을 하고, 20% 정도는 서로 참고 살거나 각 방을 쓰게 된다. 여러 번 결

혼하거나, 결혼한 후에도 여러 여자를 만날 가능성이 있다. 이런 남자가 '나한테만 잘할 것이다'라는 기대는 하지 않는 게 좋다.

- 늘 새로운 재미를 추구하고, 반복하는 것을 싫어해서 새로운 것을 찾아 활동하니 늘 바쁘다. 그러니 예전에 한 약속도 자꾸 잊고 잘 지키지 않는다. 재성이 많은 남자는 적당히 간섭하고, 적당히 풀어줘야 한다. 한마디로 「밀당」을 잘해야 한다.
- 재성이 많은 여자들은 안타깝게도 「돈을 뜯어가는 남자」를 만날 확률이 높다. 남자 앞에서 당당하지 못하고 마냥 헌신하려는 경향이 있기 때문이다. 그래서 이런 아내를 둔 남편은 아내에게 의존하고 열심히 살려고 하지 않는 경우가 많다.

EXAMPLE

사주에 재성이 많은 아내가 있다. 어느 날 남편이 다짜고짜 퇴사를 하겠다고 했다. 경제적으로 그다지 잘 사는 형편이 아닌 데다가, 자녀들도 곧 대학생이 될 시기여서 지금 퇴사를 하는 것은 마땅치 않다.

그러나 남편은 믿는 구석이 있다. 자신이 퇴사하면 아내가 어떻게 해서든 가계를 꾸릴 거라고 믿고 있는 것이다. 실제로도 지금까지 살아오는 동안 그런 순간이 많았다. 그의 예상대로 아내는 '당신이 퇴사하고 싶으면 바로 하라'고 지지하고, 심지어 응원까지 해준다. 남편이 퇴사하면 이제 자기가 투잡을 해야 할 상황인데도 기꺼이 그렇게 하는 것이다.

2 재성의 사회관계

(1) 재성의 육친관계

- 재성은 남성에게는 여자, 부인, 아버지를 상징하고, 여성에게는 아버지를 상징한다. 사회관계상 남녀 모두에게 불규칙적인 돈뭉치, 재물을 의미한다. 다만, 편재가 변화변동이 큰 뭉텅이 재물을 말한다면, 정재는 규칙적인 재물을 말한다.

(2) 재성이 발달한 경우의 인간관계

① 남자 사주

- 남자 사주에 재성이 발달하면 재성은 여자에 해당하므로 여성에게 인기가 많다. 붙임성이 있고 유머감각도 좋아서 여성을 상대로 하는 직업에서 성공 가능성이 높다. 예를 들어 연예

인, 패션모델, 헤어디자이너 등으로 잘 나갈 수 있다.

- 남자 사주에 재성이 발달하면 재성이 변화변동이 큰 뭉텅이 재물(편재)이나 규칙적인 재물(정재)에 해당하므로, 그와 같은 재물이 꾸준히 들어온다.

② 여자 사주

- 여자 사주에 재성이 발달하면 재물에 해당하므로 재물이 꾸준히 들어온다.
- 여자 사주에 재성이 발달하면 말을 상냥하게 잘해서 나이 많은 남자들에게 인기가 많다. 직장에서 승진이 빠르다.

(3) 재성이 과다 · 태과다한 경우의 인간관계

① 남자 사주

- 남자 사주에 재성이 과다하면 재성은 여자에 해당하므로 여성들에게 인기가 많고, 여성을 상대로 하는 직업이 좋다.
- 남자 사주에 재성이 과다하면 아버지와의 인연이 적고, 재성은 어머니(또는 부모)인 인성을 극하므로 어머니복이나 부모복이 부족하다.
- 남자 사주에 재성이 과다하면서 비겁이나 인성이 적으면 돈은 많이 만지지만 욕망이 커서 관리가 어렵고 돈이 늘 새어 나갈 수 있다.
- 남자 사주에 재성이 과다하면 엄처나 다처를 만날 수 있다.

② 여자 사주

- 여자 사주에 재성이 과다하면 재성은 아버지에 해당하므로 아버지가 엄한 성격이다.
- 여자 사주에 재성이 과다하면 재성이 인성을 극하므로 어머니복이 부족하다.
- 여자 사주에 재성이 과다하고 관성이 약하면 여자의 돈에 집착하는 남자, 바람둥이 남자를 만나게 된다.

(4) 재성이 고립된 경우의 인간관계

- 남자에게 재성은 아버지와 여자(아내나 애인)에 해당하므로, 재성이 고립되면 아버지나 아내에게 건강문제가 발생하게 된다. 또는 아버지와 일찍 생사이별을 하게 되거나 사이가 원만하지 않고, 아내도 주말부부처럼 떨어져 지내거나 생사이별을 하거나 원만하지 못한 경우가 많다.

- 여자에게 재성은 아버지에 해당하므로, 재성이 고립되면 아버지와 생사이별을 하거나 아버지와 사이가 원만하지 못한 경우가 많다.
- 남녀 모두 재성은 재물과 돈에 해당하므로, 재성이 하나밖에 없는데 고립되어 있으면 돈욕심이 커진다. 사업에 투자하게 되면 재산문제와 돈문제로 고생하는 경우가 많으니 주의가 필요하다.

DAY

13

재성(財星)
성격

| 재성(편재+정재)은 긍정적이고 낙천적이며, 모험과 안정을 동시에 추구한다.

재성은 모험을 즐기지만, 삶에서는 안정을 추구한다

재성(편재+정재)은 긍정적이고 낙천적이며, 희망적이고 쾌락적인 성격이다. 사람들과 어울리기 좋아하고, 운동이나 연예, 예술, 방송 등 다양한 분야에서 활동하고, 모험과 오락 등 오감으로 보고 듣고 느끼고 체험하는 것을 좋아한다. 뿐만 아니라 새로운 변화가 끊임없이 나타나는 수학, 연구, 계산 등에도 흥미를 갖는다.

재성이 많은 한 남자가 있다. 그는 직업군인이자 특전사이다. 낙하산에서 뛰어내리는 등 상당히 위험하고 모험적인 일을 하며 산다. 그 정도로 힘든 훈련이 반복되면 보통 사람들은 이직을 고려하겠지만 이 남자는 그러지 않는다. 모험적이고 짜릿한 일을 좋아하는 한편, 안정적인 「직업군인」으로서의 삶도 좋은 것이다. 이처럼 재성이 많은 사람은 열정적이고 모험적이어서 강할 것 같지만, 동시에 안정적이고 소심한 면도 있다.

재성의 성격 분석

계산적인, 관계성이 있는, 기획하는, 낙천적인, 다양성이 있는, 다양한, 매너 있는, 민첩한, 보수적인, 복잡한, 본능적인, 부드러운, 사교성 있는, 새로운, 생활면에서 안정적인, 수리적인, 수학적인, 순발력 있는, 아이디어가 많은, 안정성 있는, 욕망이 큰, 이해력 있는, 임기응변을 잘하는, 잘 노는, 잘 웃는, 재능이 있는, 재미있는 일에 모험적인, 재미있는, 정열적인, 즉흥적인, 즐거운, 즐거움을 추구하는, 창의적인, 창조적인, 카오스적인, 쾌락적인, 타협하는, 포용력 있는, 행복한, 혼돈의

장점

긍정적인, 낙천적인, 다양한, 부드러운, 사교적인, 상냥한, 상상력이 뛰어난, 열정이 넘치는, 재미있는, 적극적인, 창조적인, 화합하는

단점

낭비가 심한, 산만한, 일확천금을 꿈꾸는, 집중력이 약한, 쾌락에 빠지는

건강

경조증 삽화, 조증 삽화[주1], 고혈압, 나르시시즘, 독립적 파괴자, 리플리 증후군, 과대망상증, 분리불안장애, 스마일 마스크 증후군(가면성 우울증), 양극성장애(조울증), 자살, 정서불안, 정신분열증, 파랑새 증후군[주2], 피터팬 증후군[주3], 화병, 히스테리성 성격장애

별명

개그맨, 계산하는 사람, 구두쇠, 낙천가, 덜렁이, 멀티플레이어, 멋쟁이, 모험가, 미식가, 바람둥이, 베짱이, 아이디어맨, 얼리어답터, 에너자이저, 엔터테이너, 연예인, 욕망꾼, 운동선수, 웃음 천재, 인색한 사람, 재주꾼, 천방지축, 팔방미인, 패션 센스쟁이, 피에로, 한탕꾼, 허무한 꿈

[주1] 경조증 삽화, 조증 삽화: 양극성장애의 주요 증상
[주2] 파랑새 증후군: 급변하는 현대사회를 따라가지 못하고 현재의 일에는 흥미를 느끼지 못하면서 미래의 막연한 행복만을 추구하는 병적인 증상
[주3] 피터팬 증후군: 어른들의 사회에 적응할 수 없는 「어른 아이」 같은 성향

DAY 13 >> 재성(財星)
성격

1　재성의 일반적 성격 특성

- 일간이 극하는 오행을 「재성」이라고 한다. 음양이 같으면 편재, 음양이 다르면 정재이다. 대덕이론에서는 편재, 정재의 작용은 큰 차이가 없다.

- 사주에 재성이 많은 이들은 낙천적, 쾌락적, 모험적인 즐거움을 추구하는 성향과 안정적, 수리적, 계산적, 창의적인 성향을 모두 가진 유형이다. 그래서 재미있고 즐겁고 쾌락적인 것을 찾아 엄청난 모험을 하는 한편, 살아가는 삶에 대해서는 보수적이고 안정적인 입장을 보인다. 이 두 가지 성향을 모두 가진 것이 재성의 특징이다.

- 재성이 많은 남자가 좀 더 쾌락적이고 모험적이고 여자는 안정을 원하는 편이지만, 남자와 여자 모두 두 성향을 가지고 있다.

- 오행 중에서는 수(水)와 비슷하다. 가장 안정적이지만 성공하고 싶어하는 욕망덩어리다. 여자보다 남자의 경우 이런 경향이 강하다. 욕망이 큰 화(火) 재성이 할 수 있는 것에서만 모험을 하는 편이라면, 수(水)는 할 수 없는 것에 대한 욕망, 즉 머릿속의 욕망도 큰 편이다. 재성이 많은 이들 역시 이런 경향을 보인다.

- 느긋하고 관대한 성품으로 어떤 사람이나 사건에 대해서도 별로 선입관을 가지지 않으며 개방적이고 관용적이다. 있는 그대로 일이나 사건을 받아들이는 편이어서 갈등이나 긴장이 발생할 때 잘 조정하는 능력이 있다. 규범적이지 않아 누구나 만족스럽고 인정할 만한 정답을 내놓기 위하여 모색하고 타협하고 적응하는 힘이 있다. 현재 상황이나 현실을 있는 그대로 보고 즐기고 해결하기 위한 능력이 있다.

- 친구나 사람과의 어울림, 운동, 음식, 다양한 활동, 오락 등, 오감으로 보고 듣고 느끼고 만지고 할 수 있는 생활의 모든 것을 즐기고 관계를 맺고자 하는 유형이다. 다만 이러한 활동을 할 때 느긋하게 시간 여유를 두는 편이 아니라 타이트하게 계획을 세우는 편이다.

- 공간지능, 수리지능, 신체운동지능, 분석발달지능, 논리지능이 특별히 발달했다. 그래서 수학성과 관계성, 분석성, 분별력, 계획성, 논리성, 창조성, 현실성, 기억력 등에서 강점을 보인다. 수학자, 금융인, 경제인, 회계사, 통계학자, 세무사, 무역가 등의 직업에서부터 무용가, 예술가, 연출가, 공예가, 조각가, 운동선수, 연예인, 연주가, 미용사, 정치가에 이르기까지 두루 활약하는 유형이 재성이다.

- 재성이 많은 이들은 다른 유형의 사람들에 비해 즐기고 놀고 싶어하며, 신나고 재미있는 일을 선호한다. 농담이나 밝은 이야기가 좋고, 무엇이든 즐거운 것이 좋다. 이들에게 즐거움을 위한 시간은 언제든지 있다. 모든 일은 좋은 방향으로 갈 거라 믿으며, 좋은 일은 더욱더 좋게 만들어야 한다고 생각한다.

- 이들은 원하는 것을 가지고 싶어하고, 그것이 어떤 것이든 즐거울 수 있다면 어떠한 한계와 결과와는 상관없이 끊임없이 움직이고 도전한다. 그렇기 때문에 충동적인 감정에 충실하고, 불안을 억제하고 불안으로부터 도망치고 싶어한다.

- 재미없는 것을 못 견디는 성격이지만, 재미있는 일이 꼭 노는 것만 의미하진 않는다. 그게 공부가 될 수도 있다.

- 이들은 늘 재밌는 것, 모험과 짜릿함을 찾아 나서느라 가만히 있지를 못한다. 때로는 과도한 주식투자나 도박 등 좋지 않은 쪽으로 즐거움을 추구하기도 한다.

- 재성이 많은 경우 심지어 부모상을 치를 때도 많이 울지 않는 모습을 보이기도 한다. 빈소를 찾는 이들에게 농담을 던지기도 한다. 그 순간조차 슬픔에만 빠져 있지 않으려는「긍정맨」이기 때문이다.

- 사주에 재성이 많으면 많을수록 낙천적이고 쾌락적이면서도 수리적이고 계산적이다. 즉, 상반되는 것처럼 보이는 두 성향이 동시에 나타나는 특별한 사람이다.

- 재미있고 즐거운 일에 대해서는 꽤나 낙천적이고 모험적인 한편, 가정이나 돈과 관련된 문제는 매우 안정적이고 보수적인 태도를 보인다. 집에서는 소심하고 밖에서는 모험적인 모습을 보이는 경우가 그렇다. 타인을 위해서는 작은 돈도 아끼고 돈거래를 삼가지만, 자신의 재미나 즐거움을 위해서는 과감하게 투자한다.

- 한편으로는 열성적인 모습을 보이다가도, 아주 쉽게 아무 것도 아닌 일로 좌절하거나 주위를 산만하게 만들면서 능동적이고 공격적이고 가학적이 될 수도 있다. 좌절과 공격적인 모습이 반복되고 쉽게 토라지거나 아주 작은 일에 쉽게 화를 내기도 한다.

- 한 가지 일에 집중하기보다는 관심 분야가 다양하고 변화하는 것이 좋다. 동시에 여러 가지 생각이나 여러 가지 일을 하는 경우도 있다.

- 자신을 통제하는 능력이 떨어져 돈을 함부로 사용하거나, 일확천금을 꿈꾸다 돈을 투자하면 큰 이익을 준다는 사기꾼의 거짓말에 속아 넘어가기도 한다. 또는 주식, 경마, 노름, 도박, 알코올, 마약 중독에 빠지기도 한다.

- 이들은 끝이 없어 보이는 비현실적이고 망상적인 일들에 관계한다. 불안정한 상태가 지속될수록 스스로 불안에 대처하여 통제할 수 없는 어려운 상황에 놓이는 것보다는, 일시적 충동

에 따라 변덕스럽고 순간적인 기분의 변화에 순응하여 자아로부터 도피한다. 방어기제가 약할 때는 공황적 공격에 굴복해 조증(躁症)의 행동을 보이기도 한다.

- 사람들이 자신과 같은 취미를 갖거나 자신과 놀아준다면 그것만으로 그 사람이 좋다.
- 어떤 사람과 관계를 맺고 있을 때 그 사람에게 매우 충실한 편이지만, 관계가 끝나면 금방 잊어버리기도 한다. 그리고 다른 사람의 감정보다 자신의 행복이 우선이다.
- 사람이나 일이 더 이상 재미없다고 느껴지면 금방 싫증을 느낀다. 호기심이나 모험심이 많아 흥미롭고 새로운 것에 대한 관심이 크다.
- 계획적이고 구체적인 것보다는 전체적인 큰 틀에서 보고 창조적인 아이디어를 생각해내는 것을 잘한다.
- 다양한 것들을 쉽고 빠르게 배우기 때문에 진심으로 해야 할 것이 무엇인지 결정하는 데 어려움을 겪는다.
- 항상 한 가지 주제를 깊이 연구하기보다는 무엇인가를 초기단계에 만들어내는 것이 좋다.
- 겉으로는 밝아 보이고 재미있어 보이지만 깊은 마음속에는 심각하고 어두운 면이 있다.
- 심각하고 우울한 것을 즐거움이나 오락으로 감추거나 해소하려고 한다. 슬프고 어두운 일은 빨리 잊고 싶어하고 고통을 회피한다.
- 집중을 못하고 너무 산만하고 형편에 맞게 돈을 활용하지 못한다.

2 | 재성의 관계

남자		여자	
가족관계	사회적 관계	가족관계	사회적 관계
아버지, 양아버지, 의붓아버지, 애인, 정부(情婦), 아내(부인), 처제, 형수, 재수	규칙적으로 들어오는 돈(월급), 불규칙적으로 들어오는 돈뭉치나 재물	아버지, 양아버지, 의붓아버지	규칙적으로 들어오는 돈(월급), 불규칙적으로 들어오는 돈뭉치나 재물

긍정적인 면	부정적인 면
감정에 충실하다.	계산적이다.
계산능력이 있다.	고통을 회피한다.
관계성이 좋다.	광적이다.
긍정적이고 낙천적이다.	머리를 잘 굴린다.
자발적이고 능동적이다.	물질적이다.
다른 사람에게 관심이 크다.	반복적인 일에 쉽게 싫증 낸다.
다른 사람을 잘 돕는다.	반항적이다.
다양한 관심이 있다.	방만한 관계를 갖는다.
다양한 정보를 가지고 있다.	복잡하다.
두뇌회전이 뛰어나다.	분산적이다.
매력적이다.	분주하고 여유가 없다.
명랑하다.	비계획적이다.
모험심이 있다.	산만하다.
민첩하다.	소극적이다.
배려적이다.	소유욕이 강하다.
부드럽다.	손해 보는 것은 싫다.
사람들과 잘 어울린다.	쉽게 흥분한다.
상상력이 풍부하다.	욕망이 크다.
새로운 것에 흥미가 크다.	이성에 집착한다.
새로운 장소나 사람에 잘 적응한다.	일확천금의 욕망이 있다.
솔직담백하다.	자기 파괴적이다.
순발력이 있다.	자신의 업무를 소홀히 한다.
안전에 대한 욕구가 있다.	재미에 흥분한다.
안정적이다.	절제를 못한다.
열성적이다.	지나치게 무례하다.
인화를 도모한다.	집중력이 없다.
자신감이 있다.	책임을 회피한다.
재미와 즐거움을 추구한다.	충동적이다.
재미있다.	카오스적이다.
즐거운 일을 계획한다.	쾌락적이다.
표현력이 강하다.	투기성이 강하다.
행복하려고 한다.	편협되어 있다.
호기심이 많다.	하나의 일을 끈기 있게 지속하는 걸 힘들어한다.
흥미로운 것에 열정을 다한다.	현실에 안주한다.
	혼돈스럽다.

4   사람들이 바라보는 재성

- 그들은 계획을 세워놓고 그 계획대로 실천하는 것은 힘들어 보이는 사람들이다.
- 그들은 평소에 먹던 음식을 먹거나 취미생활을 하기보다는 새로운 음식, 새로운 취미에 흥미를 가진다.
- 그들은 평소에 가던 식당 옆에 이국적인 이탈리안 레스토랑이 생겼다면 곧바로 새로운 식당에 관심을 보인다.
- 그들은 문제를 회피하거나 문제가 없는 것처럼 행동하는 경향이 많다.
- 그들은 자신의 감정을 쉽게 드러내지 않고 자신의 가슴에 감추고 있다.
- 그들은 친구관계, 취미생활 등을 배우자나 가족과 같이 하려고 하다가 다른 가족들로부터 핀잔을 듣거나 갈등을 일으키기도 한다.
- 그들은 즐거움과 여유로움을 방해하는 사람이 있다면 가혹할 정도로 그 사람을 몰아붙여서 마음에 상처를 주기도 한다.
- 그들은 매우 긍정적이며 주변 사람들을 즐겁게 하는 것을 좋아한다.
- 그들은 친절하고 따뜻하고 부드럽고 매력적인 타입이다.
- 그들은 모험을 좋아하지만, 반드시 그 모험이 얼마나 위험한가를 파악한다. 실제로 그들의 심리에는 소심함과 안정성과 보수성이 내재되어 있다.

5   사람들이 재성을 좋아하는 이유

- 그들은 새로운 일에 대한 계획을 세우기 좋아하고 이루어 나가는 것을 즐겁게 생각하는 사람들이기 때문이다.
- 그들은 담백한 성격으로 자주 얼굴을 보고 짧은 시간 동안 만나는 것을 선호하는 사람이기 때문이다.
- 그들은 지금보다 더 나은 삶과 세상을 만들어 나가려는 희망을 가지고 있는 사람들이기 때문이다.
- 그들은 의존적이기보다는 독립적인 사람들이기 때문이다.
- 그들은 만나면 즐겁고 행복하고 긍정적이고 희망적이기 때문이다.

6 | 사람들이 재성을 싫어하는 이유

- 그들은 자신의 말만을 주장하고 상대방의 말에는 귀 기울이지 않기 때문이다.
- 그들은 쾌락적이고 욕망이 강하며, 서로 예민해질 수 있는 부분이 있기 때문이다.
- 그들은 속박당하는 것을 싫어하는 성격으로 자유롭기를 원하기 때문이다.
- 그들은 항상 이성에게 관심과 시선을 받고 싶어하기 때문이다.
- 그들은 문제가 발생했을 때 객관적인 시선으로 보지 못하고 주관적인 기준으로 판단하기 때문이다.
- 그들은 맡은 일에 집중하지 않고 제대로 마무리하지 못하며, 외부의 즐거움과 쾌락에 관심이 크기 때문이다.
- 그들은 규칙적인 금전에 만족하지 못하고 큰 재물, 즉 일확천금에 관심이 크기 때문이다.

7 | 재성이 사람들에게 바라는 것

- 일이나 공부에 집착하지 말고 세상을 즐기면서 살아가면 좋겠다.
- 과거에 얽매이지 말고 미래를 바라보며 희망적으로 살아가면 좋겠다.
- 사람들이 각자 자기의 삶을 살아가면 좋겠다.

8 | 재성과 잘 지내려면?

- 매사에 가능성을 열어놓아야 한다.
- 계획은 언제든지 변경할 수 있어야 한다.
- 어울리는 사람들의 낙천성, 자발성, 변화의 다양성을 인정해야 한다.
- 새로운 것에 대한 그들의 열정을 높이 평가해야 한다.
- 그들의 이야기를 잘 들어주고, 그들과 즐겁고 흥미로운 대화를 해야 한다.
- 그들과 늘 재미있고 웃음이 넘치는 활동과 모험을 즐기도록 한다.
- 그들과 부정적인 감정에 대해서 이야기하고 분석하는 것은 자제한다.
- 그들이 듣고 있는 상황에 집중하도록 나의 이야기만 하면 안 된다.
- 쉽게 지루해하니 비슷한 이야기를 반복하면 안 된다.
- 비판을 길게 하지 마라. 그들은 자기방어본능이 강하다.

- 그들은 행복과 즐거움에 치중하는 타입이니, 비슷하거나 똑같은 일정에 묶어두면 안 된다.
- 일을 할 때 변화가 매우 심하고 끝마무리가 약하니 격려하며 이끌어주어야 한다.

9　재성이 상상하기 싫은 것

- 계획을 세우고 계획에 따라 실천하기
- 하던 일을 계속적으로 반복하기
- 같은 음식점을 반복해서 이용하기
- 즐거운 사람, 재미있는 사람보다 친한 사람과 어울리기
- 이국적이고 매력적인 레스토랑을 스쳐 지나가기
- 반복적인 일상에 몰입하기
- 재미없고 지루한 일을 지속적으로 하기
- 즐겁고 재미있는 일을 하지 않고 가만히 있기
- 여유가 있다고 주변 사람들에게 쉽게 돈 빌려주기
- 큰돈을 벌 수 있는 기회가 있다는 말을 가볍게 흘려듣기

10　비겁이 살려야 할 점

- 새로운 것에 호기심이 많은 점
- 자연스러운 행동과 부드러운 표현력을 가지고 있는 점
- 새로운 아이디어가 무궁무진한 점
- 힘든 일이나 슬픈 일이 있어도 금방 잊어버리는 점
- 부드럽고 온정적이며 타인의 기분도 맞출 줄 아는 점
- 자신의 생각이나 의견을 다른 사람에게 강요하지 않는 점
- 타인에게 따뜻하고 부드럽고 친절한 점
- 융통성 있게 일을 처리하고, 능력을 갖춘 친절한 협조자와 일하는 것을 좋아하는 점
- 여가 시간을 좋아하며 여가 활용을 추구하고 그것을 음미하는 점
- 섬세하고 세밀하게 생각하고 꼼꼼하게 일을 처리하는 점
- 자신이 맡은 일을 철저하게 관리하고 이성이 발달되어 있는 점
- 솔직하고 합리적인 면을 가지고 있고 자신의 인생을 스스로 구축해 나가는 점

- 계산적인 생활을 하고 함부로 행동하지 않는 점
- 감정을 자제하고 현실에 충실하려고 노력하는 점
- 능동적이고 낙천적인 점
- 매사에 긍정적이고 행복한 생각을 하는 점
- 현실적이고 계산적이고 수리적인 점

11 재성이 보완해야 할 점

- 생각에 요점이 없고 중구난방인 점
- 이성에게 과도한 친절을 베푸는 점
- 일이나 공부보다는 노는 데 관심이 많은 점
- 모임 등에서 튀려고 하는 점
- 자칫 가벼워 보일 수 있는 점
- 자신의 진짜 감정을 제대로 표현하기 어려워하는 점
- 재능이 뛰어나지만 쉽게 파악하기 어려운 점
- 갈등 상태를 두려워하거나 그로 인해 일을 잘못 처리하는 것을 두려워하여 손해 보는 점
- 자신과 가정을 지키기 위해 손해 보는 일을 쉽게 하지 않는 점
- 타인이 자신을 싫어하는 눈치를 금방 알아차리고, 예민해서 쉽게 친구를 사귀기 어려운 점
- 끊임없이 자신감을 북돋아주지 않으면 제구실을 못하는 점
- 지나치게 보수적이고 가정적인 점
- 생각하는 것으로 문제를 해결하려 하는 점
- 고지식하고 융통성이 없는 점
- 자신을 기분 좋게 대하지 않는 사람과 쉽게 어울리지 않는 점
- 타인의 평가에 조금이라도 좌우되는 경향이 있는 점
- 즐겁고 재미있고 흥미로운 것에 과도하게 치중하는 점
- 성실하게 노력하기보다는 빨리빨리 성공하고 싶어하는 점
- 체계적이고 계획적이기보다 즉흥적이고 산만한 점

DAY 14

재성(財星)
직업적성

재성을 표현한 유명인의 명언

"인생은 단지 한 번 살 뿐이다. 그러나 제대로 산다면 한 번으로 충분하다."

— 메이 웨스트(Mae West)

"두 가지 악 중에서 나는 항상 전에는 경험해보지 못한 것을 선택한다."

— 메이 웨스트(Mae West)

"돈은 나에게 그리 중요하지 않다. 나에게 중요한 것은 호기심이다."   — 배리 딜러(Barry Diller)

"나는 멋진 삶을 살아왔다. 나는 모든 것을 시도해보았다."   — 빈센트 프라이스(Vincent Price)

"유혹의 길로 나를 이끌지 말아요. 나는 혼자서도 매혹의 길을 찾아갈 수 있어요."

— 리타 메이 브라운(Rita Mae Brown)

"악마의 이름이 있다면 그것은 단조로운 것이다."   — 로버트 E. 리(Robert E. Lee)

"순수의식의 개발은 놀라움, 기쁨, 아름다움, 어려움, 심지어 위험이 가득 차 있는 낯선 땅을 탐험하는 길고도 어려운 여행이다."   — 로베르토 아사지올리(Roberto Assagioli)

"웃는 얼굴로 액운을 맞이해라."   — 루쉰(Lu Xun)

"어느 누구도 과거로 돌아가서 새롭게 시작할 순 없지만 지금부터 시작하여 새로운 결말을 맺을 순 있다."   — 칼 바르트(Karl Barth)

"인간은 스스로가 행복할 수 없는 조건을 만들어놓았을 때조차도 행복해지기를 희망한다."

― 성 아우구스틴(Augustinus Hipponensis)

"모든 영적인 관심들은 동물적인 삶에 의해 지원받는다."　　　　― 조지 산타야나(George Santayana)

"유머감각과 인내심은 철없는 어린아이와 당신 자신의 마음에 필요한 것이다."

― 로버트 에이트컨 로시(Robert Aitken Roshi)

"두려움에 직면했을 때 해야 할 가장 중요한 일은「두렵더라도」가 아니라「두려움 덕분에」더욱 충만하고 현실적인 방법으로 살아가는 법을 배우는 것이다."

― 조앤 보리센코(Joan Borysenko)

DAY 14 >> 재성(財星)
직업적성

오행에 따른 재성의 특성

오행과 마찬가지로 육친에는 성격, 기질, 역량, 리더십, 대인관계 등 인간의 다양한 특성이 나타난다. 따라서 오행과 육친이 결합된 다양한 유형들을 분석함으로써 인간의 특성을 좀 더 깊이 있게 들여다볼 수 있다.

재성(편재＋정재)과 오행의 결합으로는 목(木) 재성, 화(火) 재성, 토(土) 재성, 금(金) 재성, 수(水) 재성의 다섯 종류가 존재한다. 각 오행별 재성은 오행의 특성에 따라 재성의 특성 또한 조금씩 다르게 나타난다. 다섯 가지 재성의 특성을 제대로 분석한다면 명리학 실력이 한층 향상될 것이다.

오행과 마찬가지로 육친은 발달, 과다, 태과다일 때 다음과 같은 강한 기질적 특성이 나타난다.

- 목(木) 재성 : 판단성, 이해성, 지도성, 성실성, 신중성, 명예성, 예술성, 기술성, 창조성
- 화(火) 재성 : 합리성, 예술성, 창조성, 실용성, 실천성, 변화성, 현실성, 계산성, 확장성, 열정성
- 토(土) 재성 : 포용성, 실천성, 독립성, 책임성, 적극성, 끈기성, 관계성, 소통성, 유연성
- 금(金) 재성 : 현실성, 실용성, 분석성, 활동성, 통제성, 개혁성, 기술성, 계획성, 완벽성
- 수(水) 재성 : 인내성, 수리성, 현실성, 분별성, 수집성, 정보성, 상상성, 창의성, 계산성

(1) 목(木) 재성이 과다·태과다일 때

- 문학이나 사상, 관념을 표현하는 분야에서 인정받는다.
- 포용력과 이해심이 많은 편이다.
- 현실적인 감각이나 사고가 적당히 존재한다.
- 부드럽고 포용력이 있으면서 실속이 있다.
- 인정이 있고 배려적이면서 자기관리 능력도 있다.
- 창의성과 창조성, 실용성이 있다.

(2) 화(火) 재성이 과다·태과다일 때

- 놀고 즐기는 일에 일가견이 있다.

- 사소한 감정 대립으로 신경 쓸 일이 잦다.
- 의욕이 넘쳐 일은 잘 벌이지만 뒷마무리가 약하다.
- 정열적이고 급한 성격이 나타난다.
- 즉흥적이어서 다양한 일에 관심이 많고 적극적으로 행동한다.
- 다양한 관심이 많으며 재미있고 즐거운 일에 흥미가 간다.

(3) 토(土) 재성이 과다 · 태과다일 때

- 순간 집중력과 화합력이 있으며, 흥미 있는 것은 묵묵히 끈기 있게 밀고 나가고, 인내심이 많다.
- 속마음을 쉽게 드러내지 않고 확고한 신념과 열정으로 자신의 영감을 실현시키며, 한번 믿으면 확실하게 믿는다.
- 주변 사람들을 부드럽고 편하게 대하며 인기도 있다.
- 타인의 이목을 의식하여 체면치레에 치중하는 경우가 있다.
- 강한 의욕이 있어 맡은 분야에서 적극적으로 추진한다.
- 창의력이 좋고 통찰력과 직관력이 뛰어나며, 화합을 추구하는 타입이다.

(4) 금(金) 재성이 과다 · 태과다일 때

- 조용하고 과묵하며, 먼저 대화를 시작하지는 않지만 관심 있는 분야에서는 말이 많고 매너가 있고 대인관계가 좋다.
- 논리와 분석으로 문제 해결하기를 좋아하며, 본능적 감각이 뛰어나고 자신만의 세계가 존재한다.
- 창의적 지능과 논리적인 면에서 매우 뛰어나고 아이디어가 많다.
- 부드러운 성품이면서도 자기 주관이 있다.
- 계획적이고 구조화된 일들을 선호하지만, 변화를 생각하면 곧바로 실천한다.
- 자신이 하고자 하는 일을 즉각 실천하고, 변화가 빠르고 주어진 것을 완벽하게 처리한다.

(5) 수(水) 재성이 과다 · 태과다일 때

- 정보수집력이 뛰어나고, 수리적이고 계산적인 능력이 뛰어나며, 다양한 것에 관심이 많다.
- 다양한 사고(생각)가 있고 감수성이 탁월하며, 생각이 너무 많아 쓸데없는 데 시간을 소비한다.

- 헛된 욕심과 탐욕이 생기고 주변 사람들을 너무 믿고 신뢰하다 망신당하거나 불안정적인 삶이 찾아온다.
- 창의적인 아이디어가 많고 꿈과 희망이 커서 적성을 잘 찾으면 크게 성공한다.
- 말없이 다정하고 온화하며 사람들에게 친절하지만, 상대방을 잘 알 때까지 자신의 내면을 보여주지 않는다.
- 사람과의 관계에서 감정이 지나치게 세심하고 민감하며, 타인과의 갈등이 심화되면 회피하거나 관계를 끊는 편이다.
- 눈치가 빠르고 직관이 발달한 편이다. 조용히 자기 일을 하고 있는 것처럼 보이지만, 주변 상황 파악도 다 하고 있는 타입이다.

2 재성의 직업적성 개요

- 사주에서 재성은 「비정기적으로 버는 큰돈」이나 「즐겁게 들어오는 돈」이다. 「꾸준하게 노력해서 버는 돈」이 아니다. 이들은 월급쟁이로 꾸준한 돈을 버는 것보다는 유산 상속이나 프로 운동선수, 영화배우 등의 계약금처럼 한번에 버는 것을 좋아한다.
- 성격이 강해서 남 밑에서 일하기 힘들 것 같지만, 신기하게도 직장생활을 잘한다. 계산적이고 수리적이기 때문에 월급도 좋은 편이다. 수리 · 계산에 재미를 느끼기 때문에 회계사, 증권, 경제, 통계 등등 금융 종사자도 많다. 사장과 상사에게 잘하려고 노력하고 붙임성이 있어서 상사들의 예쁨을 받기도 한다. 직장에서 승진을 잘할 가능성이 높은 유형이 이들이다.
- 재성이 많고 수(水)가 많은 남자의 경우 예체능 쪽으로 가지 못하면 주식, 비트코인, 경마, 도박 등 위험한 일확천금의 꿈을 꾸게 되는 경우도 많다. 수(水)도 욕망이 있고, 재성도 욕망이 있기 때문이다.
- 사업가로는 성공할 가능성이 낮다. 사업에서조차 재미를 추구하기 때문에 사업을 하면서도 즐거움에 빠지기 쉽다. 그러나 운동선수가 체육관을 차리거나 배우가 연기학원을 차린다면 성공할 가능성은 있다.

간호, 감독, 개발, 건강공학, 건축, 경영학과 교수, 경제학과 교수, 경제부처 공무원, 경제인, 경찰, 공예가, 관광, 교직, 금융, 금융업, 금융인, 레저, 레크리에이션, 레크리에이션 지도, 마케팅, 목회, 설교, 무역가, 무용가, 미용사, 방송, 변리사, 보험영업, 분쟁조정가, 비서, 비정기적 수입을 올리는 사업(사업가, 세일즈맨, 운동선수), 자동차 판매업, 요식업, 유흥업, 사무직, 사회사업, 생산, 서비스, 세무사, 신용조사, 엔지니어링, 여가, 오락, 연구, 연예, 연예인, 연주가, 연출가, 예술가, 외교관, 의사, 정치가, 조각가, 학자, 수학자, 순수과학, 심리학, 철학, 통계학자, 판매, 프로듀서, 회계, 회계사

EXAMPLE

어느 회사에 재성이 많은 직원이 입사한다. 태도가 부드럽고 붙임성이 있어서 상사들과 금세 가까워진다. 그는 누가 시키지도 않았는데 아침마다 상사들의 자리에 커피를 가져다 둔다. 누군가에게는 스트레스 받는 일이지만 그는 그 행동이 즐겁다. 상사들을 기쁘게 하는 것이 좋기 때문이다.

싹싹한 태도를 보고 나이 많은 상사들이 그를 아끼고 챙기기 시작한다. 상사들의 귀여움을 받는 이 직원은 자기보다 먼저 입사한 선배들보다 더 빨리 승진한다.

3 재성의 직무 역량

(1) 재성의 직무 관련 특성

장점	자기 인식	목표 지향과 경향성
• 관계지향적이고 사람들과 잘 어울린다. • 열정적이다. • 자신감이 넘친다. • 매력적이다. • 상상력이 풍부하다. • 재미를 추구한다. • 모험을 좋아한다. • 활발하고 자신감이 있다. • 호기심이 많다. • 수리적이고 분석적이다. • 정보수집력이 뛰어나고 창의적 아이디어가 많다.	• 나는 주변을 활기차게 만든다. • 나는 밝고 명랑하다. • 나는 대인관계가 원만하다. • 나는 긍정적인 사람이다. • 나는 호기심이 많다. • 나는 새로운 변화를 추구한다. • 나는 낙천적인 사람이다. • 나는 모험을 즐긴다. • 나는 수리적 재능이 있다. • 나는 정보를 잘 수집한다. • 나는 아이디어가 많다. • 나는 창의적이다. • 나는 가정에서는 보수적이다. • 나는 끊임없이 상상한다.	• 나는 즐기기 위해 돈을 번다. • 나는 쾌락적인 삶이 좋다. • 나는 행복한 삶을 만들고 싶다. • 나는 일만 하는 세상은 싫다. • 나는 여가시간이 보장된 삶이 좋다. • 나는 나 자신을 위한 삶에 관심이 크다.

잠재 역량	배워야 할 것	좋아하는 것
• 대인관계가 좋은 사람 • 긍정적인 사람 • 낙천적인 사람 • 놀고 먹는 것에 관심이 큰 사람 • 모험심이 있는 사람 • 분석적인 사람 • 수리적인 사람 • 어울리는 사람 • 즐거운 사람 • 쾌락적인 사람 • 자유로운 사람 • 부드러운 사람 • 탐구하는 사람 • 하고 싶은 일들이 다양한 사람	• 일과 놀이를 구분해야 한다. • 노력 없이는 즐거움을 맛볼 수 없다. • 할 일을 하고 놀아라. • 혼자서 깊이 생각하는 시간을 배워라. • 고통이나 괴로움을 감추려 하지 마라. • 시작한 일은 끝맺음을 해라. • 너무 많은 것을 하려 들지 마라. • 헛된 공상, 비현실적인 계획을 줄여라.	관계적, 긍정적, 매력적, 모험적, 방어적, 자유적, 쾌락적, 호기심, 활동적 **싫어하는 것** 고통, 규칙적, 비판적, 안정적, 억압, 외골수, 원칙적, 침묵, 평범한

(2) 조직에서의 재성

적합한 조직 구성과 형태	조직의 가치와 목표	조직의 시간 개념
• 즐겁고 재미있는 조직 구조 • 업무와 휴식이 자유로운 조직 구조 • 변화를 능동적으로 수용하는 조직 구조 • 창의력과 창조력을 융합하는 조직 구조 • 오감을 살릴 수 있는 업무 구조 • 흥미를 유발하는 업무 구조	• 쾌락과 즐거움을 체험함으로써 조직 구성원들의 창의성과 창조성을 발전시킨다. • 조직 구성원들이 반복과 규칙 없이 변화와 혁신을 만들어내기 위해 노력한다.	• 지루하고 따분하고 평범한 시간은 거부한다. • 변화와 모험과 열정이 있는 업무환경을 만들어내는 시간이 필요하다.
조직 적응	**문제해결 능력**	**재성과 잘 지내는 법**
• 조직원과 팀원들이 원만하게 소통하는 환경이 좋다. • 호기심이나 상상력을 발휘할 수 있는 환경이 좋다. • 재미있고 즐거운 업무환경을 선호한다. • 열정을 마음껏 발휘할 수 있는 환경이 좋다. • 창의적이고 창조적인 아이디어를 즐겁게 실천할 수 있는 환경이 좋다. • 다양한 정보를 수집할 수 있는 환경이 좋다. • 새로운 변화를 추구할 수 있고 수용하는 환경이 좋다. • 낙천적이고 긍정적인 모험을 수용해주는 환경이 좋다. • 자유로운 변화, 쾌락적인 환경이 좋다.	• 어려움이 닥칠수록 변화를 추구하고 열정적인 행동으로 문제를 해결해 나간다. • 조직원, 팀원들과 소통하고 충분한 대화를 나눈 후 문제를 해결해 나간다. • 문제가 발생하면 오히려 새로운 변화와 확장의 시기라고 생각하고 해결해 나간다.	• 재미있고 흥미로운 일들을 공유한다. • 새롭고 혁신적인 변화를 함께 만들어간다. • 모험적인 도전에 긍정적인 피드백을 해준다. • 사람들과 어울릴 수 있는 환경을 만들어준다. • 커뮤니케이션이 활발할 수 있도록 소통한다.

4 재성 리더의 직무 역량

원하는 환경	원하지 않는 환경
• 사람들과 어울리며 일할 수 있는 환경 • 사람들과의 커뮤니케이션이 활발한 환경 • 일하는 틈틈이 취미활동 등 재미를 추구할 수 있는 환경 • 모험적인 도전이 가능한 환경 • 새로운 변화가 계속 일어나는 환경 • 호기심을 일으키는 환경 • 시간적, 정신적 여유가 보장된 환경 • 연예·예술·방송 등의 환경 • 운동장·체육관 등 운동환경	• 인간관계와 소통의 비중이 작은 환경 • 혼자 일하는 시간이 많은 환경 • 조용한 환경 • 평범하고 일반적인 환경 • 규칙적이고 원칙적인 환경 • 일정이 빠듯해서 쉴 틈 없는 환경 • 의견 제시를 하기 어려운 환경 • 윗사람의 독단적인 결정으로 돌아가는 환경 • 변화와 즐거움이 없는 엄숙한 환경
장점과 능력	**단점과 보완할 점**
• 남들이 망설이는 일에서 과감한 결정을 내린다. • 구성원들의 팀워크를 원활하게 이끈다. • 긍정적인 기운으로 조직에 활기를 불어넣는다. • 부드러운 리더십을 발휘한다. • 구성원들의 여가와 취미생활을 독려한다. • 새로운 변화를 쉽게 받아들인다. • 타고난 매력으로 사람들을 잘 이끌고 설득한다.	• 일과 놀이를 구분하지 못한다. • 허황된 결정을 내린다. • 규칙적인 일이라면 꼭 해야 하는데도 회피한다. • 원칙을 따라야 하는 일도 억압으로 받아들인다. • 일보다 자신의 여가에 대한 관심이 크다. • 즐겁지 않으면 일에 대한 열정도 쉽게 식는다. • 한 가지 일을 끈기 있게 밀고 나가지 못한다.
리더의 질문(지시)	**리더의 스트레스**
• 당신은 일에서 재미를 느끼고 있습니까? • 당신은 이 일로 활력을 얻고 있습니까? • 당신은 모험적인 도전도 해낼 각오가 되었습니까? • 다른 구성원들과 좋은 관계를 유지하십시오. • 다 함께 참여하는 일에 적극 동참하십시오. • 대화를 많이 하기를 바랍니다. • 흥미로운 아이디어가 있으면 언제든 제안하십시오. • 일을 더 재미있게 할 수 있는 방법을 구상하십시오. • 일을 더 빨리 끝내고 여유를 누릴 수 있는 방안을 생각하십시오.	• 재미없다고 생각하는 일은 진행하기 어렵다. • 조직 구성원들과의 관계에 따라 업무능력이 좌우된다. • 혼자 일해야 하는 경우에는 능력을 발휘하기 어렵다. • 구성원들과 어려움을 의논하기 어렵다.

구성원들의 스트레스

• 리더가 진행 중인 일을 마무리하지 않고 넘어가려 한다.
• 리더가 구성원들끼리 어울리도록 강요한다.
• 리더가 비현실적인 계획을 늘어놓는다.
• 리더가 너무 많은 일을 추진해 업무 부담을 준다.

DAY 15

재성(財星)
일간별 재성 발달 · 과다 · 태과다

경제계 비운의 황태자

1948년 9월 14일(음) 오전 8시

시	일	월	연	
戊	甲	壬	戊	(乾)
辰	戌	戌	子	

목(木)	화(火)	토(土)	금(金)	수(水)
비겁	식상	재성	관성	인성
1개	0개	5개	0개	2개
10점 (+20)	0점	65점	15점	20점

일간 오행이 갑목(甲木)이고, 월지가 술월(戌月)이다. 술월(戌月)은 개수로는 토(土)이지만, 점수는 토(土) 15점, 금(金) 15점으로 분석한다.

초년 첫 대운으로 인성운이 들어와 부모님에게 많은 사랑을 받을 수 있었다. 또한 학창시절 인성 대운이 들어오면 학업능력이 뛰어나다. 실제로 명문대학을 졸업하였다. 목(木)이 약한데 27대운과 37대운에 목(木) 대운이 들어와 긍정적인 운을 맞이하게 되었다.

원사주에서 토(土) 재성이 65점이다. 47대운의 묘(卯) 대운은 일간인 약한 갑목(甲木)을 도와주는 대운이어서 기대가 매우 크다. 하지만 이 묘목(卯木)이 묘술합화(卯戌合火)로 강한 토(土)의 기운을 더 강하게 도와준 결과, 나의 편의 배신과 다른 편의 태과다가 부정적인 운명을 만들었다. 사주 주인공은 정몽헌 전 현대그룹 회장이다.

DAY 15 >> 재성(財星)
일간별 재성 발달 · 과다 · 태과다

일간별 재성 발달 · 과다 · 태과다

재성 발달 · 과다 · 태과다에 해당하는 사주들의 오행 및 육친 개수와 점수, 그리고 사주 주인공의 직업적성을 분석해 놓았다. 독자들이 주변 사람들의 사주를 분석하면서 얻은 재성 사주들과 이 책의 재성 사주들을 비교하면서 앞서 공부한 재성의 다양한 특성을 실전에 활용하는 토대가 될 수 있을 것이다.

1 목(木) 일간 토(土) 재성 발달 · 과다 · 태과다

가수

1987년 4월 25일(양) 오후 8시

시	일	월	연	(乾)
甲	甲	甲	丁	
戌	辰	辰	卯	

목(木)	화(火)	토(土)	금(金)	수(水)
비겁	식상	재성	관성	인성
4개	1개	3개	0개	0개
55점 (+20)	10점	45점	0점	0점

가수, 기획사 대표

1971년 4월 19일(양) 오후 8시

시	일	월	연	(乾)
甲	甲	壬	辛	
戌	戌	辰	亥	

목(木)	화(火)	토(土)	금(金)	수(水)
비겁	식상	재성	관성	인성
2개	0개	3개	1개	2개
35점 (+20)	0점	45점	10점	20점

작사가

1979년 4월 27일(양) 오전 6시

시	일	월	연	
丁	甲	戊	己	(坤)
卯	子	辰	未	

목(木)	화(火)	토(土)	금(金)	수(水)
비겁	식상	재성	관성	인성
2개	1개	4개	0개	1개
40점 (+20)	10점	45점	0점	15점

가수

1989년 10월 11일(양) 술(戌)시

시	일	월	연	
甲	甲	甲	己	(坤)
戌	辰	戌	巳	

술(戌)월 술(戌)시=월지 술(戌)은 토(土) 15점, 금(金) 15점, 시지 술(戌)은 금(金) 15점

목(木)	화(火)	토(土)	금(金)	수(水)
비겁	식상	재성	관성	인성
3개	1개	4개	0개	0개
30점 (+20)	10점	40점	30점	0점

가수

1979년 4월 17일(양) 오전 8시

시	일	월	연	
戊	甲	戊	己	(乾)
辰	寅	辰	未	

진(辰)월 진(辰)시=월지 진(辰)은 목(木) 15점, 토(土) 15점, 시지 진(辰)은 목(木) 15점

목(木)	화(火)	토(土)	금(金)	수(水)
비겁	식상	재성	관성	인성
2개	0개	6개	0개	0개
55점 (+20)	0점	55점	0점	0점

전 비서실장

1954년 4월 28일(양) 오전 8시

시	일	월	연	
戊	甲	戊	甲	(乾)
辰	寅	辰	午	

진(辰)월 진(辰)시=월지 진(辰)은 목(木) 15점, 토(土) 15점, 시지 진(辰)은 목(木) 15점

목(木)	화(火)	토(土)	금(金)	수(水)
비겁	식상	재성	관성	인성
3개	1개	4개	0개	0개
65점 (+20)	10점	35점	0점	0점

웹툰작가

1991년 4월 24일(양) 오후 5시

시	일	월	연	
壬	甲	壬	辛	(坤)
申	子	辰	未	

목(木)	화(火)	토(土)	금(金)	수(水)
비겁	식상	재성	관성	인성
1개	0개	2개	2개	3개
25점 (+20)	0점	25점	25점	35점

만화가

1954년 9월 19일(음) 오후 8시

시	일	월	연	
甲	甲	甲	甲	(乾)
戌	辰	戌	午	

술(戌)월 술(戌)시=월지 술(戌)은 토(土) 15점, 금(金) 15점, 시지 술(戌)은 금(金) 15점

목(木)	화(火)	토(土)	금(金)	수(水)
비겁	식상	재성	관성	인성
4개	1개	3개	0개	0개
40점 (+20)	10점	30점	30점	0점

가수

1982년 10월 18일(양) 오후 8시

시	일	월	연
甲	甲	庚	壬 (乾)
戌	戌	戌	戌

목(木)	화(火)	토(土)	금(金)	수(水)
비겁	식상	재성	관성	인성
2개	0개	4개	1개	1개
20점 (+20)	0점	40점	40점	10점

2 　화(火) 일간 금(金) 재성 발달 · 과다 · 태과다

러시아 대통령

1952년 10월 7일(양) 오후 6시

시	일	월	연
丁	丙	己	壬 (乾)
酉	戌	酉	辰

목(木)	화(火)	토(土)	금(金)	수(水)
인성	비겁	식상	재성	관성
0개	2개	3개	2개	1개
0점	20점 (+20)	35점	45점	10점

전 검사장

1956년 9월 26일(양) 오후 6시

시	일	월	연
丁	丙	丁	丙 (乾)
酉	申	酉	申

목(木)	화(火)	토(土)	금(金)	수(水)
인성	비겁	식상	재성	관성
0개	4개	0개	4개	0개
0점	40점 (+20)	0점	70점	0점

이중섭(화가)

1916년 9월 16일(양) 오후 6시

시	일	월	연
丁	丙	丁	丙 (乾)
酉	辰	酉	辰

목(木)	화(火)	토(土)	금(金)	수(水)
인성	비겁	식상	재성	관성
0개	4개	2개	2개	0개
0점	40점 (+20)	25점	45점	0점

가수

1995년 9월 22일(양) 오후 8시

시	일	월	연
丁	丙	乙	乙 (坤)
酉	辰	酉	亥

목(木)	화(火)	토(土)	금(金)	수(水)
인성	비겁	식상	재성	관성
2개	2개	1개	2개	1개
20점	20점 (+20)	15점	45점	10점

가수

1985년 10월 24일(양) 오후 2시

시	일	월	연
乙	丙	丙	乙 (坤)
未	申	戌	丑

목(木)	화(火)	토(土)	금(金)	수(水)
인성	비겁	식상	재성	관성
2개	2개	3개	1개	0개
20점	20점 (+20)	40점	30점	0점

야구 감독

1976년 10월 11일(양) 오전 3시

시	일	월	연	
己	丙	戊	丙	(乾)
丑	申	戌	辰	

목(木)	화(火)	토(土)	금(金)	수(水)
인성	비겁	식상	재성	관성
0개	2개	5개	1개	0개
0점	20점 (+20)	60점	30점	0점

배우

1983년 9월 16일(양) 오후 6시

시	일	월	연	
己	丁	辛	癸	(坤)
酉	未	酉	亥	

목(木)	화(火)	토(土)	금(金)	수(水)
인성	비겁	식상	재성	관성
0개	1개	2개	3개	2개
0점	10점 (+20)	25점	55점	20점

전 사회단체 회장

1957년 9월 22일(양) 오후 6시

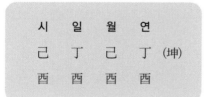

시	일	월	연	
己	丁	己	丁	(坤)
酉	酉	酉	酉	

목(木)	화(火)	토(土)	금(金)	수(水)
인성	비겁	식상	재성	관성
0개	2개	2개	4개	0개
0점	20점 (+20)	20점	70점	0점

주식투자가(대박)

1970년 9월 14일(양) 오전 4시

시	일	월	연	
壬	丁	乙	庚	(乾)
寅	酉	酉	戌	

목(木)	화(火)	토(土)	금(金)	수(水)
인성	비겁	식상	재성	관성
2개	1개	1개	3개	1개
25점	10점 (+20)	10점	55점	10점

건축가, 교수

1969년 9월 19일(양) 오후 6시

시	일	월	연	
己	丁	癸	己	(乾)
酉	酉	酉	酉	

목(木)	화(火)	토(土)	금(金)	수(水)
인성	비겁	식상	재성	관성
0개	1개	2개	4개	1개
0점	10점 (+20)	20점	70점	10점

3 **토(土) 일간 수(水) 재성 발달 · 과다 · 태과다**

유튜버

1986년 12월 10일(양) 낮 12시

시	일	월	연	
戊	戊	庚	丙	(乾)
午	子	子	寅	

목(木)	화(火)	토(土)	금(金)	수(水)
관성	인성	비겁	식상	재성
1개	2개	2개	1개	2개
10점	25점	20점 (+20)	10점	45점

배우

1968년 12월 24일(양) 오전 2시

시	일	월	연
癸	戊	甲	戊 (坤)
丑	辰	子	申

목(木)	화(火)	토(土)	금(金)	수(水)
관성	인성	비겁	식상	재성
1개	0개	4개	1개	2개
10점	0점	35점 (+20)	10점	55점

무술감독

1966년 12월 14일(음) 오후 9시

시	일	월	연
壬	戊	辛	丙 (乾)
戌	子	丑	午

목(木)	화(火)	토(土)	금(金)	수(水)
관성	인성	비겁	식상	재성
0개	2개	3개	1개	2개
0점	20점	25점 (+20)	10점	55점

선조

1552년 11월 11일(음) 신(申)시

시	일	월	연
壬	己	辛	壬 (乾)
申	丑	亥	子

목(木)	화(火)	토(土)	금(金)	수(水)
관성	인성	비겁	식상	재성
0개	0개	2개	2개	4개
0점	0점	25점 (+20)	25점	60점

격투기 선수

1981년 11월 17일(양) 오전 6시

시	일	월	연
丁	己	己	辛 (乾)
卯	亥	亥	酉

목(木)	화(火)	토(土)	금(金)	수(水)
관성	인성	비겁	식상	재성
1개	1개	2개	2개	2개
15점	10점	20점 (+20)	20점	45점

노벨 물리학상 수상자(AI의 아버지)

1947년 12월 6일(양) 오전 6시

시	일	월	연
丁	己	辛	丁 (乾)
卯	未	亥	亥

목(木)	화(火)	토(土)	금(金)	수(水)
관성	인성	비겁	식상	재성
1개	2개	2개	1개	2개
15점	20점	25점 (+20)	10점	40점

잭 웰치(Jack Welch, 전 GE회장)

1935년 11월 19일(양) 오후 11시

시	일	월	연
乙	己	丁	乙 (乾)
亥	亥	亥	亥

목(木)	화(火)	토(土)	금(金)	수(水)
관성	인성	비겁	식상	재성
2개	1개	1개	0개	4개
20점	10점	10점 (+20)	0점	70점

전 방송국 미주지역 총국장

1963년 1월 6일(양) 오전 5시

시	일	월	연
丙	己	壬	壬 (乾)
寅	酉	子	寅

목(木)	화(火)	토(土)	금(金)	수(水)
관성	인성	비겁	식상	재성
2개	1개	1개	1개	3개
10점	10점	10점 (+20)	15점	65점

전 검사장

1964년 12월 16일(양) 오전 4시

시	일	월	연
壬	己	丙	甲 (乾)
申	亥	子	辰

목(木)	화(火)	토(土)	금(金)	수(水)
관성	인성	비겁	식상	재성
1개	1개	2개	1개	3개
10점	10점	20점 (+20)	15점	55점

배우

1996년 1월 3일(양) 오전 1시

시	일	월	연
甲	己	戊	乙 (坤)
子	亥	子	亥

목(木)	화(火)	토(土)	금(金)	수(水)
관성	인성	비겁	식상	재성
2개	0개	2개	0개	4개
20점	0점	20점 (+20)	0점	70점

전 경찰, 전 국회의원

1952년 12월 9일(양) 오전 1시

시	일	월	연	
甲	己	壬	壬	(乾)
子	丑	子	辰	

목(木)	화(火)	토(土)	금(金)	수(水)
관성	인성	비겁	식상	재성
1개	0개	3개	0개	4개
10점	0점	35점 (+20)	0점	65점

치어리더

2002년 12월 27일(양) 오전 10시

시	일	월	연	
己	己	壬	壬	(坤)
巳	巳	子	午	

목(木)	화(火)	토(土)	금(金)	수(水)
관성	인성	비겁	식상	재성
0개	3개	2개	0개	3개
0점	40점	20점 (+20)	0점	50점

경찰(치안감)

1968년 1월 10일(양) 오전 7시

월지 축(丑)=개수는 토(土), 양력 1월 초순~2월 초순
이므로 수(水) 30점

목(木)	화(火)	토(土)	금(金)	수(水)
관성	인성	비겁	식상	재성
2개	2개	3개	0개	1개
30점	20점	20점 (+20)	0점	40점

배우

1984년 4월 26일(양) 오전 8시

시	일	월	연	
庚	庚	戊	甲	(坤)
辰	寅	辰	子	

진(辰)월 진(辰)시=월지 진(辰)은 목(木) 15점, 토(土) 15점, 시지 진(辰)은 목(木) 15점

목(木)	화(火)	토(土)	금(金)	수(水)
재성	관성	인성	비겁	식상
2개	0개	3개	2개	1개
55점	0점	25점	20점 (+20)	10점

기업 대표이사

1987년 4월 11일(양) 오전 4시

시	일	월	연	
戊	庚	甲	丁	(乾)
寅	寅	辰	卯	

목(木)이 많은 사주의 진(辰)월=목(木) 15점, 토(土) 15점

목(木)	화(火)	토(土)	금(金)	수(水)
재성	관성	인성	비겁	식상
4개	1개	2개	1개	0개
65점	10점	25점	10점 (+20)	0점

국회의원

1965년 4월 6일(양) 오전 6시

시	일	월	연	
己	庚	庚	乙	(乾)
卯	寅	辰	巳	

목(木)	화(火)	토(土)	금(金)	수(水)
재성	관성	인성	비겁	식상
3개	1개	2개	2개	0개
55점	10점	25점	20점 (+20)	0점

보디빌더

1958년 3월 14일(양) 오전 6시

시	일	월	연	
己	庚	乙	戊	(乾)
卯	寅	卯	戌	

목(木)	화(火)	토(土)	금(金)	수(水)
재성	관성	인성	비겁	식상
4개	0개	3개	1개	0개
70점	0점	30점	10점 (+20)	0점

배우

1990년 3월 26일(양) 오전 8시

시	일	월	연	
庚	庚	己	庚	(乾)
辰	寅	卯	午	

목(木)	화(火)	토(土)	금(金)	수(水)
재성	관성	인성	비겁	식상
2개	1개	2개	3개	0개
60점	10점	10점	30점 (+20)	0점

헤르베르트 폰 카라얀(Herbert von Karajan, 지휘자)

1908년 4월 5일(양) 오전 8시

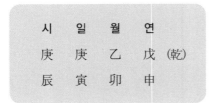

시	일	월	연	
庚	庚	乙	戊	(乾)
辰	寅	卯	申	

목(木)	화(火)	토(土)	금(金)	수(水)
재성	관성	인성	비겁	식상
3개	0개	2개	3개	0개
70점	0점	10점	30점 (+20)	0점

야구감독

1970년 3월 11일(양) 오전 6시

시	일	월	연
己	庚	己	庚 (乾)
卯	寅	卯	戌

목(木)	화(火)	토(土)	금(金)	수(水)
재성	관성	인성	비겁	식상
3개	0개	3개	2개	0개
60점	0점	30점	20점 (+20)	0점

가수

1970년 3월 12일(양) 오전 6시

시	일	월	연
辛	辛	己	庚 (坤)
卯	卯	卯	戌

목(木)	화(火)	토(土)	금(金)	수(水)
재성	관성	인성	비겁	식상
3개	0개	2개	3개	0개
60점	0점	20점	30점 (+20)	0점

전 서울대총장

1953년 3월 31일(양) 낮 12시

시	일	월	연
甲	辛	乙	癸 (乾)
午	巳	卯	巳

목(木)	화(火)	토(土)	금(金)	수(水)
재성	관성	인성	비겁	식상
3개	3개	0개	1개	1개
50점	40점	0점	10점 (+20)	10점

구글 창업자

1973년 3월 26일(양) 오후 8시

시	일	월	연	(乾)
戊	辛	乙	癸	
戌	酉	卯	丑	

목(木)	화(火)	토(土)	금(金)	수(水)
재성	관성	인성	비겁	식상
2개	0개	3개	2개	1개
40점	0점	35점	25점 (+20)	10점

배우

1980년 3월 29일(양) 묘(卯)시

시	일	월	연	(坤)
辛	辛	己	庚	
卯	丑	卯	申	

목(木)	화(火)	토(土)	금(金)	수(水)
재성	관성	인성	비겁	식상
2개	0개	2개	4개	0개
45점	0점	25점	40점 (+20)	0점

5 | 수(水) 일간 화(火) 재성 발달·과다·태과다

검사

1982년 5월 29일(양) 낮 12시

시	일	월	연	(乾)
丙	壬	乙	壬	
午	子	巳	戌	

목(木)	화(火)	토(土)	금(金)	수(水)
식상	재성	관성	인성	비겁
1개	3개	1개	0개	3개
10점	55점	10점	0점	35점 (+20)

국회의원

1965년 5월 18일(양) 낮 12시

시	일	월	연	
丙	壬	辛	乙	(乾)
午	申	巳	巳	

목(木)	화(火)	토(土)	금(金)	수(水)
식상	재성	관성	인성	비겁
1개	4개	0개	2개	1개
10점	65점	0점	25점	10점 (+20)

정치인

1966년 4월 24일(음) 오(午)시

시	일	월	연	
丙	壬	甲	丙	(乾)
午	寅	午	午	

목(木)	화(火)	토(土)	금(金)	수(水)
식상	재성	관성	인성	비겁
2개	5개	0개	0개	1개
25점	75점	0점	0점	10점 (+20)

전 앵커

1989년 6월 1일(양) 오전 8시

시	일	월	연	
甲	壬	己	己	(坤)
辰	辰	巳	巳	

목(木)	화(火)	토(土)	금(金)	수(水)
식상	재성	관성	인성	비겁
1개	2개	4개	0개	1개
10점	40점	50점	0점	10점 (+20)

가수

1992년 5월 6일(양) 오전 5시

시	일	월	연	(乾)
壬	壬	乙	壬	
寅	午	巳	申	

목(木)	화(火)	토(土)	금(金)	수(水)
식상	재성	관성	인성	비겁
2개	2개	0개	1개	3개
25점	45점	0점	10점	30점 (+20)

경제학자, 대학교수

1971년 5월 7일(양) 낮 12시

시	일	월	연	(乾)
丙	壬	癸	辛	
午	辰	巳	亥	

목(木)	화(火)	토(土)	금(金)	수(水)
식상	재성	관성	인성	비겁
0개	3개	1개	1개	3개
0점	55점	15점	10점	30점 (+20)

천문학자

1992년 7월 5일(양) 낮 12시

시	일	월	연	(乾)
丙	壬	丙	壬	
午	午	午	申	

목(木)	화(火)	토(土)	금(金)	수(水)
식상	재성	관성	인성	비겁
0개	5개	0개	1개	2개
0점	80점	0점	10점	20점 (+20)

배우

1972년 6월 20일(양) 낮 12시

시	일	월	연	
丙	壬	丙	壬	(坤)
午	午	午	子	

목(木)	화(火)	토(土)	금(金)	수(水)
식상	재성	관성	인성	비겁
0개	5개	0개	0개	3개
0점	80점	0점	0점	30점 (+20)

프로게이머

1992년 7월 5일(양) 낮 12시

시	일	월	연	
丙	壬	丙	壬	(乾)
午	午	午	申	

목(木)	화(火)	토(土)	금(金)	수(水)
식상	재성	관성	인성	비겁
0개	5개	0개	1개	2개
0점	80점	0점	10점	20점 (+20)

배우

1970년 7월 12일(양) 오전 7시 30분

월지 미(未)=개수는 토(土), 양력 7월 초순~8월 초순 이므로 화(火) 30점

시	일	월	연	
丙	癸	癸	庚	(乾)
辰	巳	未	戌	

목(木)	화(火)	토(土)	금(金)	수(水)
식상	재성	관성	인성	비겁
0개	2개	3개	1개	2개
0점	55점	25점	10점	20점 (+20)

가수

1982년 5월 10일(양) 오후 2시

시	일	월	연
己	癸	乙	壬 (乾)
未	巳	巳	戌

목(木)	화(火)	토(土)	금(金)	수(水)
식상	재성	관성	인성	비겁
1개	2개	3개	0개	2개
10점	60점	20점	0점	20점 (+20)

축구선수

1990년 5월 28일(양) 낮 12시

시	일	월	연
戊	癸	辛	庚 (乾)
午	巳	巳	午

목(木)	화(火)	토(土)	금(金)	수(水)
식상	재성	관성	인성	비겁
0개	4개	1개	2개	1개
0점	70점	10점	20점	10점 (+20)

축구 국가대표

2002년 5월 25일(양) 낮 12시

시	일	월	연
戊	癸	乙	壬 (乾)
午	巳	巳	午

목(木)	화(火)	토(土)	금(金)	수(水)
식상	재성	관성	인성	비겁
1개	4개	1개	0개	2개
10점	70점	10점	0점	20점 (+20)

태권도 선수(세계선수권 금메달리스트)

1970년 5월 13일(양) 오후 3시

시	일	월	연
己	癸	辛	庚 (乾)
未	巳	巳	戌

목(木)	화(火)	토(土)	금(金)	수(水)
식상	재성	관성	인성	비겁
0개	2개	3개	2개	1개
0점	60점	20점	20점	10점 (+20)

DAY 16

관성(官星)
가족관계와 사회관계

관성은 명예와 자존심을 중시한다

일간 오행을 극하는 관성(편관+정관)은 태과다, 과다, 발달, 고립, 무존재로 나뉜다. 성격, 기질, 직무 역량, 직업적성 등의 특성은 태과다, 과다, 발달의 순서로 나타난다. 태과다는 배짱이 크고 모험심이 강하며 욕망이 많다. 고립이나 무존재는 무시하고 무감각하게 살아가면 좋지만, 집착하거나 욕심을 내면 사건 사고가 생길 수 있다. 발달은 관성의 긍정적인 능력을 발휘할 가능성이 높고, 과다는 관성의 긍정적인 능력과 부정적인 능력이 공존한다.

관성이 많은 전형적인 유형으로 <바람과 함께 사라지다>의 주인공 스칼렛 오하라를 꼽을 수 있다. 스칼렛은 자신이 목표로 하는 것을 위해서 사랑하지 않는 남자와 결혼하고, 남자(애슐리)를 차지하기 위해 성적인 유혹을 서슴지 않고 접근하며 자신에게 유리한 진실만 표현한다. 애슐리가 사랑하는 여자 멜라니가 죽자, 그제야 멜라니를 질투해서 애슐리에게 접근했음을 깨닫는다. 뒤늦게 남편인 레트 버틀러의 마음을 잡으려 하지만, 사랑이 떠나버린 레트는 그녀에게 이별을 고한다. 하지만 스칼렛에게 실패란 존재하지 않는다. "내일은 내일의 태양이 떠오를 거야. 언젠가 레트도 내 곁으로 돌아올 거야"라면서 끝까지 자존심을 세운다.

관성의 사회성

KEY POINT

① 관성은 앞장서서 주도하고 이끌면서 사람들과의 관계를 맺어가는 것이다.
② 관성은 명예와 권력을 추구하며 사람들을 이끌어 가는 것이다.

관성은 자신감이 넘치고 배짱이 두둑하며, 적극적이고 활동성이 있다. 힘이 있고 강하며, 직설적이고 행동적이며 과단성이 있다.

관성은 자존심이 강하고 권력지향적이어서 자신에게 충성하는 사람은 보호하고 돌보아주지만, 자신에게 저항하는 사람은 적극적으로 공격하고 권력을 휘두른다.

관성은 자신이 주변 환경을 장악하고 조직을 이끌고 사람들을 통제해야 한다고 생각하고, 다른 사람들과 갈등이나 대결을 하고 강압적으로 대하기도 한다.

관성은 대장 기질과 리더십이 있으며, 누구에게나 지기 싫어하고 자기 주도적이다.

관성은 힘이 있는 사람과 힘이 없는 사람을 정확하게 파악해내는 독특한 능력이 있다.

관성은 자신보다 월등히 힘이 센 사람에게는 충성을 다하다가, 어느 정도 힘의 균형을 이룬 것 같다고 생각되면 공격하기도 한다.

관성은 안정적인 심리상태에서는 자신의 권력이나 능력을 조직이나 다른 사람들을 성장시키는 데 사용한다. 그 과정에서 적극적으로 리더십을 발휘하여 조직이나 사람들을 감동시킨다.

관성은 스트레스를 받는 상태에서는 자기절제나 자기조절을 못해 조직이나 사람들 사이에 분란을 일으키고 다투며 파괴적인 면모를 드러낸다.

관성은 타이트한 조직에 적응하기 힘들고 늘 독립하고 싶어하기 때문에 일의 집중도가 떨어질 수 있다.

관성은 말재주와 포장능력이 뛰어나다.

관성은 작은 것을 큰 것으로 만드는 재주가 있다. 어느 정도냐면 북극에 가서 냉장고를 팔고 사막에 가서 온풍기를 팔 수 있다.

DAY 16 >> 관성(官星)
가족관계와 사회관계

1 관성의 가족관계

(1) 관성 자녀의 유형

- 사주에 관성이 많은 아이들은 자신이 중요하게 생각하는 것을 이루려면 사소한 규칙 몇 개쯤은 지키지 않아도 괜찮다고 생각한다. 이들은 용의 꼬리가 되기보다는 뱀 머리가 되는 것이 좋다고 생각하는 타입이다. 어느 곳에 가도 대장을 하지 못하면 견디지 못한다.

- 자기 주장이 강한 이 아이들이 차분하게 앉아서 공부습관을 유지하는 것은 쉽지 않다. 특히 잔소리가 심하고 명령조의 부모를 가진 아이들이라면 더욱 어렵다. 부모가 강압적으로 대하면 복종하지 않고 오히려 뛰쳐나갈 수 있으니 주의해야 한다.

- 자신을 이해하지 못하는 부모나 선생님을 만나면 공부를 거부하고 아예 꼴찌가 되는 쪽을 선택할 수도 있는 극단적인 모습을 보이기도 한다. 일등과 꼴등을 넘나들 수 있는 것이 이 아이들이다.

- 학교에서 반장이나 회장 같은 책임을 맡고 있고 선생님에게 칭찬받는 아이라면 학교성적도 높고, 학습태도도 매우 성실하고 책임감이 있을 것이다. 권력이 없다가도 권력을 쥐어주면 능력을 더 발휘하며 공부도 잘하게 된다.

- 이 아이들은 마음속 깊은 곳에 의리와 타인을 도와주어야 한다는 생각을 가지고 있다. 그러기 위해서는 자신에게 힘이 있어야 한다고 생각하고, 힘이 있을 때 사려 깊고 충실하고 의리가 있고 약자들에게 너그럽게 대할 수 있다.

- 이 아이들은 자신들이 결정한 일을 누군가가 방해하면 용납하지 못한다. 자신의 결정에 방해가 된다면 반드시 항거하고, 자신에게 대드는 아이들과 언제든지 싸울 준비가 되어 있다. 특히 친구나 다른 아이들이 자신을 비웃거나 건드리면 가만두지 않고 반드시 보복하거나 보복을 꿈꾼다. 이들은 세상을 내 편이 없는 위험한 전쟁터라고 생각한다.

- 이 아이들이 차분하게 공부하는 것은 쉽지 않다. 자신이 처한 상황을 잘 파악하고 자신이 존중받고 인정받고 있다는 것을 확인하기 전까지는 경계를 늦추지 않고, 공부 또한 관심을 받을 때 더욱 열심히 한다.

- 이 유형의 아이들은 학교 공부나 시, 소설 등의 문학, 미술과 음악 등의 예술, 그리고 무용이나 체육 등의 신체적 도전을 좋아한다.

- 가끔은 명분이나 명예가 있는 희생을 좋아한다. 이들 유형은 정열적이어서 종종 밖에서 활동하고 친구들하고 어울리는 것을 좋아한다.

(2) 관성 자녀의 양육방법

- 관성이 많은 아이들에게는 세상은 서로 양보하면서 살아가야만 한다는 것을 가르쳐주어야 한다. 즉, 가족과 친구들의 기분도 헤아릴 줄 아는 사람이 되도록 가르쳐주어야 한다. 사람들과 깊은 인간관계를 맺을 수 있도록 도와줄 필요가 있다.

- 부모라 할지라도 이 아이들이 하는 이야기를 무시하거나 건성으로 들으면 안 된다. 이 아이들의 이야기가 황당무계하고 별 의미 없는 것이라 할지라도 당사자들에게는 매우 진지하고 가치 있는 것이기 때문에 부모는 성실하고 진지하게 들어주어야 한다.

- 아이와 놀아줄 때에도 아이의 자존감을 살려주어야 한다. 예를 들어 팔씨름이나 씨름을 할 때 매번 이기면 안 되고 져주는 것이 좋다. 다른 아이들은 '어른에게 지는 것이 당연하다'고 생각할 수 있지만 이 아이들은 그렇지 않다. 어른과 자기를 동등한 존재로 인식해서 지는 것 자체에 심한 패배감을 느끼기 때문에 자존감을 세워줘야 한다.

- 또한 아빠가 출장 중이어서 집안에 남자가 없이 엄마와 단 둘이 있다면, 이 아이들은 아무리 어리다 해도 엄마를 지켜주어야 한다는 의무감에 사로잡힌다. 이때 아이에게 힘을 줄수록 더 힘을 낸다.

- 이 아이들은 자아가 매우 강한 편이다. 그래서 당당하게 자신의 의견을 펼친다. 그러다 보니 너무 당당한 아이 때문에 부모가 당황하거나 곤란해질 때가 있다. 부모들은 이런 자녀들에 대해 이렇게 말한다. "우리 아이는 항상 두 눈을 똑바로 뜨고 나에게 대들어요."

- 어릴 때부터 이 유형의 아이들에게는 싸우는 대신 타협하는 것이 현명하다는 사실을 알려줘야 한다. 대화로 풀어나가는 방법처럼 싸우지 않고 이기는 방법도 있음을 가르쳐줘야 한다.

- 이 아이들은 불공평한 상황에 적응하기 힘들다. 더불어 본인이 대접받지 못하는 상태에서는 민감하게 반응하면서 무시당한다고 생각한다. 집에서도 학교에서도 자신에게 부모와 선생님이 관심을 가지고 있는지가 매우 중요하다. 그러므로 학교에서 자신이 대접받고 있다고 생각하면 학업성적도 향상될 것이고, 인정받지 못한다고 생각하면 성적이 뚝 떨어지고 학업 의욕도 상실하고 친구들과 어울려 놀기 쉽다.

- 이 아이들은 대부분 분명하고 단호한 태도를 가지고 있고 화끈하게 행동한다. 그래서 어느 장소나 모임에 가면 그곳의 실세는 누구고 누가 가장 강한지 정확히 파악하고 강한 상대를 경계대상으로 삼는다. 그 정도로 세상을 힘으로만 해결하려고 하는 타입이다. 힘으로 해결

하려다 보니 화를 쉽게 참지 못한다. 그러므로 이들에게 화를 다스리는 법을 가르쳐주어야 한다. 특히 부모가 이성을 잃지 말고 인내심을 가져야 한다.

- 이 아이들이 친구와 싸우고 집으로 돌아왔다. 아직 화가 덜 풀렸는데 부모가 그 자리에서 꼼짝 말고 손 들고 서 있으라 한다. 이 아이들은 벌을 서면서도 자신을 화나게 한 상대방을 혼내줄 생각, 보복할 생각만 하고 있다. 부모의 꾸중도 귀에 들어오지 않고 반성할 생각은 안 한다. 이런 경우처럼 지배하는 유형의 아이들이 화가 났을 때 같이 흥분하여 아이를 혼내거나 과민하게 반응하는 것은 부모와 아이, 선생님과 아이 사이만 멀어지게 만든다.

- 그러므로 인내심을 가지고 충분한 대화를 나누고, 이 아이들이 다른 사람들에게 인정받을 수 있고 다른 아이들보다 더 잘할 수 있는 일이 무엇인지 찾아보도록 해야 한다. 이 아이들은 인정받는 일을 맡아 하거나 인정받을 때 비겁함이 모두 사라지고 거침없고 솔직해진다.

- 자신이 인정받는다고 생각되면 사람들이 없는 공간에서도 규칙을 잘 지키고, 연약한 아기나 애완동물도 잘 돌보며, 설거지나 청소도 잘 도와주고 어머니를 위해 시장바구니를 들어준다. 그러므로 어릴 때부터 칭찬을 자주 해주고 능력을 인정해주고 그 아이가 잘하는 일들을 조금씩 맡겨주면 책임감 있게 적극적으로 집안일을 도와주며, 자신의 공부도 잘해나갈 것이다. 특히 이들은 재미있고 즐거운 공부를 선호한다.

- 부모와 함께 책을 읽거나 즐겁게 함께할 수 있는 이벤트를 마련해보는 것도 좋다. 이들은 힘이 남아서 쉽게 잠을 자지 않으려고 할 수도 있다. 그럴 때는 조용히 놀게 하거나 책을 읽게 해서 흥분을 가라앉히고 잠을 잘 수 있게 하는 것이 좋다.

- 이 아이들에게 작은 일들을 이것저것 지시하는 것은 좋지 않다. 일일이 지적과 비판을 당한다고 받아들이기 때문이다. 그것보다는 아이에 대한 믿음을 가지고 '충분히 할 수 있다'고 끊임없이 격려해주는 것이 필요하다. 아이가 무엇을 원하고 느끼는지에 대해서도 많은 관심이 필요하다.

- 이 아이들은 초등학교, 중학교 때 공부를 잘할 가능성이 높다. 그렇다고 공부 잘하는 아이들이 모이는 고등학교에 진학시키는 것은 좋지 않은 결과로 이어질 수 있다. 그곳에서 일등을 하지 못하면 견디지 못하기 때문이다. 자신이 일등을 할 수 있는 학교에 보내는 것이 좋다.

사주에 관성이 많은 둘째아이가 있다. 첫째아이를 키울 때 부모는 "이 학습지를 다 풀면 피자를 먹자", "여기까지 공부를 다 끝내면 놀이공원에 가자"라는 식으로 아이의 학습을 유도했고 효과도 좋았다. 첫째는 재성이 많은 아이였기 때문이다. 그러나 둘째에게는 아무리 그런 말을 해도 별 효과가 없었다. 첫째에게는 잘 통한 방법이 둘째에게는 통하지 않으니 부모는 답답한 심정이었다.

여러 방법을 시도하던 부모는 "너는 이 정도는 충분히 할 수 있어", "너는 능력 있는 아이야. 분명히 다 해낼 수 있어!"라고 격려하면 아이에게서 반응이 온다는 사실을 깨달았다. 부모가 자신의 능력을 믿어준다고 생각한 아이는 공부에 집중력을 발휘하기 시작했다. 같은 환경에서 나고 자란 형제여도 전혀 다른 양육방식이 필요했던 것이다.

(3) 관성 부모의 특성

- 이 유형의 부모는 적극적이고 배짱이 있으며 모험심이 강하다. 힘이 있어 보이고 활발하며, 시원시원한 행동과 밝은 표정, 거침없는 말투가 있다. 적극적이고 자신감 있는 모습으로 자식들에게 본보기를 보이며, 연약한 자녀를 자신의 품안에서 잘 보호한다.

- 다만 자녀도 같은 유형인 경우에는 서로 갈등하다가 감정의 골이 깊어질 수 있고, 소심한 자녀라면 더욱 주눅이 들게 할 수도 있다. 특히 이 유형의 부모가 자신의 뜻을 힘으로 강요하거나 자신의 분노를 무심코 터트리다가 자녀를 반항적으로 만들거나 주눅 들게 만들 수도 있음을 명심해야 한다.

- 이런 부모 밑에서 자란 아이들은 안정적인 면도 있었다고 생각하지만, 관성이 많은 자녀의 경우는 부모 때문에 힘들었다고 생각한다. 한편 소심한 성격의 아이들은 강하지 못하다고 꾸중을 듣고 더욱 주눅이 들었다고 생각하기도 한다.

관성이 많은 어머니가 있다. 이 어머니는 유난히 소심한 아들이 걱정이다. 시원시원하고 거침없는 자신과 달리 어떻게 이렇게 유약한 아들이 태어났는지 모르겠다. 기본적으로 늘 주눅이 들어 있는 것 같고, 차라리 학교에서도 다른 아이들과 시원하게 싸우고 다니면 좋겠다는 생각까지 든다.

어머니는 그런 아들이 못마땅해서 소심한 태도를 자주 지적하며, 더 당당하게 어깨를 펴라고 다그친다. 그러나 아들은 어머니가 그런 말을 할수록 더욱 기가 죽고 소심해진다. 어머니가 자신을 다그칠 때마다 어딘가에 숨어버리고 싶다. 아들은 상대방이 화를 내지 않도록 미리 자신을 감추고 한 발짝 뒤로 물러나는 습관이 몸에 밴다. 어머니의 바람과 달리 오히려 점점 더 소심한 사람이 되어가는 것이다.

(4) 관성 배우자의 특성

- 한국에서 관성이 많은 남자는 「장군감」이나 「대장감」이란 소리를 듣는다. 그러나 여자의 경우에는 「성질이 나쁘다」, 「팔자가 드세다」 같은 소리를 듣기 십상이다. 한국에서 활동적이고 적극적인 여성은 아직까지도 인정받기 쉽지 않은 게 현실이다.

- 관성이 많은 여자의 경우 기본적으로 남편과 많이 부딪친다. 의견차가 생겼을 경우에 '권력도 없는 게 감히 나를 지배해?' 같은 생각을 하기 때문에, 권력이 있거나 나이차가 많이 나는 남편이 적합하다.

- 그러나 집에서는 남편을 무시해도 밖에서는 남편에게 잘한다. 내 남편이 대접을 못 받는 게 싫기 때문이다. 남편이 대접을 못 받는 것은 내가 못 받는 것과 마찬가지라 여긴다. 집에서는 주도권을 잡을지언정 밖에서는 아내로서 허점을 잡히지 않으려 노력한다. 부부동반 모임에서도 남편을 받들어 모시는 경향이 있다. 남들에게는 헌신적인 것처럼 보이려고 한다.

- 남자들은 지시하고 간섭하는 이 유형의 여자들을 견디기 힘들어한다. 그래서 여자가 관성 80점 이상이면 이혼할 가능성이 매우 높다.

- 그러나 의존적인 기질의 연하남은 이런 여자를 좋아하기 때문에, 순종적이고 충성하는 연하남과 잘 어울리는 커플이 될 수 있다. 적당히 능력 있고 나이 있는 보수적인 남자보다는 순종적이고 나이 어린, 말을 잘 듣는 남자가 더 좋은 것이다.

- 나이가 많거나 여러 번 결혼했던 남자라도 능력이나 명예와 지위가 높은 사람이라면 관성 과다 여자는 적극적으로 대시한다.

결혼을 약속한 커플이 있다. 어느 날 관성이 많은 여자친구가 직장에서 승진을 한다. 남자친구보다 높은 직책과 많은 급여를 받게 된 것이다. 남자친구는 처음에는 여자친구의 승진을 기뻐하고 자랑스러워했지만, 머지않아 무언가 어긋나고 있다는 사실을 깨닫는다. 여자친구가 자신을 대하는 태도가 달라진 것이다. 무심하게 넘기려고 해도 어쩐지 개운하지가 않다. 여자친구는 약간의 의견 차이가 생겨도 자신의 뜻대로 하기를 강요하고, 그에 따르지 않으면 심하게 비난하기 시작한다. 결국 두 사람은 잦은 마찰 끝에 헤어지고, 나중에 남자는 예전 여자친구가 나이가 많이 어린 직장 후배와 사귀고 있다는 소식을 전해 듣는다.

2 　관성의 사회관계

(1) 관성의 육친관계

- 관성은 남자에게 육친관계상 자식을 상징한다. 여자에게는 육친관계상 남편이나 남자를 의미한다. 사회관계상 남녀 모두에게 명예와 직장을 상징한다.

(2) 관성이 발달한 경우의 인간관계

① 남자 사주

- 남자 사주에 관성이 발달하면 책임감이 있고 리더십이 있다.
- 남자 사주에 관성이 발달하면 명예를 얻는다.
- 남자 사주에 관성이 발달하면 직장인은 직장에서 꾸준히 승진한다.
- 남자 사주에 관성이 발달하면 사업가나 정치인은 리더십을 발휘해서 성취감을 얻는다.

② 여자 사주

- 여자 사주에 관성이 발달하면 명예를 얻는다.
- 여자 사주에 관성이 발달하면 직장인은 직장에서 업무역량이 뛰어나고 상사와의 관계가 원만해 꾸준히 승진한다.
- 여자 사주에 관성이 발달하면 사업가나 정치인은 리더십을 발휘해서 성취감을 얻는다.
- 여자 사주에 관성이 발달하면 남자에게 인기가 많아 남자를 상대로 하는 직업이 좋다.

(3) 관성이 과다 · 태과다한 경우의 인간관계

① 남자 사주

- 관성은 비겁을 극하므로 남자 사주에 관성이 과다하면 비겁에 해당하는 친구, 선후배, 형제자매를 지배하고 싶어하거나 지시하려는 경향이 있다.
- 관성은 명예에 해당하므로 남자 사주에 관성이 과다하면 명예욕이 강하여 성공에 대한 욕망이 크고 자신감이 넘친다.
- 관성은 명예에 해당하므로 남자 사주에 관성이 과다하면 직장생활에 적응하지 못하고 독립하고 싶은 욕망이 강해진다.
- 남자 사주에 관성이 과다하면 마당발로서 대인관계가 매우 넓고 다양하다.
- 남자 사주에 관성이 과다하면 돌파력과 모험심이 강하게 나타난다.
- 남자 사주에 관성이 과다하면 성격이 급해서 서두르고, 길게 하는 싸움에는 약하다.
- 관다(官多)가 성공하기 위해서는 즉흥적으로 일을 벌이지 말고, 참고 준비하고 기다릴 줄 알아야 한다.

② 여자 사주

- 관성은 비겁을 극하므로 여자 사주에 관성이 과다하면 비겁에 해당하는 친구, 선후배, 형제자매를 지배하고 싶어하거나 지시하려는 경향이 있다.
- 관성은 남편에 해당하므로 여자 사주에 관성이 과다하면 자신을 무시하고 얕보는 강한 남편을 만나거나, 본인이 여러 남자들과 만나게 된다.
- 관성은 명예에 해당하므로 여자 사주에 관성이 과다하면 명예욕이 강하여 성공에 대한 욕망이 크고 자신감이 넘친다.
- 관성은 명예에 해당하므로 여자 사주에 관성이 과다하면 직장생활에 적응하지 못하고 독립하고 싶은 욕망이 강해진다.
- 관성은 남자에 해당하므로 여자 사주에 관성이 과다하면 적극적인 성격으로 사람에 대한 두려움이 없다. 초년에 주변인으로부터 성폭력을 당할 가능성이 있으니 주의해야 한다.

(4) 관성이 고립된 경우의 인간관계

- 남자에게 관성은 자식에 해당하므로 관성이 고립되면 자식이 25세 이전일 때 자식에게 건강문제가 발생하거나 자식의 유학 등으로 일찍 자식과 떨어져 지내게 된다. 때로는 자식과 생사이별의 아픔을 겪게 되는 경우도 있다(유산과 중절수술 포함).

- 여자에게 관성은 남편에 해당하므로 관성이 고립되면 남편에게 건강문제가 발생하거나 남편과 헤어져 지내거나 생사이별의 아픔을 겪게 된다. 결혼하기 전에 만나는 애인도 관성에 해당하므로 결혼 전에 애인과 생사이별하는 아픔을 겪는 경우도 있다.
- 남녀 모두에게 관성은 직장과 명예를 상징하므로 관성이 고립되면 직장을 그만두거나 직장에서 쫓겨날 수 있고 명예가 손상당하는 일이 있다.

DAY 17

관성(官星)
성격

관성(편관+정관)은
앞에서 사람들을 이끄는 것을 좋아한다.

관성은 앞장서고 주도하며 행동한다

관성(편관+정관)의 성격, 기질, 직무 역량, 리더십, 직업적성 등의 특성은 태과다, 과다, 발달의 순서대로 나타난다. 기본 특성은 앞장서는 사람, 주도하는 사람, 이끌어 가는 사람, 표현하는 사람, 이기려는 사람, 배짱 있는 사람, 행동하는 사람이다. 태과다는 모험심과 배짱이 매우 강하고, 욕망이 너무 커지면 안하무인의 성격이 나타날 수 있으니 절제와 자제력을 키우는 것이 필요하다.

다섯 명이 A노래방에 가기로 했다. 재성이 많은 사람은 B노래방에 가고 싶어도 그냥 같이 간다. 다 같이 가서 재미있게 노래를 부르고 놀면 좋다고 생각하기 때문이다.

그러나 관성이 많은 사람은 그 모임에 더 이상 가지 않는다. 자신의 명령을 따르지 않으면 의미가 없으며, 세상은 자신을 중심으로 움직여야 한다고 생각하기 때문이다. 다만, 그렇게 할 수 있는 힘을 얻기 전까지는 사람들에게 아주 열심히, 친절하게 대한다.

관성의 성격 분석

KEY WORD

강력한, 개혁적인, 결과를 중시하는, 결단력 있는, 결정력 있는, 과감한, 관리능력이 있는, 도전적인, 돌파하는, 리더가 되고 싶어하는, 명예적인, 모험적인, 배짱 있는, 변화적인, 분별력 있는, 빠른, 사회적인, 서두르는, 선도적인, 성공을 향해 돌진하는, 성공적인, 수행적인, 신속한, 앞장서는, 언어능력이 탁월한, 에너지가 충만한, 열정적인, 외향적인, 이상적인, 인내력 있는, 자신감 있는, 자율적인, 저돌적인, 적극적인, 정열적인, 조직력 있는, 주도적인, 책임감이 있는, 카리스마와 리더십이 있는, 판단력이 뛰어난, 표현하는, 프로젝트 완성적인, 행동하는, 현실적인, 화끈한

장점

사람들에게 용기와 힘을 주려고 하는, 도량이 넓고 타인에게 안정감을 주는, 성공을 위해 한시도 게을리하지 않는, 사교적이고 대인관계 폭이 넓은, 효율적인 방법을 잘 파악하는, 약자를 지키려고 하는, 자기 계발을 위해 노력하는, 표현을 적절히 잘하는, 할 수 있다는 신념이 강한

단점

자존심이 강해 쓸데없이 고집을 부리는, 자기 생각대로 안 되면 크게 화를 내는, 자기 주장을 지나치게 내세우는, 빨리 결정해서 손해를 보는, 절대 지기 싫어하는, 안하무인인

건강

갑상선기능항진증, 과대망상증, 구세주 콤플렉스[주1], 권력 콤플렉스, 다혈질, 드메 신드롬[주2], 만능인 콤플렉스, 보스 콤플렉스, 분리불안장애, 사내대장부 콤플렉스, 성격장애, 슈퍼맨 증후군, 슈퍼우먼 증후군, 스완족[주3], 악마연인 증후군[주4], 양극성장애(조울증), 오만 증후군[주5], 폐소공포증, 화병

별명

가가멜, 거물, 깡패, 독불장군, 돌격대, 리더, 무데뽀, 보스, 불도저, 빨리빨리, 사령관, 쌈닭, 안하무인, 장군, 전사, 전차, 정의의 사도, 조폭 두목, 지도자, 카리스마, 탱크, 화약고, 휘발유

[주1] 구세주 콤플렉스: "이 일은 내가 아니면 할 수 없어", "너는 틀려. 내 생각대로 해" 등의 심리
[주2] 드메 신드롬: 여자의 나이가 남자보다 많은 커플이나 부부가 유행하는 현상
[주3] 스완족: 도시에 거주하는 능력 있고 진취적인 전문직 여성
[주4] 악마연인 증후군: 타인에게 연인과 악마의 두 가지 감정을 느끼는 정신분열적 상태
[주5] 오만 증후군: 자기도취, 과대망상, 판단력 저하

1 관성의 일반적 성격 특성

- 편관은 나(일간)를 극하고 음양이 같은 경우를 말하고, 정관은 나(일간)를 극하면서 음양이 다른 경우를 말한다. 이 둘을 아울러서 「관성」이라 한다.

- 사주에 관성이 많은 사람은 성취주의적인 성향, 성공에 대한 욕망 등이 강하다. 앉아서 기다리기보다는 자신이 원하는 상황을 적극적으로 만들어간다. 명분이 뚜렷하거나 목표가 설정되면 두 배로 노력한다. 열정적으로 일해서 정상의 자리에 오르고 싶어하고, 사람들에게 능력 있는 사람이란 소리를 듣는다.

- 이들은 목표를 정하고 성취해 나가는 과정을 즐긴다. 자신의 꿈을 실현하면서 재능을 발휘하고, 존재 가치를 인정받기 위해서 목표를 크게 설정한다. 자신에게 유리한 것, 이익이 있는 것에 대한 지혜를 짜내고, 효율적인 일처리 방법도 구상하고 타의 모범이 되고자 한다.

- 이들은 일에 대한 목적이나 목표가 원대하고 분명하다. 작은 일보다는 큰일에 관심이 많은 편이다. 어떤 일을 하든 주변의 다른 사람들에게 함께할 수 있는 힘을 주고, 그들과 함께 원하는 성과를 얻고자 한다.

- 성공적인 인생을 위해서 다양한 능력을 가지려고 노력하며, 필요하다면 규칙이나 절차를 바꾸는 것도 때론 가능하다고 생각한다.

- 자신이 주인공이 되거나 자기에게 중요한 일을 맡겨주는 것을 선호하고, 그렇게 성공해서 남들이 자신의 성공한 모습을 인정해주고 칭찬해주길 바란다.

- 자신이 성취한 일을 타인들에게 자랑하고 다닌다. 인간관계를 중요하게 여기고, 그들의 기대에 부응하기 위해서 노력한다. 늘 열성적이고 행동적이며 일을 찾아 움직인다.

- 성격이 급해 하던 일이 지체되는 것을 싫어한다. 남들보다 뒤처지는 것은 자신을 초라하게 만든다고 생각하기 때문에 민첩하고 빠르게 움직이고, 직감적으로 어떤 일을 선택해야 성공할 수 있는지를 정확하게 판단한다.

- 하던 일을 실패하면 매우 화가 나고 자존심이 상하고 부끄럽기 때문에, 타인에게 핑계를 대거나 실패를 다른 사람에게 미루는 등의 자기회피적 성향을 보이기도 한다.

- 이들은 지배받는 것을 아주 싫어한다. 그래서 사회생활을 하기 힘들다. 자신의 위에 누군가가 존재하는 것을 견디지 못한다. 누군가의 지시를 받으면 다른 사람보다 몇 배 더 많은 스

트레스를 받는다.

- 이들은 세상이 조용할 때보다 갈등, 다툼, 문제 상황, 전쟁 등으로 복잡할 때 훨씬 힘이 나는 사람들이다. 평안하고 평탄하면 힘이 나지 않는다.

- 성격이 급하다 보니 포기도 쉽다. 빨리 성공하고 싶은 권력지향적 성격이기에 한순간에 권력을 잡아야 하는데 시간이 걸리면 견디지 못한다. 그래서 하나의 프로젝트를 완성시키는 것은 쉬우나, 긴 프로젝트를 완성시키는 것은 힘들다. 계약을 체결하는 것까진 잘하지만, 15년 동안 배를 만들라고 하면 해내지 못한다.

- 이들은 조직생활을 견디지 못하기 때문에 독립적인 일이나 사업을 많이 한다. 하지만 공부와 준비를 철저히 하고 사업을 하면 좋은데 그것은 또 하지 않으려 한다. 아이러니하게도 공부와 준비가 안 되어 있는데도 살아남기는 한다. 사막에서 온풍기를 팔고, 북극에서 냉장고를 팔 능력이 있는 사람들이 이들이기 때문이다.

- 명예지향적, 권력지향적 관계를 좋아하며 다른 사람을 의식하지 않는다. 물론 아주 강한 사람의 눈치는 본다. 예의상으로도 다른 사람을 도와주려고 하지 않는다.

- 이들은 사람을 대할 때 자신의 라이벌이나 자신을 따라야 하는 사람을 구분하려는 경향이 있다. 또한 누가 권력이 있는지 정확하게 판단하는 능력이 있다. 돈과 권력이 있는 사람이라면 그게 누구라도 쉽게 접근할 수 있고 쉽게 의형제가 될 수 있다. 상대방에게서 내가 얻을 것이 있거나, 나에게 충성하는 사람과 가까워지는 유형이 관성이다. 행여라도 권력이 없는 사람이 자신에게 대드는 것은 용서하지 않는다.

- 순간적 판단력이 뛰어나다. 몇 시간씩 회의를 해도 안 나오는 결론을 짧은 시간에 도출해내는 탁월한 능력이 있다. 포장하는 능력이 뛰어나기 때문에, 때로는 잘 맞지 않는 결론조차 잘 맞는 결론인 것처럼 보이게 만들기도 한다. 이들은 어려운 상황이나 문제 상황에서 판단력과 결단력이 빠르고 뛰어나다.

- 어디를 가든 본인이 나서기를 좋아하는 기질이 있다. 권력자와 손잡는 것을 좋아하고, 권력자가 생각보다 힘이 없으면 본인이 나서려고 한다. 밀고 나가려는 탁월한 능력도 있기 때문에 성공할 가능성도 높고, 깊게 공부하는 쪽으로 진출하는 것에도 적합하다.

- 한국사회에서 관성이 많은 남자는 「장군감」이란 말을, 여자는 「안하무인」이란 말을 많이 듣는다. 남녀평등이 완벽히 자리잡지 않은 사회에서는 여자는 관성 과다(관다)보다 관성 발달이 성공 확률이 높다. 남자는 관다가 성공 확률이 높다.

EXAMPLE

사주에 관성이 많은 학생이 있다. 여행을 다녀오면 그곳의 특산품을 꼭 사와서 교수에게 선물한다. 초급 수업을 들으면서 교수에게 수시로 선물하고, 학생들 중 리더를 자처한다.

그런데 초급 수업을 마치고 이제 겨우 중급 과정을 듣는 상황에서 느닷없이 철학관을 차린다. 자신에게 그럴만한 실력이 있다고 생각하는 것이다. 작은 실력을 가지고 휘두르는 능력이 탁월하다. 배짱과 카리스마가 있어서 사람을 빨아들인다. 그러니 3~5년은 성공하는 듯 보이지만 한계가 있다. 1~2년 공부하면 교수와 동문수학했다고 말하고, 3~5년 공부하면 교수를 가르쳤다고 말하고 다니기도 한다. 얼굴이 두껍고 과대포장하는 타입이다.

2 관성의 관계

남자		여자	
가족관계	사회적 관계	가족관계	사회적 관계
자식, 의붓자식, 수양아들	직장, 상관, 지도자, 권력, 정치, 공직, 공무원	남편, 남자, 정부(情夫), 애인	직장, 상관, 지도자, 권력, 정치, 공직, 공무원

3 관성의 긍정적인 면과 부정적인 면

긍정적인 면	부정적인 면
결단력이 있다.	극단적이다.
권위가 있다.	끝마무리가 약하다.
긴 안목이 있다.	다른 사람의 무능력을 참지 못한다.
독립적이다.	다혈질이다.
두려움이 없다.	독선적이다.
리더십이 강력하다.	돌격적이다.
명예를 소중히 한다.	둔감하다.
모험적이고, 배짱이 있다.	명령적이다.
보호본능이 있다.	모욕이나 부당한 대답을 결코 잊지 못한다.
솔직하다.	반항적이다.
순간 대처 능력이 있다.	부정적이다.

실천적이다.	서두른다.
어려움을 극복하는 능력이 있다.	소유욕이 강하다.
언어능력이 뛰어나다.	실수를 용납하지 않는다.
에너지가 넘친다.	쓸데없는 체면을 중시한다.
완성하는 힘이 있다.	안하무인이다.
용기가 있고 직선적이다.	억압하려 든다.
의협심이 있다.	우유부단하다.
인내심이 있고 의지가 강하다.	위, 아래가 없다.
인정이 많다.	일이 제대로 안될 때 참지 못한다.
인품이 중후하다.	자기주장이 강하다.
자신감이 있다.	자기중심적이다.
자신을 신뢰한다.	자만심으로 똘똘 뭉쳐 있다.
자신의 사람을 보호한다.	자신이 생각한 규칙을 어기면 참지 못한다.
적극적이다.	작은 것을 큰 것으로 포장한다.
전체를 보는 능력이 있다.	지나치게 공격적이다.
절제력이 있다.	지배하려고 한다.
정열적이다.	직선적인 언어 표현으로 타인을 질리게 한다.
종합하는 능력이 있다.	체면에 목숨 건다.
중요 순서를 한눈에 파악한다.	타인과 불화가 잦다.
책임감 있게 밀고 나간다.	타인을 배려할 줄 모른다.
통솔력이 있다.	타협할 줄 모른다.
판단력이 빠르다.	투쟁적이다.
합리적이다.	폭력적이다.
현실적이다.	화가 풀릴 때까지 싸운다.

4 사람들이 바라보는 관성

- 그들과 함께 있으면 솔직해지는 느낌이다. 마음속에 있는 것을 모두 말할 수 있다.
- 그들은 매우 파격적이다. 자신이 하고 싶은 대로 하고 자신이 좋아하는 옷을 입고 다닌다.
- 그들은 타인의 생각에는 별로 관심이 없는 것 같다.
- 그들은 당찬 태도와 개성이 있다.
- 그들은 열정적이고 현실적이며, 용기와 배짱이 있다.
- 그들은 어떤 일을 할 때 매우 현실적이고 목표 감각이 뚜렷하다.
- 그들은 사람들에게 어떻게 일을 시켜야 효과적인지 정확하게 꿰뚫어 보는 것 같다.
- 그들은 사람들이 무엇을 좋아하는지 정확하게 아는 유능한 사람이다.

- 그들은 앞장서서 주도권을 쥐기 좋아하고 책임을 맡고 싶어한다.
- 그들은 요구가 많고 통제하려 들고 엄격하다.
- 그들은 언어능력이 뛰어나고 자신감 있게 표현하고 설득하는 능력이 있다.

5 　사람들이 관성을 좋아하는 이유

- 그들은 솔직해서 숨은 의도가 있는지 짐작하지 않아도 되기 때문이다.
- 그들은 정열적이어서 함께 있으면 나까지 기운이 나기 때문이다.
- 그들은 강단 있게 결정을 내려서 시원시원하기 때문이다.
- 그들은 옳지 않다고 생각하는 일은 기꺼이 거부하기 때문이다.
- 그들은 책임감이 강해 일을 믿고 맡길 수 있기 때문이다.
- 그들은 자기 사람이라 여기는 이들을 지지하고 보호하기 때문이다.
- 그들은 필요한 경우 적극적으로 타협하기 때문이다.
- 그들은 관심을 가져주면 보답하며 관계에 최선을 다하기 때문이다.
- 그들은 주어진 일을 완벽하게 해내려고 노력하기 때문이다.
- 그들은 어려운 상황에도 두려워하지 않고 돌파하기 때문이다.

6 　사람들이 관성을 싫어하는 이유

- 그들은 때로 지나치게 고집을 부리기 때문이다.
- 그들은 금방 싫증을 내고 다른 일을 찾기 때문이다.
- 그들은 타당한 조언조차도 부당한 명령으로 받아들이기 때문이다.
- 그들은 지나치게 자기 주장을 하며 공격적이기 때문이다.
- 그들은 순응해야 하는 일도 받아들이지 않고 거부하기 때문이다.
- 그들은 자기 감정을 숨기지 않아 때로 불편해지기 때문이다.
- 그들은 상관없는 일에도 심하게 참견하고 간섭하기 때문이다.
- 그들은 자기 반성을 잘 하지 않고 자신이 옳다고 믿기 때문이다.
- 그들은 너무 무모하며 지나치게 과감하기 때문이다.
- 그들은 비도덕적인 일도 스스럼없이 해내기 때문이다.
- 그들은 줄 세우기를 좋아해서 사람들을 능력에 따라 급을 매기고 차별하기 때문이다.

- 그들은 더 큰 지위를 얻기 위해 수단과 방법을 가리지 않기 때문이다.
- 그들은 목적 달성을 위해 아부도 서슴지 않기 때문이다.

7 관성이 사람들에게 바라는 것

- 나의 판단을 믿고 나를 따라주면 좋겠다.
- 나의 명예를 인정하고 권위를 존중해주기를 바란다.
- 내가 앞장서서 일을 벌일 때 내 행동을 지지해주어야 한다.

8 관성과 잘 지내려면?

- 자신감을 가져라.
- 그들에게 솔직해져라.
- 자신과 그들을 위해서 싸워라.
- 그들에 대한 뒷말을 하지 말고 배신하지 마라.
- 그들에게 저항하지 마라.
- 그들을 이기려고 하지 말고 약한 성격, 순종적인 성격을 보여줘라.
- 그들이 당신을 돌보아줄 수 있음을 인정하라.
- 그들이 혼자 있을 공간을 줘라.
- 그들의 주장을 공격으로 생각하지 마라.
- 그들이 화낼 때 두려워 말고 그것을 그들의 표현방식으로 이해하라.
- 그들의 성공과 성취, 그들의 능력을 인정하라.
- 그들이 당신과의 관계에 많은 노력과 공을 쏟고 있음을 이해하라.
- 그들이 감정을 다치지 않도록 조심하면서 정직하고 객관적으로 조언하라.
- 그들의 과거를 들춘다거나 부정적인 면에 초점을 맞추지 마라.
- 그들의 자신감과 낙천적인 성격, 적극적인 일처리, 넘치는 에너지에 대하여 칭찬하라.

9 관성이 상상하기 싫은 것

- 사람들이 자신의 생각을 반박하거나 거부할 때 자기 의견을 말하지 않고 참는 것

- 다른 사람이 능력 있는 것 같아서 그 사람에게 모든 것을 물려주는 것
- 경쟁이나 경기에서 이기려고 애쓰지 않는 모습
- 상대방의 의견대로 항상 "좋아요" "당신 뜻대로 하세요"라고 수동적으로 따르는 것
- 다른 사람들이 실수하거나 일을 망쳤을 때 점잖게 말하는 것
- 자신이 명문대학을 졸업했거나 큰 상을 받은 것을 깜빡 하고 말하지 않는 것
- 고등학교 동창회나 기타모임이 있을 때 흥분하지 않기
- 라이벌은 초대받지 못한 모임에 자신만이 초대받고 기분 좋아하지 않는 것
- 대상을 공동으로 수상하는데 공동수상자에게 연설을 하도록 허락하는 것
- 한 번에 두세 계단씩 뛰어올라 갈 수 있는 계단을 천천히 사색하면서 걸어 올라가는 것
- 학교에서 학생회장에 당선되거나 조직에서 리더를 시켰는데 마음 흔들리지 않고 손쉽게 포기하는 것

10 관성이 살려야 할 점

- 활동적이고 붙임성이 있으며 칭찬하면 2배의 능력을 발휘한다는 점
- 명예를 소중히 생각하는 점
- 타인에게 자신은 모든 일을 성공적으로 해내는 사람이라는 인상을 주고 싶어하는 점
- 목표를 달성하기 위해 때로는 상대방에 맞추어 타협하는 점
- 자신이 필요로 하는 것에 대해 싸우고 단호하게 지키는 점
- 도전할 대상이 있으면 힘이 솟는 점
- 모든 일을 흘러가는 대로 내버려두는 것을 싫어하는 점
- 목표를 명확히 설정하고, 성과를 거두기 위해 당장 해야 할 일이 무엇인지 알고 있는 점
- 순간 대처 능력이 탁월한 점
- 자신을 따르는 사람에게 모성본능이 강하고, 타인에게 베풀기를 좋아하는 점
- 관심을 갖고 상대하면 무슨 일이든 최선을 다하는 점
- 앞장서서 행동하며, 진리와 정의, 도덕적 질서를 가슴에 담고 있는 점
- 적극적이고 행동적이며 결단력이 있고 명예를 소중히 여기는 점
- 사랑을 주고받는 것이야말로 인생에서 가장 중요한 것 중 하나라 여기는 점
- 주변 사람들과 감정을 공유하고 공감할 때 기쁨을 느끼는 점

11 관성이 보완해야 할 점

- 타인의 지배를 받기 싫어하고 순응하지 않으며 고집불통인 점
- 다른 사람들뿐 아니라 자기 자신도 완전하지 못해서 욕구불만에 휩싸이는 점
- 남에게 명령받는 것을 참기 힘들어하고 공격적이고 자기 주장이 강한 점
- 시간이 걸리는 일에 싫증을 내고 새로운 활동을 원하는 점
- 앉아서 하는 일은 금방 따분해하고 항상 움직이는 것을 좋아하는 점
- 기분을 잘 드러내기 때문에 남들이 바로 알게 되는 점
- 사람들과 대결하는 것을 두려워하지 않으며 실제로도 자주 대결하는 점
- 계획을 짜놓고도 제대로 지키는 경우가 거의 없는 점
- 대담성이 너무 강하여 무모하게 저돌적으로 밀고 나가는 점
- 외부 상황에 지나치게 신경 쓰고 수시로 행동하려고 하는 점
- 자신이 잘 알지 못하는 사람의 일에도 관여하기를 좋아하는 점
- 반복적이고 일상적인 일을 싫어하는 점
- 자신을 돌아보는 시간보다는 무모하게 행동하는 점
- 타인의 요청, 특히 친한 사람의 부탁이면 비도덕적이라도 거침없이 해결하는 점
- 자신이 필요하면 권력자나 힘 있는 자에게 굽신거리고 아부하는 점

DAY

18

관성(官星)
직업적성

관성을 표현한 유명인의 명언

"나는 약하고 옳은 것보다 차라리 강하고 틀린 것을 택하겠다."

— 탈룰라 뱅크헤드(Tallulah Bankhead)

"삶의 기술은 댄스라기보다는 레슬링에 가깝다. 굳건히 서서 예상치 않은 공격에 대비하라."

— 마르쿠스 아우렐리우스(Marcus Aurelius Antoninus)

"일찍 잠자리에 들고 일찍 일어나라. 열심히 일해라, 그리고 자신에 대해 광고해라."

— 로렌스 J. 피터(Laurence J. Peter)

"연설만큼 성공적일 수 있는 것은 없다." — 프랜 레보위츠(Fran Lebowitz)

"일은 어떤 재미보다 더 재미있다." — 노엘 카워드(Noel Coward)

"우리는 무슨 일이 일어나든지 그것을 사실 그대로 받아들일 준비를 마친, 강한 정신을 가져야 한다." — 해리 트루먼(Harry Truman)

"똑바로 본다고 해서 모든 것이 변하는 것은 아니다. 그러나 똑바로 보지 않는다면 아무것도 바꿀 수 없다." — 제임스 볼드윈(James Baldwin)

"사람들은 항상 시간이 지나면 변한다고들 하지만, 사실은 그런 변화를 만드는 것은 바로 자기 자신이다." — 앤디 워홀(Andy Warhol)

"성장은 뜻밖의 어둠 속에서 도약할 때 이루어진다."
— 헨리 밀러(Henry Miller)

"고난이 고귀한 것이 아니라 고통에서 재기하는 것이 고귀하다."
— 크리스티안 N. 바너드(Christiaan Neethling Barnard)

"실제로 우리 인생에서 가장 좋은 시기는 우리가 어렵고 불행하고 불만족스러울 때 도래한다. 어려움을 극복하기 위해 여러 가지 방법과 진정한 해결책을 모색하기 때문이다."
— 모건 스콧 펙(Morgan Scott Peck)

"우리는 스스로를 비참하게도, 강하게도 만들 수 있다. 이 두 가지 일을 이루는 데 드는 에너지는 같다."
— 카를로스 카스테네다(Carlos Castaneda)

"기도는 할 일 없는 노인이 시간을 보내기 위해 하는 일이 아니다. 제대로 이해하고 적용한다면 기도는 행동을 위한 가장 강력한 도구다."
— 마하트마 간디(Mahatma Gandhi)

"성을 쌓고 사는 자는 반드시 망한다. 끊임없이 이동하는 자만이 살아남을 것이다."
— 돈유쿠크(돌궐족 지도자)

"현명한 사람에게는 한마디면 충분하다."
— 플라우투스(Plautus, Titus Maccius)

"리더십은 이 지구상에서 가장 많이 관찰되면서도 가장 적게 이해되는 현실 가운데 하나이다."
— 제임스 맥그리거 번스(James Mcgregor Burns)

"우리 시대 가장 보편적인 절망 가운데 하나는 강력하고 창조적인 리더십에 대한 굶주림이다."
— 제임스 맥그리거 번스(James Mcgregor Burns)

DAY 18 >> 관성(官星)
직업적성

오행과 마찬가지로 육친에는 성격, 기질, 역량, 리더십, 대인관계 등 인간의 다양한 특성이 나타난다. 따라서 오행과 육친이 결합된 다양한 유형들을 분석함으로써 인간의 특성을 좀 더 깊이 있게 들여다볼 수 있다.

관성(편관+정관)과 오행의 결합으로는 목(木) 관성, 화(火) 관성, 토(土) 관성, 금(金) 관성, 수(水) 관성의 다섯 종류가 존재한다. 각 오행별 관성은 오행의 특성에 따라 관성의 특성 또한 조금씩 다르게 나타난다. 다섯 가지 관성의 특성을 제대로 분석한다면 명리학 실력이 한층 향상될 것이다.

오행과 마찬가지로 육친은 발달, 과다, 태과다일 때 다음과 같은 강한 기질적 특성이 나타난다. 사주에 관성이 많으면 독립적이고 자유적이며, 맡겨주는 것을 선호하고 돌파력이 있다.

- 목(木) 관성 : 적극성, 책임성, 포용성, 실천성, 추진성, 배려성, 도덕성, 자유성, 예민성
- 화(火) 관성 : 추진력, 실천력, 과감성, 실용성, 과시성, 표현성, 통합성, 대범성
- 토(土) 관성 : 친화성, 관리성, 인내성, 활동성, 통솔성, 융합성, 평화성, 대중성, 포용성
- 금(金) 관성 : 실용성, 조직성, 분석성, 통제성, 완벽성, 집착성, 준비성, 계획성, 현실성
- 수(水) 관성 : 적극성, 수집력, 분석력, 기억력, 정보성, 두뇌력, 창의성, 창조성, 총명성

(1) 목(木) 관성이 과다 · 태과다일 때

- 자기 표현을 적절하게 잘 하는 편이다.
- 인정받으면 2배의 능력을 발휘한다.
- 명예욕이 강하고 자아의식이 강하다.
- 작은 일보다 큰일에 관심이 많은 편이다.
- 간혹 자신만의 세계를 추구하거나 엉뚱한 일에 집착한다.
- 작은 간섭이나 억압에도 쉽게 스트레스를 받고 저항한다.

(2) 화(火) 관성이 과다 · 태과다일 때

- 성질이 급하고 산만하며, 집중력이 약하고 다혈질적인 면이 있다.

- 논리적이고 언어능력이 탁월하다.
- 열정적이고 모험적이며 배짱이 있다.
- 손해 보지 않으려 하고 실속이 있다.
- 감정 기복이 있고, 즉각적인 행동과 폭발력이 있다.

(3) 토(土) 관성이 과다·태과다일 때
- 명분이 뚜렷하면 2배의 힘을 쏟는다.
- 우직하고 성실하여 꾸준함이 있다.
- 자존심이 강하여 지나치게 자기 주장을 하고 쓸데없는 고집을 내세운다.
- 솔직한 성격으로 책임감과 의무감이 강하다.
- 세상, 사회, 조직, 가정 등의 평화에 관심이 크다.
- 사회에 공헌하는 기업가, 정치인으로 성공하는 경우가 많다(예 : 빌 게이츠, 세종대왕).

(4) 금(金) 관성이 과다·태과다일 때
- 자기 주관이 뚜렷하고 자기 세계가 뚜렷하다.
- 자신의 생각대로 움직여지지 않으면 폭력성이 나타나기도 한다.
- 강직하고 타협을 잘 모른다.
- 쓸데없는 고집으로 주변 사람들을 불편하게 하는 경향이 있다.
- 작은 것에 집착하다가 큰 것을 놓치는 경우가 많다.
- 자신의 생각이나 목적을 반드시 관철시키고자 한다.

(5) 수(水) 관성이 과다·태과다일 때
- 분석적이고 창의적인 분야에서 능력을 발휘한다.
- 수리력이 뛰어나며 계산적이고 신중하면서도 돌파력이 있다.
- 신경이 예민하여 조그마한 일에도 날카로워지고 감정 기복이 있다.
- 자신이 한 일에 대하여 항상 후회하거나 반성한다.
- 아이디어가 풍부하고 타인과 다른 새롭고 특별한 감각이 있다.
- 머리가 총명하고 욕망도 커서 사회적 능력이 뛰어나다.

2 관성의 직업적성 개요

- 관성은 즉흥력, 추진력이 좋다. 쉽게 사람을 사귀어서 의형제도 많다. 쉽게 일을 벌이기도 한다. 성질이 급해서 빨리 성장해야 한다. 늘 자신감이 넘치고 책임감이 있어서 자신들의 직업을 직접 선택할 수 있는 자유를 원하고, 자유로운 직업을 요구한다. 이들은 자신들의 책임을 기꺼이 다하며, 어려운 문제를 떠맡아 책임지고 해결하는 능력을 보여주는 직업을 선호한다.

- 이들은 단편적으로 보면 성공할 확률이 높다. 그러나 노력이 부족하다. 빨리 성공하고자 하는 조급함이 단점이다. 요즘은 개인의 성격이나 자질보다는 부모의 재력 같은 주위 환경이 성공에 더 유리하게 작용한다는 점에서 안타까움이 있다.

- 남자의 경우에는 정치나 사업 쪽으로 갈 확률이 높다. 일단 사업을 벌이면 망할 확률은 낮은 편이다. 북극에서 냉장고를 팔고, 아프리카에서 온풍기를 팔 수 있을 정도로 세일즈 능력이 있다. 그리고 설령 망하더라도 다시 일어설 수 있는 능력이 있다. 그러나 이들과 동업을 하는 것은 생각해봐야 한다. 회사는 반드시 성공하겠지만, 결국에는 동업자인 그에게 재산을 넘겨주게 된다고 봐야 한다.

- 관성이 많은 사람은 남을 지배한다고 생각할 때보다 「함께한다」고 생각할 때 성공 확률이 더 높다는 사실을 알아야 한다. 너무 강해 보이니 적이 많아지는 것도 단점이다. 자신은 옳은 말을 하고 있다고 생각하겠지만, 주변에서는 "저 사람은 싸가지가 없다"라는 평가가 돌고 있을 것이기 때문이다. 권력을 너무 탐하다가 자칫 좋지 않은 결말을 얻게 될 가능성도 있으니 그 점도 늘 유의해야 한다.

적절한 직업

PD, 건축가, 검사, 경제학자, 경찰, 공무원, 공장장, 과학자, 교사, 교육가, 구성작가, 군인, 내근직, 노조 지도자, 목사, 문학가, 버스운전사, 법조인, 변호사, 비평가, 사업가, 사회복지사, 상담가, 상담학자, 성격파 배우, 성직자, 세일즈맨(보험영업·자동차 판매), 소설가, 심리학자, 언론인, 연구직, 연설가, 연예인, 예술가, 운동선수, 의사, 임원, 전문경영인, 자선사업가, 정신과의사, 정치인, 정치학자, 종교인, 지도자, 탐색가, 탐험가, 택시운전사, 판사, 편집장, 학자(교수), 회사원

관성이 많은 남자가 다니던 직장을 그만두고 일식집을 차렸다. 얼마 전에 알게 된 일식 요리사와 의형제를 맺고, 의기투합해서 그를 고용하였다. 탁월한 말솜씨와 리더십으로 사람을 끌어 모으는 능력이 있으니 장사는 잘될 수 있을 것이다.

이렇게 동업을 하는 경우 본인은 카운터에 있으면서 영업하는 역할을 하면 좋다. 또 틈틈이 일식 자격증 준비를 하는 등, 요리사가 갑자기 그만둘 경우를 대비해서 직접 요리할 수 있을 정도의 실력을 갖춰두는 것도 필요하다.

혹여 가게를 연 지 얼마 되지도 않았는데 장사가 잘 안 된다고 쉽게 낙담하면 안 된다. 적어도 5년은 성공하기 위해 노력해야 한다. 관성이 많은 이들은 평생 길게 보고 할 일을 찾는 것이 중요하다.

3 관성의 직무 역량

(1) 관성의 직무 관련 특성

장점	자기 인식	목표 지향과 경향성
• 독립적이고 자유롭고자 한다. • 솔직하고 표현을 잘한다. • 순간 판단 능력이 뛰어나고 결단력이 있다. • 일이나 업무에 완벽을 추구한다. • 자기 주장이 정확하다. • 자신감 있고 언어능력이 뛰어나다. • 적극적, 활동적, 모험적이다. • 조직이나 다른 사람들을 리드한다. • 직선적이고 확실하다. • 투쟁적이고 요구가 많다.	• 나는 경쟁관계에서 반드시 승리하고 싶다. • 나는 타인의 단점을 잘 파악한다. • 나는 마음을 표현해야 한다. • 나는 성과에 완벽하게 집중한다. • 나는 업무(일) 성과에 집착한다. • 나는 용기 있고 직선적이다. • 나는 적극적이고 열정적이다. • 나는 통제당하기 싫다. • 나는 투쟁정신을 가지고 있다. • 나는 힘이 있다. 그리고 옳다.	• 나는 결과가 중요하다. • 나는 권력이 좋다. • 나는 리더가 되어야 한다. • 나는 배짱이 있다. • 나는 성공해야 한다. • 나는 언어능력이 뛰어나다. • 나는 자유가 좋다. • 나는 적극적이다. • 나는 지시해야 한다. • 나는 힘이 있다.

DAY
18

관성(官星) ─ 직업적성

● 30일에 마스터하는 사주명리학 ● 중급

잠재 역량	배워야 할 것	좋아하는 것
• 결과가 있어야 하는 사람 • 권력이 좋은 사람 • 긍정적인 사람 • 리더가 되는 사람 • 모험하는 사람 • 배짱 있는 사람 • 완벽주의인 사람 • 적극적인 사람 • 행동하는 사람 • 힘이 있는 사람	• 결과가 중요한 것이 아니다. 과정도 신경 써라. • 권력이 세상의 전부가 아님을 깨달아라. • 다른 사람들의 고민과 고통을 들어봐라. • 생각하는 시간과 반성하는 시간을 더 가져라. • 앞장서려고만 하지 말고 함께하는 법도 배워라. • 자신을 신뢰하는 만큼 상대도 신뢰하라. • 져주는 연습을 하라. • 지배하려 하지 말고 상대를 인정하라. • 타인의 지적이나 지시에 과민반응을 보이지 말고 적극적으로 수용하라. • 함께하고자 하는 마음을 가져라.	권력, 성공, 성과, 성취, 솔선수범, 투쟁적, 표현, 행동적, 힘, 힘의 판단
		싫어하는 것
		반복적인 것, 비판받는 것, 억압받는 것, 일을 제 대로 안 하는 것, 타인이 규칙을 지키지 않는 것

(2) 조직에서의 관성

적합한 조직 구성과 형태	조직의 가치와 목표	조직 적응
• 도전하고 모험하는 조직 구조 • 맡겨주고 인정해주는 조직 구조 • 수평적인 업무 구조 • 서로 토론하고 의견을 제시하는 구조 • 책임을 다할 수 있게 권력을 주는 조직 구조	• 자신감 있게 적극적으로, 과단성 있게 혁신을 주도하면서 조직을 이끌어 간다.	• 갈등이나 저항을 적극적으로 제압하는 힘 있는 환경을 선호한다. • 도전적이고 모험적인 상황에서도 적극적인 돌파력을 보여줄 수 있는 환경을 선호한다. • 배짱 있는 말재주와 논리적 언어 능력을 최대한 발휘하는 환경을 선호한다. • 사람들과 관계를 맺어가며 조직을 이끄는 환경을 선호한다. • 사람들을 리드해 나가는 환경을 선호한다. • 앞장서서 주도하는 환경을 선호한다. • 자신이 조직을 통제하고 주변 환경을 장악하는 환경을 선호한다. • 책임감 있게 조직을 이끌어 가는 환경을 선호한다.
	조직의 시간 개념	
	• 조직의 목표가 정해지면 빠르고 신속하고 적극적으로 밤을 새워서라도 업무를 완성해야 한다.	
문제해결 능력	**관성과 잘 지내는 법**	
• 강력한 리더십과 돌파력으로 문제 상황에서 능력을 발휘한다. • 복잡하게 얽혀 있거나 목표가 큰 업무 환경에서 문제해결 능력을 발휘한다. • 앞에서 조직을 이끌어 가면서 문제를 해결해야 하는 상황에서 능력을 발휘한다.	• 다양한 업무를 융합하고 통합하는 능력을 인정해야 한다. • 리더십을 인정해야 한다. • 모험이나 열정을 막지 말아야 한다. • 의견을 적극적으로 수용해야 한다. • 책임을 맡겨줘야 한다.	

원하는 환경	원하지 않는 환경
• 구성원들을 마음껏 이끌 수 있는 권력이 주어지는 환경 • 구성원들이 규칙을 잘 지키는 환경 • 독립적이고 자유로운 환경 • 많은 요구가 잘 수용되는 환경 • 솔선수범하는 구성원들이 있는 환경 • 솔직한 언행이 용납되는 환경 • 정확하고 확실한 성과가 보이는 환경	• 구성원들과 의사소통이 자유롭고, 그들의 의견을 수용하면서 인간관계를 맺어야 하는 환경 • 구성원들이 일을 제대로 하는지 확인하기 어려운 환경 • 신속한 의사결정이 어려운 환경 • 업무 성과를 정확한 수치로 인정받기 어려운 환경 • 즉각적인 성과를 확인하기 어려운 환경 • 지시를 내리기 위해서 많은 절차와 승인이 필요한 환경 • 확실한 규칙이 세워져 있지 않은 환경
장점과 능력	**단점과 보완할 점**
• 돌려 말하지 않고 솔직하게 입장표명을 한다. • 옳지 않은 일에 사람들을 대신하여 적극 반박한다. • 완벽을 추구하여 좋은 성과를 이끌어낸다. • 자신감 있는 태도로 사람들을 대해 믿음을 준다. • 적절한 규칙과 프로세스를 세운다. • 정확하고 확실하게 업무를 지시한다. • 타사, 타부서와의 경쟁에서 승리를 이끌어낸다. • 통솔력이 있어서 사람들을 잘 이끈다.	• 구성원들이 일을 잘하는지 지나치게 감시한다. • 구성원을 지배하려는 나머지 강압적이기 쉽다. • 성과가 작은 경우 구성원들의 노력마저 폄하한다. • 일이 실패했을 때 반성하기보다는 남의 잘못부터 찾는다. • 자신의 결정에 대한 반대 의견을 용납하지 않는다. • 자신의 생각과 규칙을 지키는 것에 얽매여 놓치는 것이 생긴다. • 충분한 의견 수렴 없이 독단적인 결정을 내린다.

관성(官星) — 직업적성

● 30일에 마스터하는 사주명리학 ● 중급

리더의 질문(지시)	리더의 스트레스
• 나의 권위를 인정하고 내 뒤를 따르십시오. • 내가 결정한 일의 타당성을 의심하지 마십시오. • 내가 하는 일을 지적하지 마십시오. • 당신은 나의 지시를 따를 준비가 되어 있습니까? • 맡은 일을 완벽하게 처리할 마음가짐이 되어 있습니까? • 불필요한 인간관계에 시간을 소모하지 마십시오. • 의견 대립이 있을 경우 내 주장이 우선입니다. • 정해진 규칙은 확실하게 지켜야 합니다. • 조직의 요구와 흐름을 거부하지 마십시오.	• 구성원들의 업무태도를 지나치게 의식하느라 피곤하다. • 권위가 훼손되었다고 생각되면 스트레스를 받는다. • 반대 의견이 있으면 용납하지 못하고 화가 난다. • 자신의 권위에 도전하는 2인자가 있으면 스트레스를 받는다. • 자신이 생각한 규칙과 절차를 신경 쓰느라 스트레스를 받는다.

구성원들의 스트레스
• 리더가 의견 수렴을 원활하게 하지 않는다. • 리더가 강압적인 업무 환경을 만들어 억압받는 기분이 든다. • 리더에게 합당한 반박조차 하기 어렵다. • 리더가 구성원에 대한 믿음이 없어 보여 서운하다. • 인간적이고 즐거운 업무 환경과 거리가 멀다. • 공동체 의식을 느끼기 어렵다.

19

관성(官星)
일간별 관성 발달 · 과다 · 태과다

TODAY'S POINT | 일간별 관성 발달 · 과다 · 태과다의
다양한 특성을 실제 사주와 비교하며 공부할 수 있다.

한국 현대무용의 선구자

1912년 1월 12일(양) 오전 2시

시	일	월	연
辛	丁	辛	辛 (坤)
丑	亥	丑	亥

목(木)	화(火)	토(土)	금(金)	수(水)
인성	비겁	식상	재성	관성
0개	1개	2개	3개	2개
0점	10점 (+20)	0점	30점	70점

위 사주는 정화(丁火) 일간이다. 월지의 축(丑)은 양력 1월 초순~2월 초순의 추운 겨울이니 개수
는 토(土), 점수는 수(水) 30점이다. 또한 축(丑)시는 한겨울 새벽 1시 30분에서 3시 30분 사이
이니 수(水) 15점으로 계산한다.

사주 주인공 최승희는 수(水) 관성이 70점이라서 인정욕구가 매우 강하고 총명하다. 비교당하
거나 지는 것을 싫어하기 때문에 자기 분야에서 뛰어난 능력을 발휘할 수 있다. 정화(丁火) 일간
은 예술성 표현성을, 수(水) 관성은 총명성, 리더성, 추진력을 가지고 있으며, 38세 이후 화(火)
비겁이 20년간 들어오니 화(火)의 예술성과 비겁의 인정욕구가 커져서 자신의 능력을 발휘할
수 있었다.

하지만 친일 행적과 해방 후 월북 때문에 인생 말년은 평탄하지 못했다.

DAY 19 >> 관성(官星)
일간별 관성 발달 · 과다 · 태과다

일간별 관성 발달 · 과다 · 태과다

관성 발달 · 과다 · 태과다에 해당하는 사주들의 오행 및 육친 개수와 점수, 그리고 사주 주인공의 직업적성을 분석해 놓았다. 독자들이 주변 사람들의 사주를 분석하면서 얻은 관성 사주들과 이 책의 관성 사주들을 비교하면서 앞서 공부한 관성의 다양한 특성을 실전에 활용하는 토대가 될 수 있을 것이다.

1 목(木) 일간 금(金) 관성 발달 · 과다 · 태과다

방송인

1978년 9월 19일(양) 오전 7시 40분

목(木)	화(火)	토(土)	금(金)	수(水)
비겁	식상	재성	관성	인성
1개	1개	3개	3개	0개
10점 (+20)	10점	35점	55점	0점

작가

1966년 9월 22일(양) 오후 4시

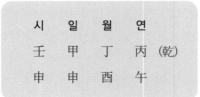

목(木)	화(火)	토(土)	금(金)	수(水)
비겁	식상	재성	관성	인성
1개	3개	0개	3개	1개
10점 (+20)	30점	0점	60점	10점

배우

1968년 9월 11일(양) 오전 8시

시	일	월	연	
戊	甲	辛	戊	(乾)
辰	申	酉	申	

목(木)	화(火)	토(土)	금(金)	수(水)
비겁	식상	재성	관성	인성
1개	0개	3개	4개	0개
10점 (+20)	0점	35점	65점	0점

기업 회장

1963년 10월 8일(양) 오후 8시

시	일	월	연	
甲	甲	辛	癸	(乾)
戌	申	酉	卯	

목(木)	화(火)	토(土)	금(金)	수(水)
비겁	식상	재성	관성	인성
3개	0개	1개	3개	1개
30점 (+20)	0점	0점	70점	10점

국회의원

1969년 11월 5일(양) 오후 8시

시	일	월	연	
甲	甲	甲	己	(乾)
戌	申	戌	酉	

술(戌)월 술(戌)시=월지 술(戌)은 토(土) 15점, 금(金) 15점, 시지 술(戌)은 금(金) 15점

목(木)	화(火)	토(土)	금(金)	수(水)
비겁	식상	재성	관성	인성
3개	0개	3개	2개	0개
30점 (+20)	0점	25점	55점	0점

백화점 사장

1972년 10월 20일(양) 오후 11시

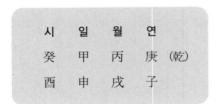

목(木)	화(火)	토(土)	금(金)	수(水)
비겁	식상	재성	관성	인성
2개	0개	1개	2개	3개
20점 (+20)	0점	15점	40점	35점

랜디 포시(Randolph Frederick Pausch, 컴퓨터공학 교수)

1960년 10월 23일(양) 오후 6시

목(木)	화(火)	토(土)	금(金)	수(水)
비겁	식상	재성	관성	인성
1개	1개	1개	3개	2개
10점 (+20)	10점	15점	55점	20점

변호사, 정치인

1984년 10월 17일(양) 오후 8시

시	일	월	연
甲	甲	甲	甲 (坤)
戌	申	戌	子

목(木)	화(火)	토(土)	금(金)	수(水)
비겁	식상	재성	관성	인성
4개	0개	2개	1개	1개
40점 (+20)	0점	15점	45점	10점

전 국무총리

1935년 9월 26일(양) 오전 2시

시	일	월	연
丁	乙	乙	乙 (乾)
丑	巳	酉	亥

목(木)	화(火)	토(土)	금(金)	수(水)
비겁	식상	재성	관성	인성
3개	2개	1개	1개	1개
30점 (+20)	25점	15점	30점	10점

농구감독

1965년 9월 28일(양) 오후 6시

시	일	월	연
乙	乙	乙	乙 (乾)
酉	酉	酉	巳

목(木)	화(火)	토(土)	금(金)	수(水)
비겁	식상	재성	관성	인성
4개	1개	0개	3개	0개
40점 (+20)	10점	0점	60점	0점

가수

1989년 9월 22일(양) 오후 6시

시	일	월	연
乙	乙	癸	己 (坤)
酉	酉	酉	巳

목(木)	화(火)	토(土)	금(金)	수(水)
비겁	식상	재성	관성	인성
2개	1개	1개	3개	1개
20점 (+20)	10점	10점	60점	10점

2 화(火) 일간 수(水) 관성 발달 · 과다 · 태과다

환경운동가

2003년 1월 3일(양) 오후 8시

시	일	월	연	
戊	丙	壬	壬	(坤)
戌	子	子	午	

목(木)	화(火)	토(土)	금(金)	수(水)
인성	비겁	식상	재성	관성
0개	2개	2개	0개	4개
0점	20점 (+20)	25점	0점	65점

목사

1945년 1월 7일(양) 오전 8시

시	일	월	연	
壬	丙	丁	甲	(乾)
辰	子	丑	申	

목(木)	화(火)	토(土)	금(金)	수(水)
인성	비겁	식상	재성	관성
1개	2개	2개	1개	2개
10점	20점 (+20)	15점	10점	55점

사업가

1977년 1월 19일(양) 오전 1시

시	일	월	연	
戊	丙	辛	丙	(乾)
子	子	丑	辰	

목(木)	화(火)	토(土)	금(金)	수(水)
인성	비겁	식상	재성	관성
0개	2개	3개	1개	2개
0점	20점 (+20)	20점	10점	60점

영화평론가

1968년 1월 7일(양) 낮 12시

시	일	월	연
甲	丙	癸	丁 (乾)
午	子	丑	未

목(木)	화(火)	토(土)	금(金)	수(水)
인성	비겁	식상	재성	관성
1개	3개	2개	0개	2개
10점	35점 (+20)점	10점	0점	55점

가수

1996년 2월 9일(양) 오후 1시 40분

월지 인(寅)=개수는 목(木), 양력 2월 초순~3월 초순 이므로 수(水) 30점

시	일	월	연
乙	丙	庚	丙 (坤)
未	子	寅	子

목(木)	화(火)	토(土)	금(金)	수(水)
인성	비겁	식상	재성	관성
2개	2개	1개	1개	2개
10점	20점 (+20)	15점	10점	55점

전 복싱 국가대표

1984년 2월 12일(양) 오전 5시

인(寅)월 인(寅)시=월지 인(寅)은 수(水) 30점, 시지 인(寅)은 수(水) 15점

시	일	월	연
庚	丙	丙	甲 (乾)
寅	子	寅	子

목(木)	화(火)	토(土)	금(金)	수(水)
인성	비겁	식상	재성	관성
3개	2개	0개	1개	2개
10점	20점 (+20)	0점	10점	70점

씨름 선수(천하장사)

1972년 2월 15일(양) 오전 8시

시	일	월	연	
壬	丙	壬	壬	(乾)
辰	子	寅	子	

목(木)	화(火)	토(土)	금(金)	수(水)
인성	비겁	식상	재성	관성
1개	1개	1개	0개	5개
0점	10점 (+20)	15점	0점	85점

이율곡

1536년 12월 26일(음) 진(辰)시

시	일	월	연	
壬	丁	辛	丙	(乾)
辰	未	丑	申	

목(木)	화(火)	토(土)	금(金)	수(水)
인성	비겁	식상	재성	관성
0개	2개	3개	2개	1개
0점	20점 (+20)	30점	20점	40점

유성룡

1542년 10월 1일(음) 진(辰)시

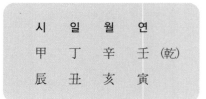

시	일	월	연	
甲	丁	辛	壬	(乾)
辰	丑	亥	寅	

목(木)	화(火)	토(土)	금(金)	수(水)
인성	비겁	식상	재성	관성
2개	1개	2개	1개	2개
20점	10점 (+20)	30점	10점	40점

기업 회장

1962년 2월 18일(양) 낮 12시

시	일	월	연	
丙	丁	壬	壬	(乾)
午	亥	寅	寅	

목(木)	화(火)	토(土)	금(金)	수(水)
인성	비겁	식상	재성	관성
2개	3개	0개	0개	3개
10점	35점 (+20)	0점	0점	65점

가수

1953년 2월 5일(양) 오전 4시

시	일	월	연	
壬	丁	甲	癸	(乾)
寅	亥	寅	巳	

목(木)	화(火)	토(土)	금(金)	수(水)
인성	비겁	식상	재성	관성
3개	2개	0개	0개	3개
10점	20점 (+20)	0점	0점	80점

3   토(土) 일간 목(木) 관성 발달 · 과다 · 태과다

연극 기획자

1990년 3월 14일(양) 오후 4시

시	일	월	연	
庚	戊	己	庚	(坤)
申	寅	卯	午	

목(木)	화(火)	토(土)	금(金)	수(水)
관성	인성	비겁	식상	재성
2개	1개	2개	3개	0개
45점	10점	20점 (+20)	35점	0점

배우

1986년 4월 4일(양) 오전 0시 40분

	시	일	월	연	
	壬	戊	辛	丙	(乾)
	子	寅	卯	寅	

목(木)	화(火)	토(土)	금(金)	수(水)
관성	인성	비겁	식상	재성
3개	1개	1개	1개	2개
55점	10점	10점 (+20)	10점	25점

김흥호(전 대학교수, 목사)

1919년 3월 27일(양) 낮 12시

	시	일	월	연	
	戊	戊	丁	己	(乾)
	午	寅	卯	未	

목(木)	화(火)	토(土)	금(金)	수(水)
관성	인성	비겁	식상	재성
2개	2개	4개	0개	0개
45점	25점	40점 (+20)	0점	0점

개그맨

1964년 3월 30일(양) 오전 6시

	시	일	월	연	
	乙	戊	丁	甲	(乾)
	卯	寅	卯	辰	

목(木)	화(火)	토(土)	금(金)	수(水)
관성	인성	비겁	식상	재성
5개	1개	2개	0개	0개
80점	10점	20점 (+20)	0점	0점

치어리더

1994년 4월 22일(양) 낮 12시

시	일	월	연
戊	戊	戊	甲 (坤)
午	寅	辰	戌

목(木)	화(火)	토(土)	금(金)	수(水)
관성	인성	비겁	식상	재성
2개	1개	5개	0개	0개
40점	15점	55점 (+20)	0점	0점

가수

1992년 5월 2일(양) 오전 1시

시	일	월	연
壬	戊	甲	壬 (坤)
子	寅	辰	申

목(木)	화(火)	토(土)	금(金)	수(水)
관성	인성	비겁	식상	재성
2개	0개	2개	1개	3개
40점	0점	25점 (+20)	10점	35점

기업 회장

1935년 5월 2일(양) 오전 6시

시	일	월	연
乙	戊	庚	乙 (乾)
卯	寅	辰	亥

목(木)	화(火)	토(土)	금(金)	수(水)
관성	인성	비겁	식상	재성
4개	0개	2개	1개	1개
65점	0점	25점 (+20)	10점	10점

가수

1986년 4월 4일(양) 낮 12시

시	일	월	연	
戊	戊	辛	丙	(乾)
午	寅	卯	寅	

목(木)	화(火)	토(土)	금(金)	수(水)
관성	인성	비겁	식상	재성
3개	2개	2개	1개	0개
55점	25점	20점 (+20)	10점	0점

영화배우

1955년 3월 19일(양) 오전 6시

시	일	월	연	
丁	己	己	乙	(乾)
卯	卯	卯	未	

목(木)	화(火)	토(土)	금(金)	수(水)
관성	인성	비겁	식상	재성
4개	1개	3개	0개	0개
70점	10점	30점 (+20)	0점	0점

4 금(金) 일간 화(火) 관성 발달 · 과다 · 태과다

가수

1978년 5월 8일(양) 낮 12시

시	일	월	연	
壬	庚	丁	戊	(乾)
午	午	巳	午	

목(木)	화(火)	토(土)	금(金)	수(水)
재성	관성	인성	비겁	식상
0개	5개	1개	1개	1개
0점	80점	10점	10점 (+20)	10점

가수

1977년 5월 13일(양) 오후 6시

시	일	월	연
乙	庚	乙	丁 (乾)
酉	午	巳	巳

목(木)	화(火)	토(土)	금(金)	수(水)
재성	관성	인성	비겁	식상
2개	4개	0개	2개	0개
20점	65점	0점	25점 (+20)	0점

철학자

1948년 6월 14일(양) 낮 12시

시	일	월	연
壬	庚	戊	戊 (乾)
午	午	午	子

목(木)	화(火)	토(土)	금(金)	수(水)
재성	관성	인성	비겁	식상
0개	3개	2개	1개	2개
0점	60점	20점	10점 (+20)	20점

앨런 튜링(수학자, 물리학자)

1912년 6월 23일(양) 낮 12시

시	일	월	연
壬	庚	丙	壬 (乾)
午	午	午	子

목(木)	화(火)	토(土)	금(金)	수(水)
재성	관성	인성	비겁	식상
0개	4개	0개	1개	3개
0점	70점	0점	10점 (+20)	30점

영화감독

1936년 6월 17일(양) 낮 12시

시	일	월	연	(乾)
壬	庚	甲	丙	
午	午	午	子	

목(木)	화(火)	토(土)	금(金)	수(水)
재성	관성	인성	비겁	식상
1개	4개	0개	1개	2개
10점	70점	0점	10점 (+20)	20점

격투기 선수

1988년 7월 14일(양) 오후 1시

시	일	월	연	(乾)
壬	庚	己	戊	
午	午	未	辰	

월지 미(未)=개수는 토(土), 양력 7월 초순~8월 초순이므로 화(火) 30점

목(木)	화(火)	토(土)	금(金)	수(水)
재성	관성	인성	비겁	식상
0개	2개	4개	1개	1개
0점	60점	30점	10점 (+20)	10점

경제평론가

1977년 7월 12일(양) 낮 12시

시	일	월	연	(乾)
壬	庚	丁	丁	
午	午	未	巳	

목(木)	화(火)	토(土)	금(金)	수(水)
재성	관성	인성	비겁	식상
0개	5개	1개	1개	1개
0점	90점	0점	10점 (+20)	10점

영화배우

1975년 6월 4일(양) 오후 2시

시	일	월	연	
乙	辛	辛	乙	(坤)
未	巳	巳	卯	

목(木)	화(火)	토(土)	금(金)	수(水)
재성	관성	인성	비겁	식상
3개	2개	1개	2개	0개
30점	60점	0점	20점 (+20)	0점

스님

1954년 5월 25일(양) 오후 4시

시	일	월	연	
丙	辛	己	甲	(乾)
申	巳	巳	午	

월지가 화(火) 30점인 신(申)시=개수는 금(金), 점수는 화(火) 15점

목(木)	화(火)	토(土)	금(金)	수(水)
재성	관성	인성	비겁	식상
1개	4개	1개	2개	0개
10점	80점	10점	10점 (+20)	0점

영화배우

1930년 5월 31일(양) 낮 12시

시	일	월	연	
甲	辛	辛	庚	(乾)
午	巳	巳	午	

목(木)	화(火)	토(土)	금(金)	수(水)
재성	관성	인성	비겁	식상
1개	4개	0개	3개	0개
10점	70점	0점	30점 (+20)	0점

이방원(태종)

1367년 5월16일(음) 술(戌)시

시	일	월	연	
戊	辛	丙	丁	(乾)
戌	卯	午	未	

목(木)	화(火)	토(土)	금(金)	수(水)
재성	관성	인성	비겁	식상
1개	3개	3개	1개	0개
15점	50점	35점	10점 (+20)	0점

전 장관

1959년 7월 28일(양) 오(午)시

시	일	월	연	
甲	辛	辛	己	(乾)
午	亥	未	亥	

목(木)	화(火)	토(土)	금(金)	수(水)
재성	관성	인성	비겁	식상
1개	1개	2개	2개	2개
10점	45점	10점	20점 (+20)	25점

마거릿 대처(Margaret Thatcher, 전 영국 수상)

1925년 10월 13일(양) 낮 12시

월지 술(戌)=개수는 토(土), 양력 10월 초순~11월 초순이므로 토(土) 15점, 금(金) 15점

시	일	월	연	
壬	庚	丙	乙	(坤)
午	午	戌	丑	

목(木)	화(火)	토(土)	금(金)	수(水)
재성	관성	인성	비겁	식상
1개	3개	2개	1개	1개
10점	40점	25점	25점 (+20)	10점

가수

1968년 6월 29일(양) 오후 2시

시	일	월	연	
癸	庚	戊	戊	(乾)
未	午	午	申	

오(午)월 미(未)시=여름 낮 1시 30분~3시 30분이므로 화(火) 15점

목(木)	화(火)	토(土)	금(金)	수(水)
재성	관성	인성	비겁	식상
0개	2개	3개	2개	1개
0점	60점	20점	20점 (+20)	10점

5 수(水) 일간 토(土) 관성 발달 · 과다 · 태과다

아나운서, 변호사

1982년 3월 10일(양) 오후 9시

시	일	월	연	
庚	壬	癸	壬	(乾)
戌	辰	卯	戌	

목(木)	화(火)	토(土)	금(金)	수(水)
식상	재성	관성	인성	비겁
1개	0개	3개	1개	3개
30점	0점	40점	10점	30점 (+20)

전 앵커, 정치인

1970년 4월 12일(양) 오후 8시

시	일	월	연	
庚	壬	庚	庚	(乾)
戌	戌	辰	戌	

목(木)	화(火)	토(土)	금(金)	수(水)
식상	재성	관성	인성	비겁
0개	0개	4개	3개	1개
15점	0점	55점	30점	10점 (+20)

복싱 선수

1994년 4월 6일(양) 오전 9시

시	일	월	연	
甲	壬	戊	甲	(坤)
辰	戌	辰	戌	

진(辰)월 진(辰)시=월지 진(辰)은 목(木) 15점, 토(土) 15점, 시지 진(辰)은 목(木) 15점

목(木)	화(火)	토(土)	금(金)	수(水)
식상	재성	관성	인성	비겁
2개	0개	5개	0개	1개
50점	0점	50점	0점	10점 (+20)

배우

1976년 4월 10일(양) 오전 8시

시	일	월	연	
甲	壬	壬	丙	(坤)
辰	辰	辰	辰	

목(木)	화(火)	토(土)	금(金)	수(水)
식상	재성	관성	인성	비겁
1개	1개	4개	0개	2개
40점	10점	40점	0점	20점 (+20)

마이크로소프트 창업자

1955년 10월 28일(양) 오전 10시

시	일	월	연	
乙	壬	丙	乙	(乾)
巳	戌	戌	未	

목(木)	화(火)	토(土)	금(金)	수(水)
식상	재성	관성	인성	비겁
2개	2개	3개	0개	1개
20점	25점	40점	15점	10점 (+20)

이강환(조폭 두목)

1943년 10월 31일(양) 오후 8시

시	일	월	연
庚	壬	壬	癸 (乾)
戌	戌	戌	未

술(戌)월 술(戌)시=월지 술(戌)은 토(土) 15점, 금(金) 15점, 시지 술(戌)은 금(金) 15점

목(木)	화(火)	토(土)	금(金)	수(水)
식상	재성	관성	인성	비겁
0개	0개	4개	1개	3개
0점	0점	40점	40점	30점 (+20)

미국 사회단체 이사장

1970년 10월 9일(양) 오후 8시

시	일	월	연
庚	壬	丙	庚 (坤)
戌	戌	戌	戌

목(木)	화(火)	토(土)	금(金)	수(水)
식상	재성	관성	인성	비겁
0개	1개	4개	2개	1개
0점	10점	40점	50점	10점 (+20)

세종대왕

1397년 4월 10일(음) 진(辰)시

시	일	월	연
甲	壬	乙	丁 (乾)
辰	辰	巳	丑

목(木)	화(火)	토(土)	금(金)	수(水)
식상	재성	관성	인성	비겁
2개	2개	3개	0개	1개
20점	40점	40점	0점	10점 (+20)

관성(官星) — 일간별 관성 발달 · 과다 · 태과다 ● 30일에 마스터하는 사주명리학 ● 중급

전 국회의장

1945년 4월 14일(양) 오후 2시

시	일	월	연	
己	癸	庚	乙	(乾)
未	丑	辰	酉	

목(木)	화(火)	토(土)	금(金)	수(水)
식상	재성	관성	인성	비겁
1개	0개	4개	2개	1개
25점	0점	55점	20점	10점 (+20)

프로골퍼

1988년 4월 28일(양) 오후 2시

시	일	월	연	
己	癸	丙	戊	(坤)
未	丑	辰	辰	

목(木)	화(火)	토(土)	금(金)	수(水)
식상	재성	관성	인성	비겁
0개	1개	6개	0개	1개
15점	10점	75점	0점	10점 (+20)

배우

1974년 10월 9일(양) 오후 4시

시	일	월	연	
庚	癸	甲	甲	(乾)
申	未	戌	寅	

목(木)	화(火)	토(土)	금(金)	수(水)
식상	재성	관성	인성	비겁
3개	0개	2개	2개	1개
30점	0점	30점	40점	10점 (+20)

20

인성(印星)
가족관계와 사회관계

TODAY'S POINT | 인성(편인+정인)은 충성하는 유형이다.

인성은 부모와 가족의 사랑을 받는다

인성(편인+정인)은 일간을 생하는 오행을 말한다. 태과다, 과다, 발달, 고립, 무존재로 나뉘는데, 기질이나 직무 역량, 직업적성 등의 특성은 태과다, 과다, 발달 순서로 나타난다. 태과다는 배짱이 크고, 모험심이 강하며 욕망이 많다. 다만 각 육친의 성격에 따라 배짱, 모험심, 욕망의 차이가 있다. 고립이나 무존재는 무시하고 무감각하게 살아가면 좋으나, 집착하거나 욕심을 내면 사건 사고가 생길 수 있다. 발달은 인성의 긍정적인 능력을 발휘할 가능성이 높고, 과다는 인성의 긍정적인 능력과 부정적인 능력이 공존한다. 인성 과다에서 부모와 가족의 사랑, 유산상속, 부동산복, 연구 분야에서의 능력은 긍정적일 가능성이 높다.

여기에 인성이 많은 자녀를 둔 부모가 있다. 부모는 아이가 늘 안쓰럽고 어떻게든 조금이라도 더 해주고 싶어한다. 아이는 부모에게 사랑받기 위해서 어떻게 해야 하는지 본능적으로 알고 있다. 말대꾸를 하지 않고, 불쌍해 보이고, 부모의 도움이 없이는 살아가기 어려운 것처럼 보이려 한다.

부모는 아이를 적극적으로 뒷바라지한다. 학교에 자주 찾아가며 반장, 회장을 하는 데에도 도움을 준다. 여러 대외활동을 시키면서 진학에 필요한 스펙도 다 만들어준다. 부모가 하라는 대로 아이도 잘 따르니 성적도 좋다. 그런데 아이는 부모가 시키는 일만 잘하는 사람이 되고 있다. 익숙하지 않은 환경, 즉 스스로 무언가 해야 하는 환경에서는 당황하여 제 기량도 제대로 발휘하지 못하게 되는 것이다.

인성의 사회성

① 인성은 가족이나 주변 사람들의 사랑을 받으면서 관계를 맺어가는 것이다.
② 인성은 지식이나 끼를 가지고 연구와 연습을 지속해 나가는 것이다.

인성은 조직이나 사람에 대한 애정과 충성심이 있다.

인성은 차분하고 침착하고 깔끔한 스타일이며, 여유 있고 부드러운 미소를 띤 듯한 표정을 가지고 있다.

인성은 쓸데없는 에너지를 낭비하고 싶지 않기 때문에 감정을 절제하고 합리적으로 대하려고 노력한다.

인성은 함부로 판단하거나 섣불리 행동하지 않으며, 늘 신중하고 객관적으로 세상을 바라보려고 노력한다.

인성은 조직이나 가까운 사람들에게는 신뢰를 주려고 노력하며, 그들에게 자신을 맞추고 의존하려고 한다.

인성은 절약정신이 있고 인색하다. 지적인 활동이든 육체적 활동이든 에너지를 최소한으로 소비하면서 최대한의 에너지를 얻고자 끊임없이 노력한다.

인성은 풍족하고 여유로운 삶을 살더라도 최소한의 물건이나 살림만으로 생활을 하고, 한번 들어온 것은 자신의 품에서 내보내지 않는 편이다.

인성은 타인과 정보공유나 지식공유도 쉽게 하지 않으며, 가지고 있는 지식도 늘 부족하다고 생각하여 끊임없이 탐색하고 수집한다.

인성은 조직이나 가까운 사람들의 도움을 받고 사랑을 받는다.

인성은 가족이나 자신이 인정한 사람에 대해서는 정이 많고 다정다감하며, 최선의 사랑을 베푼다. 하지만 가족 외나 조직 외의 사람들에게는 자기 본위적이고 이기적이며, 예민하고 실용적이고 인색하다.

인성은 의존적이고 배짱과 열정이 약하기 때문에 마마보이, 마마걸의 기질이 강하다.

인성은 안정적이고 평화주의자이기 때문에 갈등을 회피한다.

인성은 성공과 명예에 대한 갈망이 매우 크고, 성공과 명예를 얻고자 끈기 있게 밀고 나간다.

인성은 어릴 적부터 받는 것에 익숙하고 인정을 받고 자라서 자기 본위, 자기중심적 경향이 강하다.

인성은 자기 제일주의와 자기 우월감이 있다. 주변 사람들에게 사랑받고 존중받아야 한다고 생각한다.

인성은 감각이 예민하고 영감이 뛰어나고 촉이 빠르다.

인성은 꾸준히 끈기 있게 연구하거나 공부하거나 연습하고, 그로 인해 박학다식한 사람이 된다.

DAY 20 >> 인성(印星)
가족관계와 사회관계

1 인성의 가족관계

(1) 인성 자녀의 유형

- 이 유형의 아이들은 대부분 안정감을 느끼기 위해 매사에 바른 생활을 한다. 의존적인 아이들은 잠자리에 들 시간, 또는 자다가 한밤중에 일어나 불안해하기도 한다. 아이가 잠자리에서 불안해하면 부모는 곁을 지키거나 같이 자려고 하는데, 오히려 아이에게 좋지 않은 결과가 생길 수 있다.

- 그 이유는 중간에 부모가 곁을 떠나면 아이는 더 불안해하고, 같이 자면 계속해서 부모가 곁에 있어 주길 원하기 때문이다. 아이가 잠자리에서 불안해하면 불을 켜주거나 또는 껴안아주거나 왜 불안해하는지 이야기하고 다독여주는 방법이 좋다. 또한 아이가 자기만의 방식으로 불안을 해소하는 방법을 찾도록 격려해야 한다.

- 때때로 이 아이들은 어떤 음식을 먹어야 하고 또 어떤 음식을 먹지 말아야 하는지 고민하고, 자기가 먹은 음식 때문에 잘못되지 않을까 불안해한다. 부모는 이들이 안심하고 먹을 수 있도록 음식에 신경 써야 한다. 먹기 싫어하는 음식을 강요하거나 음식을 먹이기 위해 포장하지 말아야 한다. 또한 식사시간에 부모가 다투거나 여러 가지 일로 분위기를 가라앉게 만들지 말고 차분하면서도 유쾌하게 만들 필요가 있다.

- 이들은 아침에 일어나 입고 갈 적당한 옷을 고르거나 준비물을 꼼꼼하게 챙기다가 학교에 늦기도 한다. 늘 걱정이 앞서고, 조금이라도 실수하는 것을 창피하게 생각한다. 그러므로 준비물과 입을 옷은 저녁에 미리 챙겨두는 것이 좋다. 또한 등교시간을 너무 정확하게 지키라고 강요하거나 지나친 부담을 주는 것도 안 좋다.

- 이 아이들은 공부와 학교생활에 충실하고, 자신을 보호해주는 선생님을 기쁘게 해주려고 애쓴다. 그러나 어울리는 친구가 함께 있거나 특별하게 여기는 친구가 같이 있으면 계획, 조사 같은 작업을 소홀히 할 수 있다. 아이가 학교에서 돌아오면 곧바로 숙제를 먼저 하도록 도와주어야 한다.

- 한편 이 유형의 아이들은 타인을 「나를 도와줘야 하는 사람」이라고 생각하는 경향이 크다. 바꿔 말하면 스스로를 「대접받아야 하는 사람」이라고 생각한다는 의미이다. 따라서 누군가의 도움을 받는 것에 부담을 느끼기보다 그것을 당연하고 자연스럽게 여기는 편이다.

- 어떻게 하면 부모의 사랑을 많이 받을 수 있는지 잘 아는 타입이기도 하다. 그래서 이 유형의 아이들은 대개 부모의 말을 잘 듣고, 지시에 잘 따른다. 사랑받기 위해 착하고 순종적인 태도를 취한다. 부모에게 복종하고, 의존하고, 마음껏 기댄다. 부모 입장에서는 고분고분한 아이가 예쁘고, 그래서 더욱 잘해주고 싶은 마음이 든다. 인성이 많은 아이가 잘못을 하면 부모는 아이를 혼내기만 하는 게 아니라 부모 스스로를 탓할 정도다. 그리고 아이가 부모를 위해 조금만 잘해줘도 부모는 크게 감동받는다.

- 이 유형의 아이들은 어려운 일이 있으면 속으로 삭이지 않고 부모에게 다 털어놓으며 하소연한다. 일부러 그러는 게 아니라 체질적으로 불쌍해 보이게 행동하는 것이다. 부모는 모성본능이 발동하여 아이가 하는 행동 하나하나가 늘 안타깝고, 사랑을 더 주고 싶고, 이미 준 것이 많은데도 또 줄 것이 없는지 살펴보게 된다. 그래서 이 유형은 부모 입장에서는 효자, 효녀이며, 다른 형제들에 비해 유산상속도 많이 받는다. 이들의 별명은 「캥거루맘의 아이들」이다.

- 부모뿐만 아니라 형제자매 등 다른 가족들의 집중적인 사랑을 받기도 한다. 아이는 아무리받은 것이 많아도 적당하다고 생각하지 않고 계속 받아낸다. 성인이 된 이후에도 자신이 받아낼 것이 많은 「능력 있는 사람」을 배우자로 선택하는 경우가 많다.

- 유명한 대기업 회장 A도 이 유형이다. 아들이 없는 큰아버지 집에서 조카인 A를 양자로 삼았다. 큰아버지 입장에서 인다(印多)인 A가 사랑스럽고, 또 인다는 인색한 면이 있어서 돈을 아껴 쓰기도 하니 보기에도 믿음직스럽고 사업가 같은 느낌도 있었을 것이다.

- 한편 인성이 많은 아이는 의존적이면서도 은근히 모험적인 면이 존재하기도 한다. 어른들에게 칭찬만 많이 받고 비판을 받은 경험이 거의 없으니, 은근한 자신감이 생기는 경우다. 평소에 주로 어떤 칭찬을 많이 받았는지에 따라 도전정신이 다양하게 나타날 수 있다.

- 인성이 많은 아이의 부모는 「캥거루맘」이 되기 쉽다. 부모가 앞장서서 아이의 스펙을 만들어주려 하고, 아이도 그것을 받아들인다. 과거에는 연예, 예술, 방송 분야에서 활동하는 사람의 사주에 도화가 많은 경우가 대부분이었다면, 최근에는 부모의 뒷바라지 덕에 성공하는 경우가 많다. 「국민 여동생」으로 온 국민의 사랑을 받은 운동선수 B도 이런 경우다. 본인이 타고난 천부적인 재능이 있었으나, 어머니의 적극적인 지원이 없었다면 세계적인 선수가 되는 것은 불가능했을 것이다. 인성이 많으니 부모뿐만 아니라 온 국민이 모두 B를 사랑스러워하며 애지중지한다.

- 그에 비해 인성이 고립된 자녀의 경우를 보자. 인성이 고립된 아이는 부모의 사랑을 받지 못한다. 부모의 눈에는 이 아이가 하는 행동마다 마음에 들지 않는다. 아이는 사랑받고 싶은

마음에 늘 부모를 바라보지만, 원하는 만큼 사랑받지 못한다. 설령 사랑받는다 해도 본인은 충분히 사랑받지 못한다고 생각한다. 그래서 부모와 대립하게 되는 경우가 많다.

- 인성이 고립된 아이들은 사춘기에 재성과 관성이 들어오면 불리하다. 자신이 사랑받지 못한다고 생각하는데 재성과 관성이 들어오면, 자칫 잘못된 방향으로 비뚤어질 수 있다. 부모와 선생님을 이기려 하여 관계가 틀어지는 것이다.

- 인성이 고립된 아이는 부모 입장에서 마음에 들지 않고, 하는 행동마다 부모에게 스트레스다. 인성 고립과 인성 과다(태과다)가 있을 때 부모는 무조건 인성 과다(태과다)가 훨씬 애처롭고 사랑스럽고 정이 가고 보살펴주고 싶은 생각이 든다. 인성 고립에 재성이 많으면「부모복」이 떨어진다고 한다. 이 경우는 인복과 재성복이 둘 다 없다.

- 반면 무인성 자녀의 경우, 부모는 아이에게 사랑을 듬뿍 주지만 아이는 부모에게 사랑을 주지 않는다. 무인성인 아이는 부모에게 의존하지 않으며, 독립적인 성향을 띤다. 부모가 무엇을 준다고 무조건 받지 않고 선별적으로 받아들이며, 그것도 본인이 원할 때만 받으려고 한다. 부모가 사랑을 주는 것을 불필요한 간섭, 참견, 잔소리로 여기는 경향도 크다.

- 무인성 자녀는 되도록 지나친 간섭 없이 믿고 맡겨주며, 뒤에서 은근하게 뒷바라지만 해주길 바란다. 부모 입장에서는 아이에게 원 없이 주고 싶은데 아이가 받지 않으니 힘들고 속상하다. 그래서 엉뚱한 곳에서 갈등이 생긴다. 이들의 별명은「헬리콥터맘의 아이들」이다.

EXAMPLE

1. 아이가 등교한 동안 비가 올 때
아이들이 학교에 가 있는 동안 갑자기 비가 온다. 부모는 먼 학교에 가 있는 인성 고립 아이가 아니라, 집 근처 학교에 가 있는 인다 아이에게 우산을 들고 뛰어간다. 인다 아이가 비를 맞고 올 생각을 하면 너무 애처롭고 안타깝기에 어쩔 수 없다.

2. 선물을 사줄 때
① 인성이 많은 아이 : 아이가 선물을 받고 무척 좋아한다. 부모는 그 모습이 예쁘고 애처로워서 앞으로도 더 사줘야겠다고 마음먹는다.
② 인성이 고립된 아이 : 아이는 좋아하고 앞으로도 선물을 받기를 바라지만, 부모는 '앞으로는 그런 선물을 안 줘도 이 아이는 괜찮을 거야'라고 생각한다.
③ 무인성인 아이 : 부모는 아이 주위를 돌면서 필요한 것이 무엇인지 파악하여 선물을 사주었다. 그러나 아이는 오히려 귀찮게 간섭한다는 기분이 들어 썩 좋아하지 않는다. '내가 원할 때, 원하는 거나 사주면 좋겠다'라고 생각한다.

3. 아이에게 사춘기가 왔을 때

① 인성이 많은 아이 : 부모의 많은 관심으로 사춘기가 심하게 찾아오지 않는 경우가 많다. 사춘기가 온다 해도 부모는 아이를 애처롭게 바라보며 정성껏 돌본다. 아이도 부모의 사랑을 받기 위해 노력하여 사춘기에서 금방 벗어날 수 있다.

② 인성이 고립된 아이 : 부모의 관심이 없는 상황이니 사랑에 목말라 사춘기 방황이 더 심해질 수 있다. 자신을 인정해주고 사랑해주는 주변의 또래집단 등으로 눈을 돌리게 되며, 공부와도 점점 더 멀어진다.

③ 무인성인 아이 : 자신에 대한 부모의 사랑이 간섭과 지적이라고 생각한다. 부모는 아이가 늘 사랑스럽고 애달파서 주변을 맴돌지만, 아이는 독립적이고 싶어하므로 자칫 사이가 더 멀어질 수 있다.

(2) 인성 자녀의 양육방법

• 인성 아이들은 어릴 적에는 두려움이 많기 때문에 의존하려고 하며, 생각이 많고 누군가가 나를 주목해주길 원한다. 그러다 보니 늘 생각하고 저장하고 걱정하고 두려워하고 안정적인 것을 좋아한다.

• 이 아이들은 세상은 다양하고 복잡하기 때문에 가족이나 친구가 내 곁에 늘 있어야 한다고 생각한다. 이들은 세상을 더 자세히 관찰하고 더 오래도록 지켜보므로 다른 사람이 보지 못하는 것까지 볼 수 있는 능력이 있다.

• 이 아이들은 예상치 않은 변화나 변동을 두려워하며, 어느 정도 준비되어 있어야 한다. 그러므로 큰 틀에서 부모가 함께 계획을 세워주고 정리해주는 것이 좋다. 부모 입장에서는 이 아이들이 물가에 내놓은 것처럼 불안하게 생각될 때가 있을 것이다. 그러다 보니 매사 간섭하고 직접 부모가 나서서 해결해주게 된다. 하지만 이는 아이들의 자립심이나 독립심, 스스로 해나갈 수 있는 힘을 길러주지 못할 뿐만 아니라 부모에게 의지하고 의존하는 습관이 들게 할 수도 있다.

• 인성이 많은 아이들은 스무 살 이전까지는 칭찬 등 긍정적인 피드백을 아끼지 않는 것이 중요하다. 아이도 부모의 칭찬과 사랑을 받기 위해 모범적인 생활을 하고 더욱 열심히 공부할 것이다.

• 그러나 긍정적인 피드백과 과보호는 엄연히 다르다. 부모의 과보호가 반복되면 아이는 예상치 못한 변화를 두려워하게 된다. 유치원이나 학교에 등교하면서 선생님이 자신에게 할 수

없는 일들을 요구할까봐 걱정하고, 경쟁에서 지거나 새로운 아이와 갈등을 겪을까봐 새로운 공간이 두려울 수도 있다. 그러므로 이 아이들에게는 자신의 일은 자신이 해나갈 수 있도록 큰 틀에서만 지켜주고, 나머지 일은 직접 할 수 있도록 환경을 조성해주어야 한다.

- 요즘은 이 유형의 아이들이 학교에서 임원을 많이 맡는다. 부모의 사랑이 집중되니 그 지원을 발판으로 임원이 되는 것이다. 이 아이들은 사춘기에 재성과 관성이 들어와도 반장, 회장을 맡을 수 있다.

- 요즘은 외동 자녀와 늦둥이가 많기 때문에 아이에게 지극정성으로 아이가 원하는 것을 다 해주는 부모가 많아졌다. 뒷바라지를 정성스럽게 하고 지원을 아끼지 않는다. 낮은 출산율과 늦은 출산 연령이 인다(印多) 부모와 자녀를 만드는 셈이다. 그리고 인성이 많은 유형은 어찌 보면 현대 사회에서는 생존하기에 가장 유리한 유형이라고 할 수 있을 것이다.

> **EXAMPLE**
>
> 인성이 많은 오빠를 둔 여동생이 있다. 여동생은 오빠만 감싸고 도는 부모님이 통 이해되지 않는다. 지난 명절에도 자신은 비싼 과일바구니를 들고 갔지만, 부모님이 더 반긴 것은 오빠가 비닐봉지에 담아 온 사과 몇 알이었다. 자신이 보기에는 오빠도 직장 생활을 하며 월급을 꼬박꼬박 잘 받는 멀쩡한 회사원인데, 부모님은 늘 그런 오빠를 안쓰럽게 생각한다. 어릴 때부터 똑같은 수고를 해도 자기가 하는 것은 당연한 것이었고, 오빠가 하는 것은 대단한 일이었다. 도무지 이해되지 않아서 부모님에게 섭섭함을 토로해도 부모님은 "불쌍한 걸 어쩌니"라며 끝까지 오빠를 두둔한다.

(3) 인성 부모의 특성

- 인성 부모는 섬세하고 자상하고 조심스럽다. 작은 부분에도 늘 신경 써주고 관심을 기울이며, 언제나 조언을 해주기도 한다. 특히 자녀에게 매우 충실하고 적극적으로 보호한다.

- 그러나 세상은 늘 위험이 있다고 생각하다 보니 걱정이 많고, 두려움이 많은 부모 입장에선 자녀들의 행동에 일일이 간섭하게 된다. 아이가 학교생활을 잘 해내고 있을지 늘 걱정하고 확인하고 싶어하며, 학교에도 자주 발걸음을 한다.

- 대개 어머니들이 치맛바람을 일으킨다고 하지만, 인성이 많은 부모의 경우 아버지도 만만치 않다. 그래서 인성이 아주 과다한 부모는 자녀를 피곤하게 만드는 경향이 있다. 따라서 이들 부모 밑에서 자란 아이들은 성인이 된 후 부모가 지나치게 자상하였거나 엄격하였으며,

작은 일에도 모두 간섭하려 하고, 자신에 대한 기대가 너무 컸다고 말한다.

- 인성이 많은 부모는 자칫 자녀에게 휘둘리기 쉽다. 특히 무인성인 아이는 부모가 자신을 사랑하는 마음을 이용하려 들기도 하므로 조심해야 한다. 부모가 자녀들의 문제를 직접 해결해주기보다는, 아이들이 스스로 해결하는 법을 배울 수 있도록 지원해주는 방향으로 나가는 것이 좋다. 자녀의 문제를 모두 해결해주려고 나서다가 자칫 잘못하면 오히려 자녀들의 자신감을 해칠 수 있다. 세상을 살아가는 데 필요한 적극성을 가질 수 있도록 일정 부분은 내버려두고, 자녀가 스스로 해결할 수 있도록 지켜보는 자세가 필요하다.

- 또한 자녀가 성인이 된 후에도 지나치게 간섭하려 드는 것을 경계해야 한다. 인성이 많은 어머니와 인성이 많은 아들의 경우는 특히 간섭을 절제하는 것을 배워야 한다. 이런 경우는 어머니가 아들을 마치 애인처럼 생각하고 집착하기 쉬워서, 아들과 며느리를 갈라놓으려고 애쓰는 결과를 초래하기도 한다.

> **EXAMPLE**
>
> 인성이 많은 어머니를 둔 아이가 있다. 아이는 초등학교를 다니는 동안 비교적 수월하게 학교를 다닐 수 있었다. 수업과 과제 특별활동 등 하나부터 열까지 모든 준비를 어머니가 챙겨줬기 때문이다.
> 그런데 중학생이 되고 사춘기가 시작되면서 아이는 어머니의 간섭이 버거워지기 시작한다. 일일이 학교생활에 참견하려 할 때마다 짜증도 내고 화도 내보지만 어머니의 고집은 여전하다. 아이는 점점 반항하고, 어머니는 자신의 마음을 몰라주고 갑자기 반항하는 아이가 이해되지 않아 서운하다.

(4) 인성 배우자의 특성

- 이 유형의 사람은 사랑만 받으면서 컸기 때문에, 받는 것에는 익숙해도 남에게 주는 것에는 인색한 경우가 많다. 돈을 잘 쓰지 않는다. 그런 행동이 몸에 밴 것이다.

- 결혼해서 본가에 갈 때 빈손으로 가거나 값싼 것만 사 가기도 한다. 평소에는 명품을 걸치다가도 본가에 갈 때는 허름한 옷을 입고 간다. 한마디로 불쌍하게 보이는 재능이 있다. 과일을 사 가도 비닐봉지에 사과를 담아서 가져간다. 그걸 받은 부모는 "이런 걸 들고 다니는 애가 아닌데 이거라도 사온 게 어디냐" 하며 감동한다.

- 인성이 많은 어머니에게 인성이 많은 아들이 있으면 어떻게 될까? 일단 어머니는 남편에게

의존해야 하는데 남편이 응해주지 않으니 아들에게 의존한다. 아들은 어머니에게 의존하다가 여자친구가 생기면 여자친구에게 의존하기 시작한다. 이 유형의 어머니 입장에서는 아들이 자기에게 100% 의존해야 하는데 그렇지 않으니 아들에게 배신감을 느낀다. 자칫 잘못하면 며느리를 괴롭히는 영화 〈올가미〉를 찍게 된다. 그러니 아들이 결혼을 못하게 되는 경우도 많다. 결혼하더라도 아들은 "아내는 언제든 떠날 수 있는 존재야"라면서 어머니에게 더 의지하는 모습을 보이기도 한다. 그 결과 고부 갈등이 일어나게 된다.

- 인성이 많은 배우자에게 힘든 일이 생겼다면 어떻게 할까? 이때는 힘들어하는 것을 알아주고 공감하는 것보다, 힘들게 하는 문제 자체를 해결해주는 것을 더 좋아한다.

EXAMPLE

인성이 많은 남자와 결혼한 여자가 있다. 결혼하고 처음으로 부부싸움을 한 날, 남편이 곧바로 시댁 식구들에게 부부싸움을 했다고 말했다는 것을 알고 깜짝 놀랐다. 그런 이야기를 왜 했냐고 물으니 식구들과 상의하고 싶었다고 한다.

그 후로도 남편은 아내와 사이가 좋지 않거나 다툴 때면 시댁 식구들에게 미주알고주알 알렸다. 부부싸움을 한 걸 시누이가 이미 알고 연락해서 남편의 편을 들 때마다 스트레스를 받는다. 부부 간의 일을 시댁에 모두 알리는 남편이 이해되지 않지만, 남편은 평생 그렇게 가족에게 의지하고 살아왔기 때문에 본인의 행동이 잘못되었다고 생각하지 않는다.

2 인성의 사회관계

(1) 인성의 육친관계

- 육친관계상 인성은 남자와 여자 모두에게 어머니를 상징한다. 사회관계상 인성은 공부(연구 · 연습), 부동산 문서, 주식, 도장 등을 상징한다.

(2) 인성이 발달한 경우의 인간관계

① 남자 사주

- 남자 사주에 인성이 발달하면 어머니복이 있고, 부모로부터 유산을 많이 상속받을 수 있다.
- 남자 사주에 인성이 발달하면 평생 끼를 발휘하는 직업이나 공부하는 직업이 잘 맞는다.
- 남자 사주에 인성이 발달하면 부동산 투자를 할 경우 다른 사람보다 유리하다.

② 여자 사주

- 여자 사주에 인성이 발달하면 어머니복이 있고, 부모로부터 유산을 많이 상속받을 수 있다.
- 여자 사주에 인성이 발달하면 평생 끼를 발휘하는 직업이나 공부하는 직업이 잘 맞는다.
- 여자 사주에 인성이 발달하면 부동산 투자를 할 경우 다른 사람보다 유리하다.

(3) 인성이 과다·태과다한 경우의 인간관계

① 남자 사주

- 남자 사주에 인성이 과다하면 인성은 어머니에 해당하므로 엄마의 치마폭에 싸여 있는 아이와 같다. 즉 마마보이 기질이 있어서 주변 사람에게 의지하는 경향이 강하고, 부모나 형제 처가에 돈을 바라고 의지한다.
- 남자 사주에 인성이 과다하면 인성은 문서와 부동산에 해당하므로 다른 형제에 비해서 부모에게 유산상속을 많이 받을 수 있다.
- 남자 사주에 인성이 과다하면 인성은 연구를 상징하므로 학업에서 자신의 재능을 발휘한다. 또한 인성이 끼를 상징하므로 연예, 예술, 방송, 의술 등으로 진출하면 자기 능력을 발휘할 수 있다.

② 여자 사주

- 여자 사주에 인성이 과다하면 인성은 어머니에 해당하므로 엄마의 치마폭에 싸여 있는 아이와 같다. 즉 마마걸 기질이 있다. 주변 사람에게 의지하고 기대려는 경향이 있어서 남편에게 의지하고자 하므로 쉽게 이혼하기 어렵다.
- 여자 사주에 인성이 과다하면 인성은 식상인 자식을 극하므로 자식을 늦게 두거나 자식과 떨어져 지내거나 자식이 병약해지는 경우가 많다.
- 여자 사주에 인성이 과다하면 인성은 문서와 부동산에 해당하므로 다른 형제에 비해 부모나 시부모에게 유산상속을 많이 받을 수 있다.
- 여자 사주에 인성이 과다하면 연구와 연습을 상징하므로 공부나 연예·예술 등에서 능력을 발휘할 수 있다.

(4) 인성이 고립된 경우의 인간관계

- 남녀 모두 인성은 어머니에 해당하므로 인성이 고립되면 첫째, 어머니와 사이가 좋지 않으며 갈등이 생긴다. 둘째, 어머니에게 건강문제가 발생하거나 일찍 어머니와 생사이별하게

되는 아픔을 겪게 된다.

- 또한 남녀 모두 인성은 부동산, 문서, 공부를 상징하므로 인성이 하나밖에 없는데 고립되어 있으면 배워도 그것을 제대로 활용하지 못하게 되고, 부동산이나 문서를 잘못 처리하여 어려움을 겪게 된다.

DAY

21

인성(印星)
성격

인성과 도화의 차이

인성은 사람들에게 인기가 있다. 도화도 사람들에게 인기가 많은데 인성과는 차이가 있다. 도화는 대중들에게 자신을 보여주려고 하는 성향이 있고, 인성은 자기가 의존할 만한 사람에게만 의존하는 성향이 있다. 도화는 잠재적인 끼가 있는 것이고, 인성은 꼭 끼가 있다고 말하기는 어렵다.

인성은 끼가 전혀 없지는 않은데 연습이나 연구를 통해 익히는 것이고, 도화는 잠재되어 있는 매력과 끼가 있는 것이다. 인성은 누군가 이끌어줘야 하는 것이고(예를 들어 부모님), 도화는 스스로 개척하는 것도 있다.

20~30년 전에는 도화가 훨씬 더 두드러졌으나 현재는 도화보다 인성이 성공하는 경우가 조금 더 많다. 그러나 도화는 평생을 가져갈 수 있는 반면, 인성은 짧게 갈 수 있다. 부모가 밀어주는 것에도 한계가 있기 때문이다. 그래서인지 요즘 연예인들의 인기 수명은 예전에 비해 짧은 편이다.

인성의 성격 분석

가족에 집착하는, 가족에 헌신하는, 가족을 잘 챙기는, 감각이 예민한, 경계하는, 공부하는, 수련하는, 연구하는, 연마하는, 연습하는, 만드는, 다시 일어나는, 도움받는, 도전적인, 동정심이 많은, 두려움을 숨기는, 모성애가 강한, 박학다식한, 방어적인, 보수적인, 안정적인, 사랑받고 싶은, 사랑받으려 노력하는, 생각이 많은, 생명력이 긴, 성공하고 싶은, 손해보지 않는, 욕망이 큰, 의심하는, 인정받고 싶어하는, 인정받는 방법을 터득한, 임기응변이 뛰어난, 자기 주장이 강한, 자기중심적인, 자부심 강한, 정보를 수집하는, 조심스러운, 충실한, 탐구심이 많은, 함께하는, 호감을 주는, 호기심 많은

장점

따뜻한, 꾸준한 끈기가 있는, 잘 도와주는, 재능이 많은, 재치 있는, 창조적인, 창의성이 있고 아이디어가 많은, 책임감 있는, 충성스러운

단점

눈치가 없는, 불쌍한 척하는, 불안한, 신경질적인, 얼굴이 두꺼운, 의존하는, 이기적인, 완고한, 조바심 많은

건강

고슴도치 딜레마, 달팽이 콤플렉스, 드메 신드롬, 수동공격형 성격장애, 의존적 성격장애, 자기 패배적 성격장애, 우울증, 화병, 갑상선, 모성애 중독, 빗자루맘 증후군, 알파맘 증후군, 잔디깎기맘 증후군, 캥거루맘 증후군, 타이거맘 증후군, 헬리콥터 부모 증후군, 슈퍼우먼 증후군, 신데렐라 증후군, 엄친아 콤플렉스, 열등 콤플렉스, 온달 콤플렉스, 요나(Jonah) 콤플렉스[주1], 피터팬 증후군

별명

마마걸, 마마보이, 발명가, 학자, 탐구가, 전술가, 백과사전, 임금 뒤편의 권력자, 캥거루족[주2], 헬리콥터족

주1 요나 콤플렉스 : 성공했을 때의 두려움과 실패에 대한 공포감 때문에 자기 능력을 과소평가하며 성장을 회피하는 경향

주2 캥거루족 : 독립할 나이가 되었는데도 경제적으로 부모에게 의존하는 젊은이. 국가마다 이들을 일컫는 신조어는 다음과 같다. 트윅스터(Twixter, 미국), 키퍼스(Kippers, 영국), 맘모네(Mammone, 이탈리아), 탕기(Tanguy, 프랑스), 네스트호커(Nesthocker, 독일), 부메랑 키즈(Boomerang Kid's, 캐나다)

DAY 21 >> 인성(印星)
성격

1 인성의 일반적 성격 특성

- 인성은 어릴 때부터 부모나 가족에게서 적극적인 돌봄과 사랑을 받았기 때문에 「삶은 안전하다」, 「삶은 평화로워야 한다」는 신념을 갖고 살아간다.

- 영화관에 가면 혹시 불이 날까봐 비상구를 먼저 확인하고, 고속도로에서는 타이어에 문제가 생기지 않을까 걱정할 정도로 안전을 확인한다.

- 이들은 삶은 늘 불확실하고 위험으로 가득 차 있다고 생각하면서 불안함과 두려움을 느끼며 살아간다. 그렇기 때문에 어디서 어떤 일을 하든 안전하고 확실한 것에 대한 지나친 집착을 갖게 된다.

- 위험을 느끼고 감지하는 데 민감하고, 끊임없이 어디에 문제가 있는지 점검하고 주의를 기울이는 안전제일주의 경향이 강하다. 그러다 보니 무언가 새로운 것을 시작하는 것을 매우 두려워하고, 누군가와 함께할 때 안정감을 느끼게 된다.

- 이들은 어떤 일을 시작할 때 자신감이 결여되어 있다. 무언가를 결정해야 할 때는 생각이 너무 많아서 이랬다저랬다 하고, 이 사람 저 사람의 의견을 듣다가 시기를 놓치는 경우도 종종 있다.

- 자기 주관대로 결정하지 못하고 이렇게 주위의 말에 흔들리다 보니 막상 어떤 문제가 발생하면 그것과 조금이라도 연관되어 있는 사람을 신랄하게 비판하면서 자기 방어적 기질을 보인다.

- 또한 중요한 결정을 내려야 할 때는 좋지 않은 결과가 나올 경우를 대비해서 그 책임을 직접 지지 않으려고 타인에게 책임을 미루는 경향이 많다. 어떤 상황에서라도 일이 어긋나고 잘못되면 남 탓을 많이 하는 편이다.

- 이들은 두려움이나 공포감을 느끼면, 그것을 방어하기 위해 일이나 상대방에게 방어막을 쌓고 먼저 공격하기도 한다.

- 자신과 생각이 다른 사람은 일단 의심하고 믿지 않으려 한다.

- 행동하기 전에 먼저 신중하게 생각하고 면밀하게 검토한다. 가장 위험한 상황을 미리부터 걱정하고 그것을 대비한다. 결과가 증명된 적이 없는 일은 여러 번 생각하고 반복해서 다시 검토하며, 일단 해보고 나서 적극적으로 확장해 나간다.

- 이들은 가족과 배우자, 친구에게 충실하다. 가족에게 정이 많으며, 가족을 잘 도와준다.

- 이들은 자신이 가진 지식이나 끼나 능력에 자부심을 갖고 있으며, 관심 분야를 열심히 연구하고 연습한다.

- 자신이 의존하거나 자신에게 도움을 줄 수 있는 부모와 가족, 친구와 계속해서 대화를 한다. 부모, 가족, 친구 등 자신에게 힘이 되어주는 사람들은 자신에게 없어서는 안 되는 소중한 존재이다.

- 인성은 사람들에게 의존을 많이 하는 편이다. 가족이나 자기가 속해 있는 조직의 사람들에게도 의존하고 그들과 함께하고자 한다.

- 인성이 많은 유형은 자기는 잘났으며, 남은 나를 도와야 한다고 생각한다. 나는 대접받아야 하는 사람인 것이다.

- 그러나 인성이 많다고 모두 의존적이기만 한 것은 아니다. 오행과 육친에 따라 인성의 작용은 조금씩 다르다.

- 예를 들어 경금(庚金) 일간이나 금(金)이 많은 경우는 초년에 인성 대운이 들어와도 남에게 전적으로 의존하지 않는다. 이들은 고집이 세고 자기 주장이 강하며, 생각을 잘 바꾸지 않는다. 자기 뜻대로 되지 않으면 화를 내기도 한다. 가장 똑똑하기도 하지만, 발달 장애도 많은 오행이다. 이른바 「쿠데타」를 일으킬 확률이 높은 유형이다. 실제로 군사쿠데타를 일으킨 박정희 전 대통령과 전두환 전 대통령도 이 유형이다.

- 한편 수(水) 인성인 경우는 소심한 면이 있어서 큰 시험이나 면접처럼 중요한 이벤트에는 불리할 수 있다. 그래서 시험을 보기 하루 전에 미리 시험장소에 가보거나 예행연습을 해보는 것도 좋은 방법이다.

- 사람들이 자신에게 관심을 가져야 한다고 생각하며 실제로 관심을 갖도록 노력한다. 또한 필요할 때 그들이 자신을 도와줄 수 있도록 한다.

- 자신이 하는 일, 자신이 믿는 명분을 위해서는 지치지 않고 일할 수 있다. 세상에서 가장 인정받아야 하고 가장 성공해야 한다고 생각한다.

- 인성은 조용하고 차분하지만 개인적으로 만날 때는 에너지가 넘치고 경쟁적이다. 친한 사람이 아니면 신뢰하지 않는다.

2 인성의 관계

남자		여자	
가족관계	사회적 관계	가족관계	사회적 관계
어머니, 계모, 서모, 큰어머니, 작은어머니	부동산, 문서, 공부, 주식, 도장	어머니, 계모, 서모, 큰어머니, 작은어머니	부동산, 문서, 공부, 주식, 도장

3 인성의 긍정적인 면과 부정적인 면

긍정적인 면	부정적인 면
가족의 배려가 있다.	경계심이 지나치다.
감수성이 있다.	고독하다.
개성이 강하다.	고집스럽다.
권위가 있는 사람을 정확히 안다.	규칙이나 구조화를 실행한다.
다양한 인간관계를 가진다.	근심이 많다.
다재다능하다.	너무 많은 일을 벌이려고 한다.
다정하다.	다방면에 관심이 크다.
대중적이다.	두려움이 크다.
동정심이 있다.	마무리가 약하다.
따뜻하다.	매사에 심각하다.
명예지향적이다.	보호받고자 한다.
모성본능이 강하다.	불안해한다.
믿을 만하다.	비판을 공격으로 받아들인다.
실리적이다.	빈정대고 으스댄다.
실용적이다.	사고가 편협되어 있다.
실질적이다.	싫은 소리를 회피한다.
안전제일주의자이다.	안정에 집착한다.
열심히 일한다.	예민하다.
예측성이 있다.	예측할 수 없다.
유머감각이 있다.	우유부단하다.
자아만족감이 높다.	의심이 있다.
재치가 있다.	의존적이다.
조심성이 있다.	의지하고자 한다.
주변의 도움을 받을 줄 안다.	의처증, 의부증이 있기 쉽다.

책임감이 있다. 충실하다. 평화로운 것을 좋아한다. 학문에 깊이 심취한다. 학문적 호기심이 많다. 헌신적이다. 호감을 준다. 확신이 생긴 다음 모험을 한다.	일관성이 결여되어 있다. 자기 본위적이다. 자기중심적이다. 자기 패배적이다. 자립정신이 약하다. 자만심이 강하다. 집착적이다. 타인을 시험하려 한다. 통제하려 든다. 판단하려 한다. 편중된 사랑을 한다. 편집적이다. 허세를 부린다.

4 사람들이 바라보는 인성

- 그들은 개인적 필요에 의해 봉사하고 이바지한다.
- 그들은 과거의 사건을 저장하고 연관성을 포착하는 감각이 뛰어나다.
- 그들은 이미 확립된 방법으로 일을 처리하는 것을 선호한다.
- 그들은 일단 일을 맡으면 책임감 있게 해내려고 노력한다.
- 그들은 규정된 대로 이루어지지 않으면 스트레스를 받고 당황한다.
- 그들은 헌신적이고 상사에게 충성한다.
- 그들은 조직보다는 개인이 우선이고, 개인을 위해 조직이 반드시 필요하다고 생각한다.
- 그들은 타인이 자신의 예상대로 행동하지 않으면 괴로워하고 당황한다.
- 그들은 자신을 방어할 때 지적능력이나 유머감각을 사용한다.
- 그들은 규칙적이고 애쓰고 양심적이고 책임감이 강하다.

5 사람들이 인성을 좋아하는 이유

- 그들은 낙천적인 성격으로 어떠한 어려움이 있어도 유머감각을 잃지 않는 사람들이기 때문이다.
- 그들은 이해심이 많은 성격으로 타인의 공포나 불안정한 상황을 잘 알 수 있는 사람들이기

때문이다.

- 그들은 어떤 일에 대해서는 나와 다른 태도를 갖는 사람들이기 때문이다.
- 그들은 안정된 성격으로 편안한 관계를 중요시하는 사람들이기 때문이다.
- 그들은 의견을 나누는 걸 좋아하는 성격으로 즐겁게 토론하는 사람들이기 때문이다.
- 그들은 솔직담백한 성격으로 충실한 사람들이기 때문이다.
- 그들은 안정적이고 안전한 환경을 선호하기 때문이다.
- 그들은 사람들에게 사랑받는 방법을 잘 알기 때문이다.

6 사람들이 인성을 싫어하는 이유

- 그들은 쉽게 믿지 않는 성격으로 모든 걸 다 의심하기 때문이다.
- 그들은 우유부단한 성격으로 어떤 일을 결정하는 것을 힘들어하기 때문이다.
- 그들은 겁이 많은 성격이어서 작은 일도 큰 사건으로 받아들이기 때문이다.
- 그들은 앞으로 나아갈 길을 알지 못하고 예측하기를 원하는 사람들이기 때문이다.
- 그들은 부정적인 성격으로 서로를 믿지 못하기 때문이다.
- 그들은 과도하게 의존하고 집착하여 조직이나 가까운 사람을 힘들게 하기 때문이다.
- 그들은 자신의 책임을 조직이나 주변 사람들에게 전가하기 때문이다.

7 인성이 사람들에게 바라는 것

- 내가 무엇을 결정하기 위해 오랜 시간이 걸려도 이해하고 기다려주면 좋겠다.
- 나의 의심이나 고민을 「쓸데없는 걱정」 정도로 치부하지 않기를 바란다.
- 나를 과도하게 비판하거나 집요하게 추궁하지 않기를 바란다.
- 어려운 일이 닥쳤을 때 나를 혼자 내버려두지 않으면 좋겠다.

8 인성과 잘 지내려면?

- 그들이 충실함, 인정, 재치를 가지고 있음을 칭찬해라.
- 그들은 자신이 관계를 맺고 있는 사람들과의 친밀성을 중시하기 때문에 다양한 인간관계를 갖도록 유도해라.

- 그들은 어떤 문제가 꼬이면 계속 고민하기 때문에 새로운 방법이나 새로운 시도를 하도록 제안하라.
- 그들과 모든 문제에 대해 명백하게 합의를 해서 의심의 여지를 남기지 말도록 해라.
- 그들과 갈등이 생겼을 때는 당신이 문제를 건설적인 방법으로 해결하기 위해 노력하고 있다는 것을 알려라.
- 그들이 화가 났을 때는 한 발짝 물러나서 분노가 가라앉을 때까지 기다려라.
- 그들이 느끼는 분노와 공포를 감추지 말고 이야기하도록 도와줘라.
- 그들이 불안과 스트레스가 쌓이지 않도록 운동을 많이 하라고 격려해라.
- 그들이 적절한 행동을 취해야 할 시점에는 생각을 멈추고 행동하게 하라.
- 그들이 결정을 내릴 때 때로는 위험부담을 피할 수 없음을 알려줘라.

9 　인성이 상상하기 싫은 것

- 남들 앞에서 내가 하고 싶은 말을 모두 하는 것
- 남들이 칭찬해주고 인정해주는데 기쁘지 않은 것
- 나를 비판하는 상황에서 감정 기복 없이 평상심을 유지하는 것
- 나를 지지해주는 가족, 친구, 지인이 없는 공간에서 생활하는 것
- 나를 도와주는 사람이 아무도 없는데 혼자서 사람들 앞에 나서서 조직을 이끌어 가는 것

10 　인성이 살려야 할 점

- 감각이 예민하고 문학적, 예술적, 체육적 취향이 많은 점
- 머리가 아주 비상하고 IQ가 높고 관심 분야가 다양한 점
- 생각이 깊어 곧바로 예술적 감각으로 승화시켜 예술 분야에 진출하는 사람이 많은 점
- 기획력이 탁월하여 아이디어 뱅크라는 소리를 듣는 점
- 임기응변의 재능이 뛰어나고 창조적인 기질이 대단한 점
- 행동과 사고에서 독창적인 점
- 객관적이고 통솔력과 분석력이 있기 때문에 자신감이 대단한 점
- 직관과 논리로 머리에서 받아들이기 때문에 분명한 것을 좋아하는 점
- 모성본능이 강한 점

- 동정심과 눈물이 많아서 가족과 지인에게 베풀려고 하는 점
- 주위에 있는 사람들을 돌보아주는 점
- 감각과 감수성이 발달되어 다른 사람의 슬픔이나 고독 등을 쉽게 알아차리는 점
- 상상력이 뛰어난 점
- 처음 보는 사람은 경계하지만, 일단 친해지면 아주 친밀하게 지내는 점
- 순간적 결단력은 늦으나 한번 시작하면 완벽하게 처리하는 점
- 항상 예의바르고 품위를 유지하려고 하는 점
- 학문에 관심이 크고 학습하고 연구하려고 노력하는 점
- 정보수집 능력이 있고 지속적으로 배우려고 하는 점
- 주변의 가족이나 지인들에게 사랑받는 방법을 잘 파악하고 실천하는 점
- 가족이나 지인들에게 의존하고 그들의 도움을 잘 활용하는 점

11 　인성이 보완해야 할 점

- 은근히 강한 기질이 있어 쉽게 통제하기가 어려운 점
- 처음에는 열심히 하지만 쉽게 싫증을 내는 점
- 비효율적인 시간이 길어지는 것을 지나치게 싫어하는 점
- 경우에 따라 윗사람에게도 승복하지 않고 독자적으로 일을 추진하는 점
- 마음이 여려서 야단을 맞으면 이유를 설명하기보다 울기부터 하는 점
- 가까운 사람의 감정변화에 민감하게 반응하는 점
- 극한 상황에서 스트레스를 많이 받는 점
- 타인의 말에 쉽게 상처받고 소심하고 내성적인 점
- 집에서는 고집이 매우 센 점
- 사람을 대체적으로 좋아하지만, 어떤 조건에 미치지 못하면 크게 실망하고 더 이상 다가가지 않는 점
- 자기가 자신 있는 분야는 매우 의욕을 가지고 집중하지만, 다소 뒤떨어진 분야는 쉽게 흥미를 잃어버리는 점
- 다른 사람보다 고독을 쉽게 느끼는 점
- 사소한 비판이나 조언에도 쉽게 화를 내거나 토라지는 점
- 자신과 가까운 사람들인 부모, 가족, 친구들과 떨어져 혼자 있을 때 불안하고 초조한 점

- 부모의 사랑을 형제들과 골고루 나누기 싫어 독점하려고 하는 점
- 형제나 지인들 사이에서 가장 지지받고 도움받지 못하면 의욕을 잃고 쉽게 화를 내는 점
- 자신의 독립보다 자신을 보살펴주고 지지해주는 부모를 위해 헌신하는 점
- 부모, 가족 등에게 사랑이나 도움이나 재산상속을 받는 것이 당연하다고 생각하는 점

DAY

22 인성(印星)
직업적성

인성을 표현한 유명인의 명언

"난 새로운 철학을 개발했어. 앞으론 한 번에 하루만큼의 걱정만 할 거야."

— 찰스 슐츠(Charles Schulz)

"나는 항상 모든 사람들의 가장 좋은 점들만을 믿는다. 그것은 아주 많은 문제를 해결할 수 있다."

— 조지프 러디어드 키플링(Joseph Rudyard Kipling)

"가장 큰 행복은 불행의 근원을 아는 것이다."   — 도스토옙스키(Dostoevskii)

"작은 문제에도 마음이 상한다면 당신 의식의 거울을 어떻게 닦을 수 있겠는가?"

— 루미(Mevlânâ Celâleddîn-i Rûmî)

"다른 사람을 판단하느라고 보낸 하루는 고통스러운 날이다. 자기 자신을 판단하느라고 보낸 하루 또한 고통스러운 날이다."   — 붓다(Buddha)

"통합은 우리가 만들어내는 것이 아니라 거기에 있음을 인식하는 것이다."

— 윌리엄 슬로언 코핀(William Sloane Coffin)

"행복은 완전하고 위대한 것 속에 녹아 있다."   — 윌라 캐더(Willa Cather))

"어머니의 고통은 엄청나지만, 어머니는 아이를 사랑하는 것을 어떠한 경우라도 멈추지 않는다."

— 칼 구스타브 융(Carl Gustav Jung)

"우리 안의 영성이 피어날 때 우리는 죽는다. 우리는 그 죽음에 슬퍼한다. 자기라고 생각하는 자기 자신이 사라지기 시작할 때, 우리는 그것에 슬픔을 느끼게 되는 것이다."

— 람 다스(Ram Dass)

"우리의 가장 큰 욕구는 자신 안에 있는 더 깊은 진실에 충실함으로써 삶을 신성하게 만들고자 하는 것이다. 기도는 오랫동안 잊혀지고 잃어버렸던, 태어날 때부터 우리에게 주어진 권리이다. 희미하게나마 그 맛의 기억은 거기에 남아서 우리를 부른다."

— 크리스토퍼 프리맨틀(Christopher Freemantle)

"모든 섬세함과 아름다움은 어린이의 마음(동심)에서 비롯된다."

— 시어도어 로스케(Theodore Roethke)

"너무 소심하고 까다롭게 자신의 행동을 고민하지 말라. 모든 인생은 실험이다. 더 많이 실험할 수록 나아진다."

— 랄프 왈도 에머슨(Ralph Waldo Emerson)

---

1 **오행에 따른 인성의 특성**

오행과 마찬가지로 육친에는 성격, 기질, 역량, 리더십, 대인관계 등 인간의 다양한 특성이 나타난다. 따라서 오행과 육친이 결합된 다양한 유형들을 분석함으로써 인간의 특성을 좀 더 깊이 있게 들여다볼 수 있다.

인성(편인+정인)과 오행의 결합으로는 목(木) 인성, 화(火) 인성, 토(土) 인성, 금(金) 인성, 수(水) 인성의 다섯 종류가 존재한다. 각 오행별 인성은 오행의 특성에 따라 인성의 특성 또한 조금씩 다르게 나타난다. 다섯 가지 인성의 특성을 제대로 분석한다면 명리학 실력이 한층 향상될 것이다. 오행과 마찬가지로 육친은 발달, 과다, 태과다일 때 다음과 같은 강한 기질적 특성이 나타난다. 사주에 인성이 많을 때는 따뜻하고 모성애가 강하면서 사랑받으려 하고, 의존적인 기질이 있다.

- 목(木) 인성 : 포용성, 독립성, 설득성, 사회성, 자유성, 명예성, 창의성, 예술성, 개성성, 배려성
- 화(火) 인성 : 자존성, 예민성, 적극성, 도덕성, 예술성, 활동성, 개방성, 상상성, 낙천성, 통합성
- 토(土) 인성 : 적극성, 책임성, 포용성, 논리성, 기획성, 관계성, 직관성, 통찰성, 창의성, 융합성
- 금(金) 인성 : 책임성, 실천성, 분석성, 합리성, 인내성, 계획성, 준비성, 객관성, 효율성, 완벽성
- 수(水) 인성 : 인내성, 섬세성, 성실성, 신중성, 합리성, 의존성, 수리성, 통찰성, 직관성, 창의성

(1) 목(木) 인성이 과다 · 태과다일 때

- 자의식이 강하고, 상황이 좋을 때 최선을 다하고 아니다 생각하면 회피한다.
- 잠재능력이 탁월한 타입이다.
- 자유주의자이며 주변 사람을 생각하고 배려하는 부드러운 성품의 소유자이다.
- 여럿이 모인 곳에서보다 자신을 알아주는 곳에서 강한 인상을 남긴다.
- 부드러움 속에 정신력이 강한 편이다.

(2) 화(火) 인성이 과다 · 태과다일 때

- 좋은 사람과 싫은 사람이 분명하고 자기애가 강하며 논쟁적, 토론적, 논리적이다.
- 급하면서도 논리성, 낙천성, 예술성, 창조성이 뛰어나다.
- 다양한 문제나 상황을 하나로 융합하여 해결하는 능력이 뛰어나다.
- 주변에서 도와주면 새로운 창조적, 융통적, 혁신적 능력을 발휘한다.
- 즉흥적, 개방적, 몽상적인 아이디어나 감각이 있다.

(3) 토(土) 인성이 과다 · 태과다일 때

- 어느 곳에서나 적응이 빠르고 의욕적이며, 위트 있는 말솜씨 등 긍정적인 타입이다.
- 문제의 본질을 파악하고 논리적으로 판단하려는 기질이 있다.
- 엉뚱하지만 자신감 있는 태도와 맹목적으로 자신의 주장을 내세우는 경우도 많다.
- 논리적이고 소신 있는 성격으로 인내심이 많고, 어느 한 분야에서 타고난 감각을 발휘한다.
- 통찰력과 직관력이 뛰어나며 화합과 소통을 추구하는 유형이다.

(4) 금(金) 인성이 과다 · 태과다일 때

- 분석적이고 객관적이며 조직에 자신만의 질서를 부여하려고 한다.
- 질서나 원칙의 결함과 비효율성을 잘 파악하고 좋은 것과 싫은 것이 명확하다.
- 공통의 목표를 통해 사람들을 조직하고 통솔하며, 자신의 생각에서 벗어나면 스트레스가 심하다.
- 때로는 무자비하고 날카로우며, 융통성이 부족하고 심오한 세계에 심취하는 경향이 크다.
- 합리적이고 논리적 추론과 책임감이 있고, 자신의 확고한 철학으로 살아간다.

(5) 수(水) 인성이 과다 · 태과다일 때

- 논리적이고 합리적이지만 내적 독립심이 강하고 이상주의자이며, 숫기가 부족하여 새로운 사람이나 장소에서 적응이 늦다.
- 과묵하고 절제된 호기심으로 인생을 관찰하고 에너지 소비를 아끼며, 사실적 자료를 정리하고 조직하기를 좋아한다.
- 가까운 사람에게는 허물없이 대하지만 그렇지 않으면 무관심하고 차가워 보이며, 좋을 때는 최선을 다하지만 감정이 떠나면 돌이키기 힘들다.
- 하나에 몰두하고 인내심이 많다. 창의력과 통찰력, 직관력이 뛰어나며 화합을 추구하는 타

입이다.

- 자신의 생각과 감정을 제대로 표현하지 않아 타인들이 오해하기 쉽다.
- 마음은 포용력이 있고 이해심이 있지만 먼저 표현하거나 행동하지 못한다.

2 인성의 직업적성 개요

- 사주에 인성이 발달한 이들은 뛰어난 정보수집 능력을 발휘할 수 있는 일이 적합하다. 수집한 정보들을 연관지어 발전시킬 수 있는 연구원, 기술자나 발명가도 잘 어울린다. 학문에 관심이 크고 연구하려는 의지가 강하므로 평생 공부를 해야 하는 학자(철학자·신학자·과학자 등)도 적합하다. 그들의 이런 의지는 예술 쪽으로도 곧잘 발휘되기 때문에 공예가나 화가, 무용가, 음악가 같은 직업에서도 뛰어난 성과를 얻을 수 있다.
- 인성이 발달한 경우에 동정심이 많고 사람들을 돌보고 싶어하는 경향도 강하다. 따라서 그 점을 살려 교육자, 상담가, 심리학자, 의사, 간호사, (사람들을 도울 일이 많은) 공무원, 행정가, 통역사로 활동한다면 직업 만족도가 높을 것이다.
- 어떤 일이 발생했을 때 결정을 내리는 것에 시간을 오래 들이는 편이지만, 한번 시작한 일은 완벽하게 처리하고자 하는 경향이 있으므로 컴퓨터 프로그래머, 연구원, 기술제작자, 컴퓨터 분석가도 적합하다.

적절한 직업

건설사업, 건축가, 검사, 경찰, 공무원, 공예가, 과학자, 광고, 교사, 교수, 교육자, 군인, 기술자, 기술제작자, 문학, 문화, 발명가, 부동산업, 상담가, 성직자, 시인, 신학자, 심리학자, 애널리스트, 연구원, 연예인(영화배우·탤런트·가수·패션모델), 예술, 예술가(성악가·음악가·화가·무용가), 외교, 운동선수, 의료인(의사·한의사·간호사), 작가, 저널리스트, 종교가, 철학자, 체육인, 컴퓨터 분석가, 컴퓨터 프로그래머, 컴퓨터그래픽, 탐색가, 토목사업, 통역관, 판매업자, 판사, 펀드매니저, 행정

EXAMPLE

인성이 많은 사람이 있다. 그의 직업은 수화 통역사로, 수화 대화가 필요한 청각장애인들과 동행하며 통역해주는 일을 한다. 요청이 많아서 바쁘게 지내지만, 매번 자신의 통역이 필요한 이들에게 도움을 줄 수 있다는 사실에 뿌듯해하며 일하고 있다.

(1) 인성의 직무 관련 특성

장점	자기 인식	목표 지향과 경향성
• 도움을 잘 이끌어낸다. • 모험을 한다. • 실용적이다. • 실질적이다. • 재치가 있다. • 전통적이다. • 충실하다. • 현실적이다. • 호감을 준다. • 힘의 균형을 잘 파악한다.	• 나는 감각적이다. • 나는 감수성이 뛰어나다. • 나는 능력이 있다. • 나는 모험을 한다. • 나는 성공해야 한다. • 나는 연습이나 연구가 좋다. • 나는 인덕이 있다. • 나는 정보수집을 잘한다. • 나는 탐색적이다.	• 나는 공부를 해야 한다. • 나는 안정된 삶이 좋다. • 나는 인정받아야 한다. • 나는 재능이 있어야 한다. • 나는 즐거워야 한다. • 나는 하고 싶은 것을 해야 한다.

잠재 역량	배워야 할 것	좋아하는 것
• 긍정적인 사람 • 꾸준한 사람 • 낙천적인 사람 • 도움받고자 하는 사람 • 성공하고 싶은 사람 • 욕망이 있는 사람 • 의존하는 사람 • 정보를 수집하는 사람 • 즐거운 사람 • 함께하는 사람	• 과도한 욕망과 성공욕에 빠지지 말고 노력을 우선해야 한다. • 너무 방어적이지 마라. • 독립하는 연습을 해야 한다. • 배짱과 모험을 연습해야 한다. • 의심하지 말고 믿는 것이 필요하다. • 자기 사람에 대한 집착에서 벗어나는 연습을 하라. • 적극적으로 밀어붙이는 연습을 하라. • 적극적인 자세가 필요하다. • 지나치게 의존하려고 하는 마음을 버려라. • 판단과 결정을 빠르게 할 필요가 있다.	낙천적인 것, 도움받는 것, 상상하는 것, 함께하는 것, 의존하는 것, 인정받는 것, 연습(연구)하는 것, 자기를 과시하는 것, 정보를 수집하는 것 **싫어하는 것** 갈등 상황이 있는 것, 무시하는 것, 비판받는 것, 변화가 너무 큰 것, 안전하지 않은 것, 안정이 없는 것, 인정받지 못하는 것, 현실에 안주하는 것, 혼자 있는 것

(2) 조직에서의 인성

적합한 조직 구성과 형태	조직의 가치와 목표	조직의 시간 개념
• 배려하고 인정해주는 조직 구조 • 안정적이고 안전한 조직 구조 • 연구하고 탐구하는 조직 구조 • 정보수집과 탐색 시간을 주는 조직 구조 • 조직원들이 서로 도와주고 의지하는 조직 구조	• 자신을 중심으로 서로 헌신하고 도와주는 시스템을 구축하고, 최대한 정보를 수집하여 실수를 미연에 방지하며 목표를 완성해 나간다.	• 최대한 많은 정보를 수집할 수 있게 충분한 시간을 주고, 정보수집과 연구를 통해 안정적이고 안전한 조직을 이끌어 나간다.
조직 적응	문제해결 능력	인성과 잘 지내는 법
• 긍정적이고 낙천적인 업무 환경을 선호한다. • 실패 가능성이 높지 않은 업무 환경을 선호한다. • 안전하고 안정적인 환경을 선호한다. • 정보가 충분하고 정보량이 많은 환경을 선호한다. • 정보탐색 시간이 충분한 환경을 선호한다. • 조직이 확실히 인정한 업무만 진행하는 것을 선호한다. • 주위 사람들이 자신을 지켜줄 수 있는 환경을 선호한다.	• 실패하더라도 다시 도전하여 반드시 성공을 이끌어내는 해결 능력이 있다. • 정보를 수집하고 꾸준한 연구를 통해 정확한 해결 방법을 분석하는 능력이 있다. • 주변 사람들의 도움을 이끌어내고, 그들의 도움을 바탕으로 문제를 해결하는 능력이 있다.	• 모험을 하기보다는 꾸준히 밀고 나가는 점을 인정해야 한다. • 신중하고 생각이 많은 사람이므로 안정성을 보장해야 한다. • 안전적이고 안정적인 환경을 조성해 주어야 한다. • 자신과 관계를 맺고 있는 사람에게 친밀감을 표현하기 때문에 관계 안에 들어가야 한다. • 정보를 수집하고 사색할 수 있는 시간을 주어야 한다. • 칭찬해주고 인정해주면서 보호해 주어야 한다.

원하는 환경	원하지 않는 환경
• 믿을 수 있는 검증된 구성원이 확보된 환경 • 수집해둔 방대한 정보를 적재적소에 적용할 수 있는 환경 • 업무가 곧 그 분야에 대한 공부가 될 수 있는 환경 • 업무를 수행해야 하는 확실한 명분이 있는 환경 • 조직뿐만 아니라 구성원 각자의 성장 역시 돕는 환경	• 비판과 지적이 난무하는 환경 • 실패할 경우 리스크가 큰 업무가 많은 환경 • 예측하기 어려운 단발성 프로젝트가 많은 환경 • 적절한 명분이 없는 업무가 많은 환경 • 중요한 일에 대해 의논할 사람이 부족한 환경
장점과 능력	**단점과 보완할 점**
• 공부와 연구를 게을리하지 않으며 새로운 아이디어를 제공한다. • 불필요한 업무가 무엇인지 쉽게 눈치챈다. • 안전제일주의로 조직의 리스크를 줄인다. • 조직의 분위기를 부드럽게 만든다. • 지식이 많아 언제든 적절한 조언을 해줄 수 있다.	• 구성원들을 지나치게 통제하고 판단하려 한다. • 구성원들의 적절한 문제 제기를 공격으로 받아들인다. • 구성원을 편애하여 분위기를 흐릴 수 있다. • 쓸데없는 고집을 부린다. • 일을 일로만 대하지 않고 감정적으로 반응할 때가 있다. • 자기중심적이고 이기적인 판단을 할 때가 많다. • 혼자 결정하지 못하고 의견 수렴에 시간을 너무 많이 소비한다.
리더의 질문(지시)	**리더의 스트레스**
• 나의 권위를 인정하고, 나를 무시하는 언행을 하지 마십시오. • 내가 하는 조언이 불필요한 간섭이라고 여기지 마십시오. • 나에게 너무 큰 변화를 요구하지 마십시오. • 당신은 나에게 적절한 조언을 해줄 수 있습니까? • 때로 나는 당신이 어떤 사람인지 시험할 것입니다.	• 「내 사람」이라 믿는 구성원이 배신할까봐 미리 걱정한다. • 구성원들을 온전히 믿기 어려워 불안하다. • 구성원들의 언행을 지나치게 신경 쓰고 어떤 의미였는지 상상한다. • 리더라는 이유로 구성원들의 호감을 사지 못하고 소외될까봐 걱정한다. • 리더로서 혼자 결정해야만 하는 일들에 스트레스를 받는다. • 신속한 결정을 내려야 하는 순간이 오면 전전긍긍한다.

구성원들의 스트레스
• 리더가 심하게 편애를 해서 소외감을 느끼는 사람이 생긴다.
• 리더 혼자 결정해야 하는 일은 진전이 느리다.
• 리더가 구성원을 온전히 믿고 일을 맡긴다는 느낌을 받기 어렵다.
• 리더가 너무 많은 일을 벌여서 뒤처리를 해줘야 한다.
• 리더가 언행을 예민하게 받아들여서 늘 조심해야 한다.
• 리더가 오히려 구성원들에게 의지한다는 느낌이 든다.

DAY

23

인성(印星)
일간별 인성 발달 · 과다 · 태과다

평화를 사랑한 대통령

1924년 1월 6일(양) 신(申)시

시	일	월	연
壬	甲	甲	癸 (乾)
申	申	子	亥

목(木)	화(火)	토(土)	금(金)	수(水)
비겁	식상	재성	관성	인성
2개	0개	0개	2개	4개
20점 (+20)	0점	0점	30점	60점

사주의 일간인 갑목(甲木)은 「행동하는 양심」을 상징한다. 사주 주인공인 김대중 전 대통령은 어릴 적 "어린 것이 벌써 도둑질을 해"라며 호되게 혼났다고 했다. 수(水) 인성이 과다한 사주는 원하는 것이 있으면 꼭 가져야 하는 성향이다. 갑목(甲木) 일간과 수(水) 인성의 조합은 끊임없이 꿈을 꾼다. 그리고 끈기 있게 지속적으로 정보를 수집하고 도전을 반복한다.

김 전 대통령은 또한 메모광으로 유명한데, 수(水) 인성 과다의 정보수집 욕구과 연관성이 있다. 이면지를 반으로 접어 왼쪽에 해야 할 일, 오른쪽에 그 결과를 적었으며, 한 일은 지우고 못한 일은 다음 과제로 정하였다. 꼼꼼하고 디테일한 성격 또한 수(水) 인성 과다의 특징이다.

흥미롭게도 진보 쪽 대선후보급 정치인 중에는 인성 과다가 매우 많다.

인성 발달·과다·태과다에 해당하는 사주들의 오행 및 육친 개수와 점수, 그리고 사주 주인공의 직업적성을 분석해 놓았다. 독자들이 주변 사람들의 사주를 분석하면서 얻은 인성 사주들과 이 책의 인성 사주들을 비교하면서 앞서 공부한 인성의 다양한 특성을 실전에 활용하는 토대가 될 수 있을 것이다.

사주명리학은 통계학문이기 때문에 많은 사주를 분석하고 통계화하는 작업을 지속해야 한다.

1 목(木) 일간 수(水) 인성 발달·과다·태과다

국회의원, 의사

1959년 12월 8일(양) 오전 1시

시	일	월	연	
甲	甲	乙	己	(乾)
子	子	亥	亥	

목(木)	화(火)	토(土)	금(金)	수(水)
비겁	식상	재성	관성	인성
3개	0개	1개	0개	4개
30점 (+20)	0점	10점	0점	70점

배우

1978년 1월 2일(양) 오전 6시

시	일	월	연	
丁	甲	壬	丁	(坤)
卯	子	子	巳	

목(木)	화(火)	토(土)	금(金)	수(水)
비겁	식상	재성	관성	인성
2개	3개	0개	0개	3개
25점 (+20)	30점	0점	0점	55점

가수, 배우

1985년 1월 25일(양) 오전 1시

시	일	월	연	
甲	甲	丁	甲	(坤)
子	子	丑	子	

월지 축(丑)=개수는 토(土), 양력 1월 초순~2월 초순이므로 수(水) 30점

목(木)	화(火)	토(土)	금(金)	수(水)
비겁	식상	재성	관성	인성
3개	1개	1개	0개	3개
30점 (+20)	10점	0점	0점	70점

변호사

1976년 1월 13일(양) 오전 1시

시	일	월	연	
甲	甲	己	乙	(乾)
子	子	丑	卯	

목(木)	화(火)	토(土)	금(金)	수(水)
비겁	식상	재성	관성	인성
4개	0개	2개	0개	2개
40점 (+20)	0점	10점	0점	60점

유도선수

1985년 1월 25일(양) 오전 2시

시	일	월	연	
乙	甲	丁	甲	(乾)
丑	子	丑	子	

축(丑)월 축(丑)시=월지 축(丑)은 수(水) 30점, 시지 축(丑)은 수(水) 15점

목(木)	화(火)	토(土)	금(金)	수(水)
비겁	식상	재성	관성	인성
3개	1개	2개	0개	2개
30점 (+20)	10점	0점	0점	70점

가수

1972년 2월 3일(양) 오후 2시

시	일	월	연	
辛	甲	辛	辛	(乾)
未	子	丑	亥	

목(木)	화(火)	토(土)	금(金)	수(水)
비겁	식상	재성	관성	인성
1개	0개	2개	3개	2개
10점 (+20)	0점	15점	30점	55점

김근태(전 국회의원)

1947년 2월 14일(양) 해(亥)시

시	일	월	연	
乙	甲	壬	丁	(乾)
亥	子	寅	亥	

월지 인(寅)=개수는 목(木), 양력 2월 초순~3월 초순이므로 수(水) 30점

목(木)	화(火)	토(土)	금(金)	수(水)
비겁	식상	재성	관성	인성
3개	1개	0개	0개	4개
20점 (+20)	10점	0점	0점	80점

전 국회의원

1962년 12월 12일(양) 오전 7시

시	일	월	연	
丁	甲	壬	壬	(乾)
卯	申	子	寅	

목(木)	화(火)	토(土)	금(金)	수(水)
비겁	식상	재성	관성	인성
3개	1개	0개	1개	3개
35점 (+20)	10점	0점	15점	50점

전 국회의원, 전 광역단체장

1958년 12월 3일(양) 오전 8시

시	일	월	연
戊	甲	癸	戊 (乾)
辰	寅	亥	戌

목(木)	화(火)	토(土)	금(金)	수(水)
비겁	식상	재성	관성	인성
2개	0개	4개	0개	2개
25점 (+20)	0점	45점	0점	40점

가수

1984년 2월 21일(양) 낮 12시

시	일	월	연
壬	乙	丙	甲 (乾)
午	酉	寅	子

목(木)	화(火)	토(土)	금(金)	수(水)
비겁	식상	재성	관성	인성
3개	2개	0개	1개	2개
20점 (+20)	25점	0점	15점	50점

국회의원

1962년 2월 26일(양) 오후 10시

시	일	월	연
丁	乙	壬	壬 (乾)
亥	未	寅	寅

목(木)	화(火)	토(土)	금(金)	수(水)
비겁	식상	재성	관성	인성
3개	1개	1개	0개	3개
20점 (+20)	10점	15점	0점	65점

전 대통령

1953년 1월 24일(양) 오전 8시

시	일	월	연	
庚	乙	癸	壬	(乾)
辰	亥	丑	辰	

목(木)	화(火)	토(土)	금(金)	수(水)
비겁	식상	재성	관성	인성
1개	0개	3개	1개	3개
10점 (+20)	0점	25점	10점	65점

작가

1972년 12월 10일(양) 낮 12시

시	일	월	연	
壬	乙	壬	壬	(坤)
午	亥	子	子	

목(木)	화(火)	토(土)	금(金)	수(水)
비겁	식상	재성	관성	인성
1개	1개	0개	0개	6개
10점 (+20)	15점	0점	0점	85점

---

2 화(火) 일간 목(木) 인성 발달 · 과다 · 태과다

배우

1984년 10월 29일(양) 낮 12시

시	일	월	연	
甲	丙	甲	甲	(坤)
午	申	戌	子	

월지 술(戌)=개수는 토(土), 점수는 토(土) 15점, 금(金) 15점

목(木)	화(火)	토(土)	금(金)	수(水)
인성	비겁	식상	재성	관성
3개	2개	1개	1개	1개
30점	25점 (+20)	15점	30점	10점

정치인

1930년 3월 17일(양) 오전 4시

시	일	월	연
庚	丙	己	庚 (乾)
寅	寅	卯	午

목(木)	화(火)	토(土)	금(金)	수(水)
인성	비겁	식상	재성	관성
3개	2개	1개	2개	0개
60점	20점 (+20)	10점	20점	0점

전 총경

1963년 3월 24일(양) 오후 11시

시	일	월	연
己	丙	乙	癸 (乾)
亥	寅	卯	卯

목(木)	화(火)	토(土)	금(金)	수(水)
인성	비겁	식상	재성	관성
4개	1개	1개	0개	2개
65점	10점 (+20)	10점	0점	25점

설치미술가

1929년 3월 22일(양) 낮 12시

시	일	월	연
甲	丙	丁	己 (坤)
午	寅	卯	巳

목(木)	화(火)	토(土)	금(金)	수(水)
인성	비겁	식상	재성	관성
3개	4개	1개	0개	0개
55점	45점 (+20)	10점	0점	0점

DAY
23

인성(印星) ― 일간별 인성 발달 · 과다 · 태과다

● 30일에 마스터하는 사주명리학 ● 중급

대기업 창업자

1966년 3월 27일(양) 오전 6시

시	일	월	연
辛	丙	辛	丙 (乾)
卯	寅	卯	午

목(木)	화(火)	토(土)	금(金)	수(水)
인성	비겁	식상	재성	관성
3개	3개	0개	2개	0개
60점	30점 (+20)	0점	20점	0점

발레리나

1992년 4월 20일(양) 오후 8시

시	일	월	연
戊	丙	甲	壬 (坤)
戌	寅	辰	申

월지 진(辰)=개수는 토(土), 점수는 목(木) 15점, 토(土) 15점

목(木)	화(火)	토(土)	금(金)	수(水)
인성	비겁	식상	재성	관성
2개	1개	3개	1개	1개
40점	10점 (+20)	40점	10점	10점

골프선수

2009년 3월 13일(양) 오후 5시

시	일	월	연
戊	丁	丁	己 (乾)
申	巳	卯	丑

목(木)	화(火)	토(土)	금(金)	수(水)
인성	비겁	식상	재성	관성
1개	3개	3개	1개	0개
30점	35점 (+20)	30점	15점	0점

검사

1965년 3월 14일(양) 오전 6시

시	일	월	연	
癸	丁	己	乙	(乾)
卯	卯	卯	巳	

목(木)	화(火)	토(土)	금(金)	수(水)
인성	비겁	식상	재성	관성
4개	2개	1개	0개	1개
70점	20점 (+20)	10점	0점	10점

아나운서

1988년 3월 13일(양) 오전 8시

시	일	월	연	
甲	丁	乙	戊	(乾)
辰	卯	卯	辰	

묘(卯)월 진(辰)시=개수는 토(土), 점수는 목(木) 15점

목(木)	화(火)	토(土)	금(金)	수(水)
인성	비겁	식상	재성	관성
4개	1개	3개	0개	0개
80점	10점 (+20)	20점	0점	0점

교수

1964년 3월 19일(양) 오전 6시

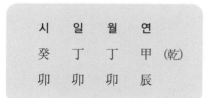

시	일	월	연	
癸	丁	丁	甲	(乾)
卯	卯	卯	辰	

목(木)	화(火)	토(土)	금(金)	수(水)
인성	비겁	식상	재성	관성
4개	2개	1개	0개	1개
70점	20점 (+20)	10점	0점	10점

배우

1972년 1월 22일(음) 인(寅)시

시	일	월	연	
壬	丁	癸	壬	(乾)
寅	酉	卯	子	

목(木)	화(火)	토(土)	금(金)	수(水)
인성	비겁	식상	재성	관성
2개	1개	0개	1개	4개
45점	10점 (+20)	0점	15점	40점

3 　토(土) 일간 화(火) 인성 발달 · 과다 · 태과다

가수

1994년 6월 1일(양) 낮 12시

시	일	월	연	
戊	戊	己	甲	(乾)
午	午	巳	戌	

목(木)	화(火)	토(土)	금(金)	수(水)
관성	인성	비겁	식상	재성
1개	3개	4개	0개	0개
10점	60점	40점 (+20)	0점	0점

안무가

1984년 5월 24일(양) 낮 12시

시	일	월	연	
戊	戊	己	甲	(坤)
午	午	巳	子	

목(木)	화(火)	토(土)	금(金)	수(水)
관성	인성	비겁	식상	재성
1개	3개	3개	0개	1개
10점	60점	30점 (+20)	0점	10점

리처드 파인만(Richard Feynman, 물리학자)

1918년 5월 11일(양) 낮 12시

시	일	월	연	
戊	戊	丁	戊	(乾)
午	午	巳	午	

목(木)	화(火)	토(土)	금(金)	수(水)
관성	인성	비겁	식상	재성
0개	5개	3개	0개	0개
0점	80점	30점 (+20)	0점	0점

기타리스트

2005년 6월 3일(양) 오후 6시

시	일	월	연	
辛	戊	辛	乙	(乾)
酉	午	巳	酉	

목(木)	화(火)	토(土)	금(金)	수(水)
관성	인성	비겁	식상	재성
1개	2개	1개	4개	0개
10점	45점	10점 (+20)	45점	0점

노무현(전 대통령)

1946년 9월 1일(양) 진(辰)시

시	일	월	연	
丙	戊	丙	丙	(乾)
辰	寅	申	戌	

월지 신(申)=개수는 금(金), 점수는 화(火) 30점

목(木)	화(火)	토(土)	금(金)	수(水)
관성	인성	비겁	식상	재성
1개	3개	2개	1개	0개
15점	60점	35점 (+20)	0점	0점

전 미국 대통령

1961년 8월 4일(양) 오전 8시

시	일	월	연	(乾)
戊	己	乙	辛	
辰	巳	未	丑	

월지 미(未)=개수는 토(土), 점수는 화(火) 30점

목(木)	화(火)	토(土)	금(金)	수(水)
관성	인성	비겁	식상	재성
1개	1개	5개	1개	0개
10점	45점	45점 (+20)	10점	0점

변호사, 국회의원

1967년 1월 5일(양) 낮 12시

시	일	월	연	(坤)
庚	己	庚	丙	
午	巳	子	午	

목(木)	화(火)	토(土)	금(金)	수(水)
관성	인성	비겁	식상	재성
0개	4개	1개	2개	1개
0점	50점	10점 (+20)	20점	30점

국회의원

1964년 5월 29일(양) 낮 12시

시	일	월	연	(乾)
戊	戊	己	甲	
午	寅	巳	辰	

목(木)	화(火)	토(土)	금(金)	수(水)
관성	인성	비겁	식상	재성
2개	2개	4개	0개	0개
25점	45점	40점 (+20)	0점	0점

테니스 국가대표

2008년 4월 1일(양) 오후 8시

시	일	월	연	
戊	辛	乙	戊	(乾)
戌	未	卯	子	

목(木)	화(火)	토(土)	금(金)	수(水)
재성	관성	인성	비겁	식상
2개	0개	4개	1개	1개
40점	0점	50점	10점 (+20)	10점

가수

1988년 6월 24일(양) 술(戌)시

시	일	월	연	
丙	庚	戊	戊	(乾)
戌	戌	午	辰	

목(木)	화(火)	토(土)	금(金)	수(水)
재성	관성	인성	비겁	식상
0개	2개	5개	1개	0개
0점	40점	60점	10점 (+20)	0점

국회의원

1960년 5월 24일(양) 오후 8시

시	일	월	연	
庚	壬	辛	庚	(乾)
戌	子	巳	子	

목(木)	화(火)	토(土)	금(金)	수(水)
식상	재성	관성	인성	비겁
0개	1개	1개	3개	3개
0점	30점	15점	30점	35점 (+20)

배우

1972년 10월 8일(양) 오전 6시

	시	일	월	연	
	癸	壬	己	壬	(乾)
	卯	申	酉	子	

목(木)	화(火)	토(土)	금(金)	수(水)
식상	재성	관성	인성	비겁
1개	0개	1개	2개	4개
15점	0점	10점	45점	40점 (+20)

하야시(조폭 두목)

1909년 9월 9일(양) 오후 4시

	시	일	월	연	
	戊	壬	癸	己	(乾)
	申	申	酉	酉	

목(木)	화(火)	토(土)	금(金)	수(水)
식상	재성	관성	인성	비겁
0개	0개	2개	4개	2개
0점	0점	20점	70점	20점 (+20)

가수

1987년 9월 20일(양) 오전 1시

	시	일	월	연	
	庚	壬	己	丁	(坤)
	子	申	酉	卯	

목(木)	화(火)	토(土)	금(金)	수(水)
식상	재성	관성	인성	비겁
1개	1개	1개	3개	2개
10점	10점	10점	55점	25점 (+20)

배우

1986년 9월 25일(양) 오후 11시

시	일	월	연	
辛	壬	丁	丙	(乾)
亥	申	酉	寅	

목(木)	화(火)	토(土)	금(金)	수(水)
식상	재성	관성	인성	비겁
1개	2개	0개	3개	2개
10점	20점	0점	55점	25점 (+20)

개그맨

1960년 9월 21일(양) 묘(卯)시

시	일	월	연	
癸	壬	乙	庚	(乾)
卯	子	酉	子	

목(木)	화(火)	토(土)	금(金)	수(水)
식상	재성	관성	인성	비겁
2개	0개	0개	2개	4개
25점	0점	0점	40점	45점 (+20)

전 국무총리

1962년 10월 2일(양) 오후 6시

시	일	월	연	
辛	癸	己	壬	(坤)
酉	酉	酉	寅	

목(木)	화(火)	토(土)	금(金)	수(水)
식상	재성	관성	인성	비겁
1개	0개	1개	4개	2개
10점	0점	10점	70점	20점 (+20)

송몽규(시인, 독립운동가)

1917년 9월 28일(양) 오후 6시

시	일	월	연	
辛	癸	己	丁	(乾)
酉	酉	酉	巳	

목(木)	화(火)	토(土)	금(金)	수(水)
식상	재성	관성	인성	비겁
0개	2개	1개	4개	1개
0점	20점	10점	70점	10점 (+20)

배우

1977년 9월 13일(양) 오후 2시

시	일	월	연	
己	癸	己	丁	(乾)
未	酉	酉	巳	

목(木)	화(火)	토(土)	금(金)	수(水)
식상	재성	관성	인성	비겁
0개	2개	3개	2개	1개
0점	20점	35점	45점	10점 (+20)

가수

1984년 10월 6일(양) 오후 6시

시	일	월	연	
辛	癸	癸	甲	(乾)
酉	酉	酉	子	

목(木)	화(火)	토(土)	금(金)	수(水)
식상	재성	관성	인성	비겁
1개	0개	0개	4개	3개
10점	0점	0점	70점	30점 (+20)

24

육친의 분석
과다 · 태과다

육친의 성격과 직업적성은
태과다 〉 과다 〉 발달의 순으로 분석한다.

태과다는 과다보다 육친의 기본 성향이 강하게 나타난다

저자의 대덕이론에서는 오행과 마찬가지로 육친을 태과다, 과다, 발달, 고립, 무존재로 다양하게 분석한다. 오행 분석으로 성격, 직업적성, 건강 등을 알아볼 수 있지만, 육친 분석으로는 건강을 판단하지 않는다는 것을 주의하기 바란다.

여기서는 육친의 과다(과다와 태과다를 총칭)에 대해 분석한다. 태과다는 특정 육친이 80점 이상인 경우이고, 과다는 50점 이상인 경우이다. 태과다와 과다는 비슷한 성향과 특성을 가지고 있지만, 태과다가 과다에 비해 비교적 욕망과 모험심이 크다는 차이가 있다.

태과다는 조직생활에 적응하기 어렵고, 독립적인 일이나 책임을 일임하는 자유로운 조직생활에 어울린다. 반면 과다는 태과다보다는 조직에 잘 적응하지만, 독립적이거나 자유로운 조직을 선호한다.

1 **육친의 과다·태과다 분석**

(1) 성격

- 육친의 과다·태과다는 긍정적인 성격과 부정적인 성격이 동시에 나타난다. 안정적이고 편안한 상태, 즉 자신이 원하는 바가 이루어지고 있는 상태에서는 장점인 긍정적 성격이 나타나는 반면, 스트레스가 심해지면 단점인 부정적 성격이 나타난다.
- 육친 과다·태과다 사주의 주인공은 자신의 감정을 다스리는 부분이 약하여 감정조절이 어려운 편이다. 그러다 보니 기분이 좋으면 바로 업되고 기분이 나쁘면 감정이 바로 다운되는 감정 기복이 크다.
- 특히 어릴 적 부모와 분리되어 생사이별의 충격을 경험했거나, 부모가 폭력적이었거나, 부모의 맞벌이로 이집 저집 옮겨 다니며 다른 사람들 손에 양육되었거나, 청소년기 짝사랑에 대한 아픔, 청년기 애인과의 생사이별, 결혼 후 배우자의 폭력이나 생사이별 등의 충격이 있었던 사람은 육친 과다·태과다로 인한 부정적 성격 특성이 강하게 나타난다.

(2) 건강

- 육친 과다·태과다의 건강은 특별하게 정리할 것이 없다. 다만 너무 과다하면 변화와 성공에 집착하게 되고, 성공에 집착하면 실패의 아픔도 커지며, 그로 인해 건강을 해치게 된다. 여기서 주의할 점은, 해당 육친의 건강이라기보다는 해당 오행의 건강문제가 발생한다는 것이다. 해당 육친은 과다한 욕심과 성공에 대한 집착 등으로 문제의 원인 제공을 하게 된다.

(3) 직업적성, 관계, 사회성

- 육친이 과다하면 성공에 대한 집착, 자유롭고 싶은 열망, 지배받고 싶지 않은 고집 등이 나타나게 된다.
- 과다에는 사주원국과 대운의 단순 과다, 사주원국의 합국에 의한 과다, 사주원국과 대운의 합국에 의한 과다가 있다. 다시 말해서 사주원국의 과다에는 사주원국 자체의 과다와 합국에 의한 과다가 있고, 대운의 과다에는 대운 자체의 과다가 있다. 그리고 사주원국과 대운의 글자가 합을 하여 과다해지는 경우가 있다. 여기서 사주원국과 대운에서 본래 과다한 육

친보다 합국으로 인해 과다해지는 육친이 욕망이나 자유의지나 변화 욕구 등이 더 강력하다. 그러므로 변화변동이나 사건사고의 힘도 크다고 보아야 한다.

2 육친별 과다 · 태과다 분석

(1) 비겁

① 목(木) 비겁이 과다 · 태과다인 경우

- 사람을 한번 믿기 시작하면 자기 사람으로 여기고 헌신한다.
- 자유로운 삶을 지향한다.
- 현실성이 부족하다.
- 남들에게 꿈과 희망을 주는 일이 맞는다.
- 인간적인 사람을 좋아한다.

② 화(火) 비겁이 과다 · 태과다인 경우

- 남의 마음을 쉽게 넘겨짚는 경향이 있다.
- 성격이 급해 마찰이 잦다.
- 순간적인 판단력이 빠르고 융통성이 있다.
- 다양한 상상을 잘하고 여러 가지 상상을 통합하는 융합력이 탁월하다.
- 느긋하고 행동이 느린 사람을 싫어한다.

③ 토(土) 비겁이 과다 · 태과다인 경우

- 맡은 일에 최선을 다한다.
- 지나치게 명분에 사로잡히기도 한다.
- 사람들과 소통하고 관계 맺는 것이 즐겁다.
- 고집과 자존심이 매우 강하다.
- 자기만의 세계가 뚜렷하다.

④ 금(金) 비겁이 과다 · 태과다인 경우

- 사람을 가려 사귄다.
- 자기중심적이다.

- 사람을 일로 접근하는 편이다.
- 자기만의 틀이 확실하다.
- 지나치게 자유로운 타입을 싫어한다.

⑤ 수(水) 비겁이 과다·태과다인 경우
- 스트레스를 많이 받는다.
- 생각이 많은 데 비해 실천력은 떨어진다.
- 자존심이 강한 반면 드러내지 못한다.
- 감각이 발달해 있고 섬세하고 예민하다.
- 자기만의 생각이 많고 자기만의 기준으로 옳고 그름을 가린다.

(2) 식상

① 목(木) 식상이 과다·태과다인 경우
- 정보수집을 잘한다.
- 언어능력이 좋다.
- 머리가 총명하고 감각이 예민하다.
- 작은 것 하나하나 간섭하고 교육하려 한다.
- 타인이나 대중이 필요한 것을 쉽게 간파하는 능력이 있다.

② 화(火) 식상이 과다·태과다인 경우
- 조직이나 사회를 바라보는 시선이 폭넓고 다양하다.
- 조직이나 사회에서 소통하고 포용하는 능력이 있다.
- 조직이나 사회가 필요로 하는 것을 쉽게 간파한다.
- 어떤 일에 쉽게 뛰어들고 주도한다.
- 배려적, 독립적, 전문적, 예술적 영역에서 인정받는다.

③ 토(土) 식상이 과다·태과다인 경우
- 말재주와 자신감이 있다.
- 감정이 다양하고 변화적이다.
- 자존심이 매우 강하고 고집이 세며 끈기가 있다.

- 총명하며 활동적이다.

④ 금(金) 식상이 과다·태과다인 경우

- 강단 있는 성격이다.
- 신경이 예민하고 잔소리가 많으며 집착이 있다.
- 구조화된 일에 적합하다.
- 현실을 정확하게 직시한다.
- 가까운 사람들에게 냉철하고 교육적이다.

⑤ 수(水) 식상이 과다·태과다인 경우

- 생각이 많고 예감, 직관력이 뛰어나다.
- 암기력이 뛰어나고 폭넓고 다양한 정보수집을 좋아한다.
- 자신의 생각을 표현하고 싶어한다.
- 자신의 생각을 고집하고 집착하는 경향이 강하다.

(3) 재성

① 목(木) 재성이 과다·태과다인 경우

- 창의력과 창조력이 뛰어나고 예술성이 있다.
- 이해심이 많고 부드럽고 포용력이 있다.

② 화(火) 재성이 과다·태과다인 경우

- 놀고 즐기는 것을 좋아하고 낙천적이고 쾌락적이다.
- 벌이는 일에 비해 마무리가 약하다.
- 성격이 급하고 즉흥적이다.
- 적극적으로 표현하고 행동하는 연예·예술·방송·체육 등의 분야에 적성이 있다.
- 자신의 생각을 적극적으로 표현하는 타입이다.

③ 토(土) 재성이 과다·태과다인 경우

- 부드럽고 따뜻하며 포용력과 화합력이 있다.
- 남자는 속마음을 쉽게 드러내지 않고 남들의 시선을 의식하고, 여자는 적극적으로 대화하고

소통한다.

- 사람들을 편하게 대해 인기가 많다.
- 평화와 배려가 함께 있어 사람 사이를 중재하는 능력이 탁월하다.
- 의욕이 강하고 끈기가 있으며 고집이 있다.

④ 금(金) 재성이 과다 · 태과다인 경우

- 금다(金多) 중에서는 대인관계가 원만하다.
- 재성의 새로운 변화와 금(金)의 「한다면 한다」가 결합하여 엉뚱한 모험을 할 수 있다.
- 맡은 일을 완벽하게 처리한다.
- 부드러우면서도 자기 주관이 있고 자기만의 세계가 있다.
- 계획적이고 구조화된 일에 적합하다.

⑤ 수(水) 재성이 과다 · 태과다인 경우

- 모험적이고 쾌락을 추구하며, 낙천적인 면과 고지식하고 안정과 안전을 추구하는 면이 공존하는 이중적인 감정을 가지고 있다.
- 예술성 · 문학성 · 창의성 · 운동성이 발달되어 있다.
- 생각이 너무 많고 감수성이 풍부하다.
- 허욕과 탐욕이 잠재되어 있어 일확천금의 꿈이 강하다.
- 창의적인 아이디어가 많고 수리력이 발달되어 있다.

(4) 관성

① 목(木) 관성이 과다 · 태과다인 경우

- 자기 표현을 잘한다.
- 인정받는 것을 좋아한다.
- 명예욕이 강하다.
- 자의식이 강하다.
- 작은 일보다 큰 일에 관심이 있다.

② 화(火) 관성이 과다 · 태과다인 경우

- 논리적이고 분석적이며 판단력이 뛰어나다.

- 언어능력이 발달되어 있고 통합과 융합의 능력이 있다.
- 말이 많고 산만하며 쉽게 흥분하고 다혈질이다.
- 권력지향적이고 빠르게 승부 거는 경향이 강하다.

③ 토(土) 관성이 과다·태과다인 경우
- 뚜렷한 명분을 좋아하고 우직하고 성실하다.
- 주변의 평화와 필요성을 정확하게 파악하는 능력이 있다.
- 조직과 사회에 기여하고자 할 때 능력이 배가된다.
- 책임감과 의무감이 강하다.
- 자기 주장을 지나치게 내세우고 쓸데없는 고집이 있다.

④ 금(金) 관성이 과다·태과다인 경우
- 자기 세계가 뚜렷하고 완벽주의자 기질이 있다.
- 뜻대로 되지 않으면 폭력적으로 변하기도 한다.
- 쓸데없는 고집이 강하고 타협력이 부족하다.

⑤ 수(水) 관성이 과다·태과다인 경우
- 분석적이다.
- 계획적이다.
- 신경이 예민하다.
- 후회와 반성을 자주 한다.
- 아이디어가 풍부하다.

(5) 인성
① 목(木) 인성이 과다·태과다인 경우
- 아니다 싶은 것은 회피한다.
- 잠재력이 크다.
- 자의식이 강하다.
- 자신을 알아주는 곳에서 빛을 발한다.
- 정신력이 강하다.

② 화(火) 인성이 과다 · 태과다인 경우

- 좋고 싫은 것이 분명하다.
- 성격이 급하나 배짱은 부족하다.
- 뒷심이 부족하다.
- 감각이 있다.

③ 토(土) 인성이 과다 · 태과다인 경우

- 긍정적이다.
- 철이 없다는 평을 듣는다.
- 자기 주장이 과하다.
- 뛰어난 감각을 발휘하는 분야가 있다.

④ 금(金) 인성이 과다 · 태과다인 경우

- 눈치가 빠르다.
- 좋고 싫은 게 명확하다.
- 뜻대로 되지 않으면 못 견딘다.
- 융통성이 부족하다.
- 자기만의 철학이 확고하다.

⑤ 수(水) 인성이 과다 · 태과다인 경우

- 새로운 사람과 장소에 적응하기 어렵다.
- 고지식하다.
- 한번 떠난 마음은 돌이키지 않는다.
- 자기 표현을 잘 하지 않는다.

DAY 25

육친의 분석
발달 · 고립 · 무존재

육친 발달은 각 육친의 성격과 특성 중에서 장점이 나타난다.

발달은 책임감을 가지고 직무 역량을 발휘한다

육친 분석에는 태과다, 과다, 발달, 고립, 무존재의 다양한 분석 방법이 있다. 앞에서 과다와 태과다를 다루었고, 여기서는 발달, 고립, 무존재를 다룬다.

육친의 발달은 특정 육친이 30~50점인 경우이다. 발달은 조직생활에서 책임을 맡겨주면 자기 일처럼 끈기 있게 리더십과 직무 역량을 발휘하는 타입이다. 다만, 조직에서 인정하지 않고 맡겨주지 않는다면 능력을 보여주지 못한다. 만약 독립적인 일을 한다면 영업력이 많지 않고 대인관계가 많지 않은 업종에서는 꾸준히 발전하지만, 대인관계가 많고 영업력이 필요한 업종에서는 굴곡이 있을 수 있다.

한편, 육친이 고립되면 해당 육친의 성격적인 단점이 나타날 가능성이 높다. 반면에 육친이 무존재인 경우는 고립된 육친의 부정적 작용에 비해 큰 작용이 없다.

1 육친의 발달 분석

(1) 성격

- 육친 발달은 각 육친의 성격과 특성 중에서 장점이 나타난다. 다만 발달 점수이면서 고립이 없는 경우와, 발달 점수이면서 고립된 경우가 있기 때문에 세심하게 살펴야 한다. 발달된 육친이 고립되지 않은 경우가 고립된 경우보다 좀 더 안정적이고, 성격과 특성의 장점이 뚜렷하게 나타난다.

(2) 건강

- 육친으로 건강을 분석하지는 않는다. 다만 사주에 발달된 육친만 존재하면 안정적인 성격과 특성이 나타나므로, 크게 모험하지 않고 꾸준한 발전을 추구하기 때문에 건강문제가 생길 가능성은 거의 없다.
- 다만 육친이 발달된 경우라도 지지가 합충으로 모두 깨져 있는 경우는 사건사고에 휘말릴 수 있으니 조심해야 한다.

(3) 직업적성, 관계, 사회성

- 육친이 발달된 사람은 안정된 직장생활이나 안정된 직업, 전문직을 이끌어 가는 경우가 많다. 또한 독립적이고 자유로운 직업을 선택했다고 해도 크게 욕심부리지 않고 욕망을 자제하는 능력이 있어 대인관계도 무난하고 안정된 직업을 유지하게 된다.

2 육친의 고립 분석

(1) 성격

- 육친이 고립되면 해당 육친의 성격적 단점이 나타날 가능성이 높다. 특히 어릴 적 부모의 폭력이나 부모와의 사별, 이별 등으로 인한 충격이 있었거나, 부모가 맞벌이여서 이집 저집으로 옮겨 다니며 자란 경우, 또는 청소년기나 청년기 짝사랑이나 애인과 헤어진 경우, 배우자와 생사이별 등의 아픔이 있는 사람은 고립의 부정적 성격이 강하게 나타난다.

(2) 건강

• 육친 고립으로 인한 직접적 건강문제는 나타나지 않는다.

(3) 직업적성, 관계, 사회성

• 고립된 육친의 직업을 선택하거나 집착하는 사람은 반드시 어려움에 봉착하게 되고, 삶에 굴곡이 심하게 나타나게 된다.

• 고립된 육친의 직업은 부정적 특성이 강하게 나타난다. 그러므로 반드시 발달되었거나 과다한 육친의 특성을 살펴서 직업적성을 선택해야 한다.

• 고립된 육친에 해당하는 관계성과 사회성은 부정적 영향력이 크게 나타난다. 그러므로 고립된 육친이 나타내는 관계성과 사회성을 활용하기보다는, 과다나 발달된 육친의 관계성과 사회성을 활용하는 것이 사주팔자의 삶을 행복하게 영위하는 방법이라 할 수 있다.

3 육친의 무존재 분석

(1) 성격

• 무존재 육친의 성격적 특성은 고립된 육친의 부정적 작용에 비해 큰 작용이 없다. 다만 무존재 육친이라도 대운이나 연운에서 간지로 힘있게 들어오지 않으면 고립 형태가 되기 때문에 부정적 작용이 나타날 수 있다. 그러나 고립 없이 무존재라면 해당 육친의 성격적 특성이 없어 불편할 뿐이지, 부정적인 성격 특성이나 성격의 단점으로 인한 사건사고가 나타나지는 않는다.

• 엄밀하게 말하면 고립된 육친의 부정적 특성이 가장 크게 나타나고, 그 다음으로는 과다한 육친, 그 다음으로는 무존재 육친의 순서로 부정적 특성이 나타날 가능성이 있다. 이 또한 사람에 따라 사주에 따라 조금씩 변화가 있음을 명심해야 한다.

(2) 건강

• 무존재 육친의 건강 분석은 불가능하다. 다만 고립과 비슷하게 무존재에 대한 집착 성향이 나타나면 해당 오행의 건강문제가 발생할 수 있다.

(3) 직업적성, 관계, 사회성

- 무존재 육친의 직업적성은 선택하지 않는 것이 좋다. 그 자체로는 문제가 없지만, 대운이나 세운에서 고립될 가능성이 매우 높기 때문이다.

- 무존재 육친의 직업적성을 선택하면 사건사고의 변동이 매우 크고 직업의 안정성이 떨어지며, 본인도 자신의 직업에 만족하지 못하고 불만 가득한 삶을 살게 된다.

- 다만 무존재 육친이 대운에서 간지로 20년간 뭉쳐서 들어온다면 무존재 육친도 직업적성의 장점이 나타난다고 보아야 한다.

DAY

26 육친을 통한 대운 분석

TODAY'S POINT | 육친 대운 분석을 통해 인생사의
여러 가지 변화와 변동을 읽을 수 있다.

육친 대운은 초년기·청년기와 그 이후로 나누어서 분석한다

육친으로 대운을 분석할 수 있다. 대운 분석을 통해 직업, 사업, 이사, 결혼, 만남, 승진, 합격 등 여러 변화와 변동을 읽고, 살면서 누구나 겪는 인생의 변화에 대비할 수 있다.

육친을 통해 대운을 분석하는 방법은 『사주명리학 운세변화』에서 자세하게 다루고 있다. 육친의 대운 분석은 초년기·청년기인 25세 이전의 대운, 그리고 25세 이후의 대운으로 구분할 수 있다.

공부에 집중하고 외부 환경에 흔들리지 않아야 하는 학생 시절에는 자기 감정을 적극적으로 표현하는 성격보다는, 안정적이고 순종적이며 부모나 학교 환경에 충성하는 타입이 공부에 집중하고 성적이 향상될 가능성이 높다. 다만, 예체능에 재능이 있는 아이들은 자기 감정이나 재능을 적극적으로 표현하는 육친에서 능력을 발휘할 가능성이 높다.

DAY 26 >> 육친을 통한 대운 분석

1 초년기 · 청년기

- 육친을 통해 대운을 분석할 때는 초년기 · 청년기와 그 이후로 나누어서 분석한다. 부모와 함께 사는 동안에는 그만큼 부모의 영향력이 크고, 성인이 되어 독립한 후부터는 부모의 영향력이 작아지기 때문이다. 여기서는 그 기점을 대략 25세 전후로 본다.
- 초년기와 청년기에는 사주 당사자의 사주를 분석하거나 사주와 대운을 비교 분석하기보다는, 대운에 나타난 육친을 파악하는 것이 더 정확하다.

(1) 비겁 대운

- 비겁 대운 시기에는 사람들에게 인정받고 싶은 욕구가 강해진다. 그래서 부모와 선생님의 인정과 관심을 받지 못하거나 비교당한다는 생각이 들면 또래 친구들의 인정을 받기 위해 엉뚱한 행동을 하기도 한다. 친구들의 이목을 끌기 위해 튀는 행동을 하거나 돈을 헤프게 쓰고 놀러 다니게 되는 것이다.
- 또한 감수성이 발달하고 감정이 예민해지며 자존심이 강해지는 시기이기 때문에, 이 시기의 자녀에게는 말과 행동을 조심스럽게 하는 것이 좋다. 부모 생각에는 허물없이 대한다는 생각으로 하는 말과 행동이 자녀에게 상처를 주기 쉽다. 따라서 자녀에게 좋은 친구가 되어 준다는 생각으로 선을 넘지 않는 친밀한 대화를 나누고 여러 활동을 함께해주면 좋다.
- 비겁 대운을 맞이한 아이들에게는 자존심을 최대한 살려주고 칭찬과 격려를 아끼지 않아야 한다. 이 시기의 아이들은 주위 사람들이 자신을 인정하고 칭찬해줄수록 본인의 능력을 최대한 발휘할 수 있다.

(2) 식상 대운

- 식상 대운의 아이들은 명예욕과 자존심이 극도로 자제된다. 남들 앞에 나서고 싶은 욕망이 자제되는 시기이다 보니 본분인 학업에 충실해지고, 배우고자 하는 열의도 커진다. 따라서 이 시기에는 자신의 실력을 최대한 발휘할 수 있게 공부할 수 있는 환경과 여건을 마련해주면, 잔소리를 하거나 크게 간섭하지 않아도 스스로 열심히 공부해서 좋은 성과를 얻을 수 있다.

- 특별히 좋지 않은 사건이 있거나 환경이 열악하지 않으면 학습의욕이 큰 시기이다. 아이를 격려해주면서 적절한 칭찬만 해준다면 안정적으로 지낼 수 있을 것이다.

(3) 재성 대운

- 쾌락적이고 낙천적이고 활동성이 높아져서 현장 학습, 동영상 학습, 실험 학습 등에 관심이 크다. 또는 낙천적, 쾌락적 활동성이 높은 연예 · 예술 · 방송 · 체육 등의 재능이 발휘된다.
- 앉아서 공부할 때는 짧은 시간에 학습 성취가 있어서 순간순간 재미있을 때 학습능률이 높아진다. 예를 들면 수학 과목이 있다. 수학은 한 문제를 풀 때마다 성취감이 생긴다. 새로운 문제를 풀면 또 다른 희열이 생긴다. 재성 대운에서는 수리적 재능을 잘 살려주면 수학 점수가 높아진다.
- 또한 돈에 대한 관심이 많아지는 시기로 돈을 벌거나 쓰고 싶어한다. 용돈이 부족하지 않은데도 아르바이트를 해서 돈을 많이 쓰기도 하고, 적극적이고 활동적으로 변해서 사람들과 많이 어울리고 싶어한다. 연예인이 되고 싶어서 오디션을 보러 다니는 경우도 있다.
- 남자아이의 경우에는 특히 여자친구를 만들고 싶어한다. 실제로 주위에 이성이 많이 접근하기도 하는 시기이므로 이성교제를 너무 막는 것보다는 부모의 동의 하에 건전한 교제를 할 수 있도록 지도하는 것이 좋다.

(4) 관성 대운

- 이 대운에는 명예를 소중히 여기고 앞장서서 책임자나 리더가 되고자 하는 욕망이 커지고, 사람들에게 리더로 인정받고 싶다는 명예욕이 발동한다. 학교의 임원으로 활동하면 좋겠지만, 여의치 않다면 각종 대회에 나가 입상하거나 자신을 내세울 수 있는 발표회 등에 참여해도 좋다.
- 학생회장, 반장, 부반장, 부장으로 활동하거나 대회에서 상을 받으면 자신감이 높아지고 자존감도 상승하여 학습능률도 향상되고, 적극적으로 공부하여 성적이 높아질 수 있다. 관성 대운의 아이들은 학교에서 앞장서서 이끌고 나가고 싶어하므로 리더가 되었을 때 비로소 학습에 집중하는 경향이 있다.
- 어른처럼 행동하고 싶어하는 시기이기도 하므로 너무 어린아이를 대하듯 하면 좋지 않다. 마음속으로는 그렇지 않더라도 어른을 대하듯 인정하고 존중해주면 좋을 것이다.
- 여자아이의 경우 남자친구에 대한 관심이 커지는 시기이다. 남자친구의 존재를 비밀에 부치지 않고 부모가 아는 환경에서 교제할 수 있도록 유도하는 것이 좋다.

(5) 인성 대운

- 부모의 사랑을 독차지하고 싶어지는 시기이다. 또한 부모도 인성 대운의 아이에게 적극적인 사랑과 칭찬과 격려 등의 강화를 해주어 아이가 학습 의욕이 강해지고, 배움에 대한 열정이 있는 시기이다. 지적 욕구를 채우고 싶다는 마음도 커지고, 새로운 것과 새로운 지식을 배우고자 하는 열망도 크다. 관심 있는 분야에 대해서 적극적으로 배우고자 하므로 다양한 분야의 지식을 얻을 수 있는 기회가 될 것이다.

- 이 시기에는 꾸준한 노력이 뒷받침되는 시기이므로 성적도 꾸준하게 상승할 수 있다. 적절한 학습 환경만 조성해준다면 아이도 자신의 능력을 크게 발휘할 수 있을 것이다.

2 청년기 이후

- 부모의 영향력에서 벗어나는 청년기 이후부터는 사주원국과 대운의 관계가 중요하다. 타고난 사주팔자의 영향력이 나타나고, 사주원국과 대운이 서로 강하게 연관된다. 그러나 여전히 사주원국의 작용 범위가 대운의 작용 범위보다는 크다.

- 또한 사업가나 연예인, 정치인처럼 비교적 자유로운 직업을 가진 이에게는 대운의 작용력이 크고, 반면 공무원이나 교사처럼 안정적인 직장이 있는 이의 경우에는 대운의 작용력이 거의 없다는 점을 염두에 두어야 한다.

- 독립 이후의 육친 대운은 크게 두 가지 경우로 분석할 수 있다. 사주원국의 힘이 약한 육친이 대운에서 같은 육친을 만나는 경우와, 사주원국의 힘이 강한 육친이 대운에서 같은 육친을 만나는 경우이다.

(1) 사주원국의 힘이 약한 육친이 대운에서 같은 육친을 만나는 경우

① 비겁이 약한데 비겁 대운일 때

- 사주원국에서 비겁의 힘이 약한데 대운에서 비겁운이 오면 사주원국의 비겁이 안정적으로 변한다. 대인관계가 원만해지고 친구, 선후배, 직장동료, 형제 등 주위 사람들의 도움도 많이 받는다. 어려운 처지에 처하게 되더라도 사람들의 도움으로 원만히 해결되기도 하는, 한마디로 사람들의 덕을 많이 보는 때이다. 장사, 사업, 연예인, 선거 등 사람을 상대로 하는 직업과 일을 진행하는 사람에게 특히 유리한 시기이다.

② **식상이 약한데 식상 대운일 때**

* 사주원국에서 식상의 힘이 약한데 대운에서 식상운이 오면 사주원국의 식상이 안정된다. 의식주가 풍족해지고, 언어능력이 발달되어 말에 설득력을 갖게 된다. 사람들의 앞에 서서 말을 할 기회도 늘어난다. 여성은 자식으로 인한 행운이 있다.

③ **재성이 약한데 재성 대운일 때**

* 사주원국에서 재성의 힘이 약한데 대운에서 재성운이 오면 사주원국의 재성이 안정된다. 재물이 들어와서 사업이 번창하거나 뜻하지 않은 돈, 생각하지 못했던 돈이 들어온다. 남성의 경우 여성들에게 인기를 얻게 되거나, 여성으로 인한 행운이 들어오는 시기이기도 하다.

④ **관성이 약한데 관성 대운일 때**

* 사주원국에서 관성의 힘이 약한데 대운에서 관성운이 오면 사주원국의 관성이 안정된다. 취업을 하거나 승진, 합격, 당선 등의 운이 따른다. 명예와 인기가 높아지는 시기여서 주위의 인정을 받거나 모임과 단체에서 직책을 맡게 되기도 한다. 여성의 경우 남성에게 인기가 높아지거나 남자(애인 또는 배우자)로 인한 행운이 있는 시기이기도 하다. 남성은 자식으로 인한 행운이 있다.

⑤ **인성이 약한데 인성 대운일 때**

* 사주원국에서 인성의 힘이 약한데 대운에서 인성운이 오면 사주원국의 인성이 안정된다. 부동산 매입, 유산 상속, 결혼, 합격 통지 등 문서, 부동산, 공부 등에 해당하는 일이 생긴다. 학습 욕구도 커지는 시기여서 새로운 분야에 대해 공부하고 자격증을 취득하기도 한다. 어머니로 인한 행운이 있는 시기이기도 하다.

(2) 사주원국의 힘이 강한 육친이 대운에서 같은 육친을 만나는 경우

① **비겁이 강한데 비겁 대운일 때**

* 사주원국에서 비겁의 힘이 강한데 대운에서 비겁운을 만나면 사주원국의 비겁이 지나치게 강해져서 친구, 형제, 선후배 등 대인관계로 인한 어려움이 생긴다. 인간관계는 물론 동업에도 난관이 있으며, 비겁이 재성을 극하므로 재물이 새어 나가기 쉬워 돈거래를 하면 손실을 얻기 쉬운 때다. 애인이나 배우자와 갈등이 생기고 다투기 쉬운 때이기도 하다. 아버지와 갈등이 생기거나 아버지로 인한 어려움이 생기기 쉽다. 단, 비겁이 사람에 해당하므로

연예, 예술 문화, 방송 분야의 일에는 인기가 높아질 수 있고 선거에 나가도 당선 가능성이 높다.

② 식상이 강한데 식상 대운일 때

- 사주원국에서 식상의 힘이 강한데 대운에서 식상운을 만나면 사주원국의 식상이 지나치게 강해진다. 따라서 의식주에 문제가 생기거나 구설수에 오르내리게 될 수 있다. 또 명예나 직장에 해당하는 관성을 식상이 극하므로 명예가 실추되거나, 직장에서의 감봉 처분, 퇴직 등을 당하는 등 직업의 안정성이 떨어지게 된다. 여성의 경우에는 애인이나 배우자와 다투거나 헤어질 수도 있고, 남성은 자식으로 인한 어려움이 있을 수 있다. 대체로 인간관계에서 매사에 조심하고 신경 써야 하는 때다. 단, 연예, 예술, 방송 분야의 일을 하는 경우 말을 해야 하는 일이 많아지므로 오히려 좋을 수 있다.

③ 재성이 강한데 재성 대운일 때

- 사주원국에서 재성의 힘이 강한데 대운에서 재성운이 오면 사주원국의 재성이 지나치게 강해진다. 재물에 대한 욕망이 커져서 사업을 확장하거나 투자하다가 오히려 경제적인 어려움을 겪을 수 있다. 또 문서에 해당하는 인성을 재성이 극하므로 문서, 즉 보증 또는 돈거래로 인한 문제를 주의해야 한다. 따라서 너무 큰 욕심을 자제하는 것이 필요하다. 남성의 경우에는 여성으로 인한 구설수를 주의해야 한다. 부모로 인한 어려움이 있을 수 있는 때이기도 하다. 입찰, 낙찰, 복권, 주식 등 재물이 한꺼번에 들어오는 곳에는 행운이 찾아올 수도 있다.

④ 관성이 강한데 관성 대운일 때

- 사주원국에서 관성의 힘이 강한데 대운에서 관성운이 오면 사주원국의 관성이 지나치게 강해진다. 명예욕이 너무 강해져서 주위를 무시하거나 독불장군으로 행동하고, 이로 인해 구설수에 오르거나 관재수가 따르기도 한다. 직업의 안정성이 떨어져서 무리하게 퇴직을 하고 사업을 벌이는 등의 행동을 하기도 하며, 건강에도 이상이 나타나기 쉬우니 주의해야 한다. 여성의 경우 남자로 인한 구설수가 생기거나, 애인과 배우자와 갈등이 늘기 쉽고, 남성은 자식으로 인한 어려움이 있을 수 있다. 선거나 방송 등 한꺼번에 명예와 인기를 얻기에는 유리하다.

⑤ 인성이 강한데 인성 대운일 때

- 사주원국에서 인성의 힘이 강한데 대운에서 인성운이 오면 사주원국의 인성이 지나치게 강해진다. 이 시기에는 보증, 돈거래, 서류 작성 등 문서로 인한 문제가 발생하기 쉬우므로 각별히 주의해야 한다. 의식주 문제가 생기기 쉬운 때여서 다니던 직장을 갑자기 그만두고 다른 공부를 하겠다고 생각할 수 있지만, 공부에 욕심이 생겨도 이루는 것은 없다. 이 시기에는 문서 거래에 신중하고 현실을 직시하는 것이 필요하다. 구설수를 특히 주의해야 한다. 새로운 아이디어나 창조력이 발휘되고 부동산의 확장이 있을 수 있다.

27 여러 가지 인연
자식운 · 부모운 · 배우자운

TODAY'S POINT | 자식운 · 부모운 · 배우자운의 여부에 대해
자세하게 학습한다.

사람의 인생을 좌우하는 세 가지 인연

여기서는 자식과의 인연, 부모와의 인연, 배우자와의 인연에 대해 다룬다.

첫째, 자식과의 인연은 자식이 잘 생기지 않는 사주를 중심으로 분석한다.

둘째, 부모와의 인연은 부모의 사랑의 크기를 중심으로 분석한다.

셋째, 배우자와의 인연은 생사이별을 중심으로 분석한다.

가족과의 사이에서 매우 중요한 관계를 분석하기 때문에 반복적으로 학습하여 확실히 알아두기
바란다. 이 내용들은 앞으로 사주명리 상담에서 큰 도움이 될 것이다.

| **1** | 아이가 잘 생기지 않는 사주 |

(1) 부부의 사주가 비슷하거나 닮은 경우

<table>
<tr><td colspan="2" align="center">남자 사주</td><td colspan="2" align="center">여자 사주</td></tr>
</table>

시	일	월	연			시	일	월	연	
戊	乙	戊	庚	(乾)		己	乙	己	庚	(坤)
寅	卯	寅	申			卯	酉	卯	申	

위의 두 사주를 보면 여러 가지가 비슷하다. 우선 남자 사주와 여주 사주의 일간이 을목(乙木)으로 같고, 연주도 경신(庚申)으로 동일하다. 또한 월주와 시주의 천간 오행이 토(土)로 같고, 지지 오행이 목(木)으로 같다.

(2) 식상이 많을 때

여자에게 식상은 자식을 의미한다. 식상이 과다할 경우 아이가 안 생기거나 아이가 늦게 생긴다. 식상이 과다한 여자의 경우 자기 뜻대로 되지 않으면 엄청난 스트레스를 받는다. 자기 생각의 집착 성향도 강하다. 스트레스가 많을수록 병원에서는 문제가 없다고 하는데 임신이 잘 안 되는 경우가 많다. 마음의 여유를 가지면 쉽게 임신이 되기도 한다.

(3) 인성이 많을 때

인성은 식상을 공격한다. 여자 사주에서 식상은 자식이다. 자식을 극하는 것이 인성이고 인성이 많으니 아이가 잘 안 생기거나 늦게 생긴다. 인성은 의존적 성향과 사랑받고자 하는 성향이 매우 강하다. 아이가 안 생길 때 두려움이 커질수록 남편이나 시댁 식구들의 관심이 멀어질까 두려워지고, 스트레스 때문에 아이가 잘 안 생기거나 늦게 생기게 된다.

(4) 토(土)가 과다 이상일 때

토(土)는 산부인과 계통의 건강을 나타낸다. 건강은 고립되거나 태과다할 때 이상이 생길 가능성이 높기 때문에, 토(土)가 태과다할 때는 산부인과 계통의 이상으로 아이가 잘 안 생기거나 늦게 생기게 된다.

(5) 식상이 고립일 때

식상은 자식에 해당하고, 자식이 고립되면 아이가 안 생기거나 늦게 생기게 될 가능성이 높다. 아이가 탄생하면 맞벌이로 양육을 할머니 또는 외할머니에게 맡기게 되거나 서로 떨어져 있게 된다.

(6) 금(金)·수(水)가 많은 차가운 사주일 때(음의 기운이 많은 사주일 때)

금(金)이나 수(水)가 태과다한 사주는 신경이 예민하여 스트레스가 많다. 작은 일에도 스트레스가 심한 사람은 아이가 잘 안 생기거나 늦게 생기는 경우가 많다.

2   부모운

(1) 부모에게 사랑받지 못하는 사주

① 인성이 고립된 경우

- 인성 중에서도 편인 고립이 가장 사랑을 못 받는다. 부모 입장에서 자녀가 마음에 들지 않는다.
- 적극적인 사랑과 지원을 받기 어렵다. 부모가 도와주려고 하지 않는다.
- 인성 고립에 재성이 많은 경우에는 부모복이 떨어진다. (인성복, 재성복 모두 없다.)

② 어머니와의 인연이 떨어지는 경우

- 사주원국의 인성 고립 + 초년 대운(25세 이전)에 다시 인성이 고립된 경우

③ 아버지와의 인연이 떨어지는 경우

- 재다(財多) 사주 + 초년 대운에 재성 대운이 들어온 경우
- 재다 사주 + 초년 대운에 식상 대운이 들어온 경우
- 비다(比多) 사주 + 초년 대운에 비겁 대운, 재성 대운, 인성 대운이 들어오는 경우

④ 비겁이 많은 사주

- 비겁이 재성을 극하기 때문에 아버지와의 인연이 떨어질 가능성이 높다(사랑을 받지 못하거나 떨어져 산다).
- 비다 사주+초년 대운에 비겁 대운, 인성 대운, 재성 대운이 들어오는 경우 아버지복이 떨어진다.

⑤ 재성이 많은 사주

- 재성은 초년(20대)까지는 아버지를 의미하기 때문에 너무 과다하면 부모복이 떨어진다.
- 특히 재다의 경우 아버지와의 인연이 떨어지거나 부모의 적극적인 지원을 받기 힘들다(자수성가의 기질). 아이가 산만한 것을 가장 싫어하는 사람은 아버지이다. 아버지와의 관계가 안 좋을 수 있다.
- 재다 사주+초년 대운에 재성이 몰려오면 아버지가 일찍 돌아가신다. 요즘은 아버지복이 없다, 아버지와 사이가 좋지 않다, 아버지의 경제력이 떨어진다 등으로 해석한다.
- 재다 사주+초년 대운에 재성 대운, 식상 대운이 들어오면 아버지복이 떨어진다.

(2) 부모에게 사랑받는 사주

- 사주원국에서 인성이 발달 이상인 경우. 간혹 인성 태과다의 경우 태아 시기에 아버지와 인연이 없는 경우가 있는데 100명 중에 1명 꼴이다. 이 경우 어머니에게서 집착적 사랑을 받게 된다.
- 사주원국에 인성이 잘 있고 첫 대운에 인성이 들어온 경우
- 초년 대운에서 20년간 인성이 들어오는 경우
- 토(土) 재성, 토(土) 인성이 발달 이상인 경우(유산 상속과 관련이 있다)

---

3 배우자운

- 배우자복이 없는 사주는 이혼 사주, 미혼 사주, 별거 사주, 사별 사주를 말한다.
- 배우자복이 없다는 것은 이성(배우자 또는 동거인)과 육체적 관계를 하지 않고 산다는 의미이다. 즉 이혼 또는 독신(미혼자 또는 별거)으로 살아가는 것을 배우자복이 없다고 본다.
- 남자에게 재성, 여자에게 관성이 배우자에 해당하는데, 배우자복이 없는 사주인 사람은 결혼 후 이혼하거나 혼자 독신으로 살아가거나 결혼 후 각방을 사용하거나 별거하는 형태로

살아간다.

- 사주에 재성이나 관성이 3개 있는데 1개는 이혼수가 있고 나머지 2개는 이혼수가 없다면, 반드시 문제 있는 배우자를 먼저 선택한 후 재혼하여 잘사는 형태의 결혼을 하게 된다. 만약 3개 중에서 2개가 배우자복이 없고 1개가 이혼수가 없다면, 두 번의 이혼이나 사별을 경험한 후에 세 번째 배우자와 잘살게 된다. 또는 한 명의 배우자와 평생 별거 상태로 살아가거나 평생 독신으로 살아가기도 한다. 사주의 배우자에게 개수만큼의 문제가 발생하지는 않는다.

- 사주 내에 배우자가 없어도 대운에서 지속적으로 배우자가 들어오면 배우자복이 있는 사주라고 한다.

- 사주에 있는 배우자의 개수만큼 결혼하지는 않는다. 여자 사주에 관성이 3개라 해서 세 번 결혼하고, 남자 사주에 재성이 5개라 해서 다섯 번 결혼하지는 않는다는 말이다.

- 관성이나 재성이 없다고 결혼을 못하는 사주는 아니다. 관성이나 재성이 없어도 결혼을 할 수 있다. 그러나 관성이나 재성이 없으면 반드시 배우자복이 없는 삶을 살게 된다.

(1) 고립이면 무조건 이혼할까?

- 고립이라고 무조건 이혼하지는 않지만, 좋지는 않다. 고립이면 배우자복이 없다.
- 생사이별을 하거나 육체적 관계가 없는 것을 의미하기도 한다.

(2) 사주에서 배우자복이 없다는 뜻은?

- 사주에서 배우자복이 없다는 뜻은 「이혼 여부」가 아니라 육체적 관계를 의미한다. 예를 들어, 남편이 기러기 아빠여서 1년에 한 번 정도 보는 것도 배우자복이 없는 경우에 해당한다. 이런 경우도 이혼수가 있다고 말한다. 남편이 외항선 선원(마도로스)이어서 1년에 한 번 한 달 정도 집으로 돌아온다면, 이런 경우도 이혼수가 있다고 말한다.

- 이혼수가 있는 부부는 대체적으로 70~80%가 이혼하고, 20% 정도는 육체적 관계를 하지 않거나 사이가 좋지 않다. 10% 정도는 부부 사이는 좋지만 육체적 관계를 안 하거나 해외출장을 360일 정도 가고 5일 정도 집에 오는 경우인데 역시 부부운이 없다고 한다. 혼인신고를 하지 않고 10년째 동거하는 것은 사주 상에서는 부부이다. 즉, 호적이 중요한 것이 아니고 육체적 관계를 하느냐가 중요하다는 것이다.

(3) 사주에서 이혼이라는 것은?

- 사주에서 이혼은 육체적인 사랑을 나누지 않는다는 의미이다.
- 호적상 이혼 80%, 참고 사는 경우나 기러기 아빠 또는 마도로스 등이 20%이다.
- 내 사주와 닮은 사람을 좋아하게 되어 있어서 99%는 서로 닮은 사주끼리 결혼한다(이혼수가 있는 사람은 이혼수가 있는 사람을 만난다).
- 0.1~1% 확률로 한쪽은 배우자복이 있고 다른 한쪽은 배우자복이 없는 사람이 만날 수도 있다. 이런 경우 배우자복이 있는 쪽이 일찍 죽는 경우가 있다. 즉, 배우자복이 있는 쪽은 일찍 죽기 전까지는 배우자복을 누리며 잘산 것이고, 배우자복이 없는 쪽은 상대방이 일찍 사망했기에 배우자복이 없는 것이다.

28

이혼수

TODAY'S POINT | 남자의 이혼수(사별수 포함)와
여자의 이혼수(사별수 포함)를 상세하게 학습한다.

이혼수가 있는 대표적 여자 사주

배우

1968년 12월 24일(양) 오전 2시

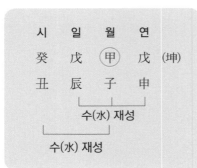

시	일	월	연	
癸	戊	甲	戊	(坤)
丑	辰	子	申	

수(水) 재성

수(水) 재성

여자 사주의 결혼 가능성은 식상의 재식(財食) 연운과 관성의 남자 연운이 4년 이상 연속해서 들어올 때 높아진다. 사주 주인공은 1998년 무인(戊寅)년 관성과 1999년 기묘(己卯)년 관성, 2000년 경진(庚辰)년과 2001년 신사(辛巳)년에 식상이 들어와 2000년에 결혼하였다.

이 사주에서 남편은 월간 갑목(甲木) 관성인데 고립되어 있다. 자세히 설명하자면, 월간 갑목(甲木) 편관이 천간에서는 연간 무토(戊土)와 일간 무토(戊土) 비겁에 둘러싸여 있고, 지지에서는 월지 자(子) 재성, 신자진(申子辰) 삼합(三合)의 재성, 자축(子丑) 합수(合水) 재성의 과다한 재성으로 고립되어 있다. 이렇게 관성이 고립되면 남편복이 없다. 특히 재성에 둘러싸여 고립된 관성은 쾌락 속의 남자 또는 내 돈 속의 남자로 해석한다.

1 남자 사주의 이혼수

(1) 무재성인데 지장간(암장)에도 재성이 없는 사주

- 20~60세 대운에서도 재성이 안 들어올 때 이혼수가 있다.
- 지장간은 무조건 살펴봐야 한다. 만약 지장간에 재성이 있으면 있다고 판단한다.

(2) 비겁이 70~80점 이상일 때

- 비겁이 과도하면 재성을 공격하고, 비다(比多) 남자의 경우 이혼율이 높은 편이다. 남자 사주에서 비다는 비겁이 재성(부인·돈)을 극하기 때문이다.
- 비겁이 70~80점이면 이혼 가능성이 70~80%라고 본다.
- 태과다(80점 이상)의 경우 이혼 가능성이 90% 이상이라고 본다.
- 남자 비다일수록 부인과 이혼할 가능성이 크고 부인과의 인연이 없다.
- 동업하면 안 된다. 동업하지 않으면 괜찮다. 예를 들어 연예인 A는 금(金) 비다인데 형제와 동업을 하여 좋지 않게 끝난 반면, 연예인 B는 목(木) 비다인데 가족과 동업하지 않으니 괜찮다.
- 연예, 예술, 방송(끼) 분야가 잘 맞는다.
- 사업하는 비다 사주는 이혼수가 높다.

(3) 재성이 70~80점 이상일 때

- 남자 사주에서 재성이 70~80점 이상이면 부인과의 인연이 없다.
- 재성이 60~70점을 넘으면 비겁이 작아진다. 재다신약(財多身弱).
- 무토(戊土) 일간 수(水) 재다신약은 무토(戊土)가 더 관계지향적이니 이혼할 확률이 더 높다.
- 기토(己土) 일간 수(水) 재다신약은 기토(己土)가 안정적이고 소심하기 때문에 참고 살 가능성이 높다.
- 인간관계가 가장 넓다. 붙임성이 있고, 사람들과 어울리고 노는 것을 좋아하기 때문이다. 그러나 이 점을 아내들이 반기지 않으니 다툼이 잦아진다. 아내 입장에서는 재다(財多)들이 따뜻하고 부드러우니 늘 불안하기도 하다.

- 재성이 50점 이상인 경우에는 엄처 또는 악처를 만날 가능성이 높다. 다만, 재성이 80점을 넘어가는 경우에는 이혼 가능성이 80% 이상이다. 강한 여자를 만나거나 여러 여자를 만나 거나 한다.
- 재성이 100점을 넘어가면 낙천적, 쾌락적이 되고 즐거움을 추구하며, 일확천금의 꿈이 생겨서 이혼율이 높아진다. 이성과 놀기를 좋아하고 요행을 바란다.
- 60세 이후에는 이혼 가능성이 없다(이혼수를 맞추기 힘들다). 이혼수가 있어도 이혼할 가능성이 적다. 사주에서는 육체적 관계의 이혼을 이야기하기 때문에 60세 이후는 이혼수를 따지는 의미가 없다.

(4) 재성이 고립되어 있고, 대운(20~60세)에서도 지속적으로 고립이 해소되지 않을 때

- 이 사주는 시간 무토(戊土) 재성이 목(木)에 둘러싸여 고립되어 있고, 월간 기토(己土) 재성이 목(木)과 경금(庚金)에 둘러싸여 고립되어 있다. 대운에서 토(土)나 화(火)가 지속적으로 들어오면 고립이 해소되지만, 대운에서 토(土)나 화(火)가 들어오지 않기 때문에 고립되었다.

(5) 재성이 100% 합이 되어 사라질 때

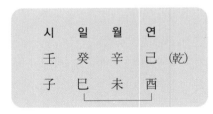

- 이 사주는 일지 재성 사화(巳火)가 연지 유금(酉金)과 사유(巳酉) 합금(合金)으로 100% 합이 되었다. 재성 사화(巳火)가 금(金)이 되어 사라지니 이혼하였다.

(6) 월지에서 재성이 제구실을 못할 때

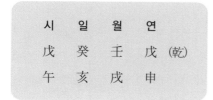

시	일	월	연	
戊	癸	壬	戊	(乾)
午	亥	戌	申	

• 이 사주는 월지 술토(戌土)의 지장간 속에 정화(丁火) 재성이 존재하지만, 월지 술(戌)의 계절이 가을에 해당하여 정화(丁火)가 제구실을 못한다. 재벌가 사위로 이혼하였다.

(7) 시지에서 재성이 제구실을 못할 때

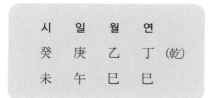

시	일	월	연	
癸	庚	乙	丁	(乾)
未	午	巳	巳	

• 이 사주는 시지 미토(未土)의 지장간 속에 을목(乙木) 재성이 존재하지만, 여름 미(未)시로 매우 뜨거운 한낮이라 미토(未土) 속의 을목(乙木)이 불타고 있어서 재성 을목(乙木)이 제구실을 못한다.

(8) 사주원국의 발달 재성이 대운에서 재성이 뭉쳐서 들어와 태과다로 갈 때

시	일	월	연	
戊	癸	壬	戊	(乾)
午	亥	戌	申	

6	56	46	36	26	16	6
己	戊	丁	丙	乙	甲	癸
巳	辰	卯	寅	丑	子	亥

• 이 사주는 사주원국에 화(火) 재성으로 시지 오화(午火), 월지 술토(戌土)에 암장된 정화(丁火)가 있다. 하지만 무계(戊癸) 합화(合火)와 오술합화(午戌合火), 그리고 36대운 병인(丙寅) 대운에 인오술(寅午戌) 합화(合火)와 46대운 정묘(丁卯) 대운에 묘술(卯戌) 합화(合火)로 화(火) 재성이 태과다해지니 배우자복이 없어 이혼하였다.

(1) 무관성인데 지장간에도 관성이 없는 사주

- 관성이 지장간에도 없을 때, 대운에서도 안 들어올 때, 뭉쳐서 들어오지 않고 드문드문 들어올 때가 해당한다. 단, 예외가 있다. 예를 들어 목(木)이 관성으로 무관성 사주인데 대운에서 20년간 갑(甲), 을(乙), 인(寅), 묘(卯)가 들어오면 이혼하지 않을 가능성이 높다. 무관성이라고 해서 결혼을 못 한다는 이야기가 아니다. 사주에 없다고 결혼을 못 하는 게 아니고, 운에서 남편이 들어올 때에 할 수도 있다. 하지만 대부분 이혼한다.
- 사주원국에서 관성이 고립되었는데 대운에서 목(木) 관성인 갑(甲), 을(乙), 인(寅), 묘(卯)가 들어오면 괜찮다. 대운에서 비겁, 식상, 재성, 인성이 섞여서 들어올 수도 있는데, 이때는 힘이 더 센 쪽으로 작용한다.

(2) 식상이 70~80점 이상일 때

- 식상이 70~80점 이상이면 관성이 공격받아서 남편과의 인연이 없다. 관성이 20~30점밖에 안 되어서 식상에게 공격받는다.
- 대운에서 의식주를 나타내는 식상이 90점을 넘어가기 시작해서 100점이 넘으면 관성을 극한다. 여자가 10~15년 동안 식상이 100점 정도를 넘으면 남편과의 인연이 없다. 1% 정도는 관재수(예: 음주운전)가 있다.

(3) 관성이 70~80점 이상일 때

- 관성이 70~80점 이상이면 100% 이혼수가 있다. 여자가 관다(官多)면 지배당하는 것을 싫어하고 상대를 지배하려 한다. 아내가 자꾸만 지시하기 때문에 남편들은 싫어한다. 결국 남편과의 갈등이 심해져서 이혼 가능성이 높아진다. 그래서 남편복이 없다고 한다.
- 다만, 남편이 나이가 많거나(20~30살 연상) 실력 · 능력 · 권력이 있는 경우에는 이혼 가능성이 줄어든다. 관성이 과다(태과다)한 여자는 권력 있는 남자를 좋아한다. 돌싱 여부와 나이는 상관없다. 남자에게 권력만 있으면 된다.
- 관다 여자들은 적당히 능력 있고 나이 있는 보수적인 남자보다는 순종적이고 나이 어리고 자기 말을 잘 듣는 남자를 더 좋아한다. 의존적인 연하남도 이런 여자를 좋아한다.
- 관다 사주는 카리스마가 강하고 대장 노릇을 하며 리더십이 있다. 스스로 주도하려 한다. 자신을 인정하고 충성하면 아주 잘해준다.

(4) 관성이 100% 합이 되어 사라질 때

합과 충이 섞여 있지 않고 오직 하나와 하나가 합을 할 때 이혼 가능성이 높다.

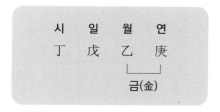

• 목(木) 관성이 100% 합을 하여 목(木)은 사라지고 식상 금(金)으로 변했다.
관성이 자식을 남겨두고 떠나서 여자인 내가 자식을 키운다는 의미이다.

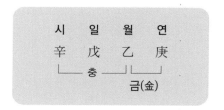

• 을경금(乙庚金)과 을신충(乙辛沖)이 함께 있어서 이혼수가 아니다.

• 갑기토(甲己土)로 100% 합이 되기 때문에 100% 이혼수이다.

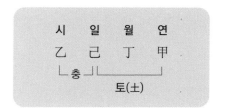

• 을기충(乙己沖), 갑기토(甲己土)가 함께 있어서 이혼수가 아니다.

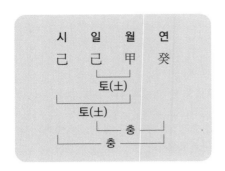

• 갑기토(甲己土), 갑기토(甲己土), 기계충(己癸沖), 기계
  충(己癸沖)으로 이혼수가 아니다.

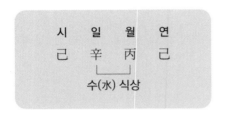

• 병화(丙火) 관성이 식상으로 합이 되어 사라진다.
• 자식을 낳고 이별하거나, 자식 있는 남자를 만난다.

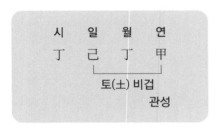

• 내 남자 갑목(甲木) 관성이 비겁으로 합이 되어 사라진
  다.
• 내 남자가 이성을 남겨놓고 사라지거나(바람피워서 이
  혼) 내가 여자 있는 남자를 만난다.

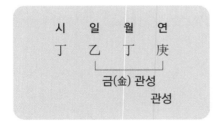

• 관성이 합을 하여 관성이 되면 이혼 가능성은 없다.

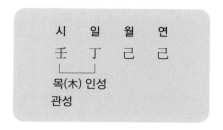

- 임수(壬水) 관성이 정임목(丁壬木) 인성으로 합이 되어 사라진다.
- 성격 차이로 이혼 도장을 찍거나, 부동산을 남기고 떠나거나 부동산을 가지고 떠난다.

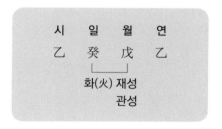

- 무토(戊土) 관성이 재성으로 합이 되어 사라진다.
- 남자가 바람둥이거나 재산 탕진 가능성이 있다.

(5) 관성이 고립되어 있고, 대운에서도 지속적으로 고립이 해소되지 않을 때

대운에서 이혼수를 보는 시기는 20~60세까지만 해당한다.

① 비겁으로 관성 고립

- 비겁으로 둘러싸인 남편이므로 비겁 때문에 헤어진다.
- 여자 사주에서 비겁은 남편의 여자이다. 여자로 둘러싸인 내 남편이다.
- 사주에 음이 많으면 이혼하지 않는 경우도 있다. 남편이 바람을 피우거나, 내가 아내 있는 유부남을 사귀기도 한다.

② 식상으로 관성 고립

- 식상으로 둘러싸인 남편이므로 자식 속에 파묻힌 남편이다.
- 여자 사주에서 식상은 자식, 의식주, 언어표현이다. 자식을 낳고 남편이 사라지거나, 내가 자식 있는 남자를 만난다. 내 의식주 속에 있는 남자(사업 실패, 무능력, 내가 먹여 살려야 함)를 만나게 되고, 투자해도 망하기 때문에 절대 남편에게 투자하면 안 된다.
- 언어표현은 잔소리를 의미하니 남편과 성격이 안 맞거나 남편을 조종하려고 한다.

③ 재성으로 관성 고립

- 갑목(甲木) 관성이 임수(壬水)와 자수(子水)로부터 5배의 생을 받는다(2배 이상이면 고립).
- 재성에 둘러싸여 고립된 남자는 다음과 같이 해석한다.
  첫째, 내 돈 속에 있는 남자. 재생관(너무 생하니 고립).
  둘째, 내 돈을 뜯어가려는 남자. 남편한테 투자하면 안 된다. 직장 다니기 힘들다고 친정에서 돈 얻어다가 사업하면 망한다.
  셋째, 나이 많은 사람이니 내가 나이 많고 재미있는 유부남을 만날 수 있다.
  넷째, 즐거움이나 쾌락 속에 있는 남자.

④ 인성으로 관성 고립

- 인성은 부동산을 의미한다. 내 부동산 속에 파묻혀 있는 남편이니 내 부동산을 뜯어가는 남편, 무능력하고 의지력 없는 남편이다.
- 인성은 이혼 문서, 이혼 도장을 의미하니 이혼 도장을 찍는 남자이다. 또는 돌싱에게 인기가 많을 수도 있다.

(6) 관성이 월지에서 제구실을 못할 때

	일	월
천간	丙 , 丁	
지지		子
지장간		壬癸

- 丙, 丁 일간의 월지 자수(子水) 남편은 문제 없이 잘 있다.
- 지장간도 문제없다.

	일	월
천간	壬 , 癸	
지지		丑
지장간		㉒癸辛

- 축(丑)월은 수(水) 30점으로 분석한다.
- 월지 축토(丑土)에 암장된 기토(己土)가 관성 남편이다.
- 수(水) 속에 있는 토(土) 남편이니 비겁 속의 관성 남편, 여자 있는 남자, 바람피우는 남편이며, 수(水)에 꽁꽁 언 상태이기 때문에 남편복이 없다.

	일	월
천간	甲 , 乙	
지지		丑
지장간		己癸㉚

- 월지 축토(丑土) 속에 있는 신금(辛金) 관성이 수(水) 인성으로 꽁꽁 얼어붙어서 남편복이 없다.
- 축(丑)월은 수(水) 30점이니 인성이다.
- 인성 속에 있는 남자이니 내 부동산을 뜯어가는 남자, 문서 속의 남자이다.

	일	월
천간	丙 , 丁	
지지		丑
지장간		己㉗辛

- 축(丑)월은 수(水) 30점이다. 지장간의 관성 계수(癸水)는 잘 있다.
- 관성은 문제없다. 즉 남편복이 있다.

	일	월
천간	戊, 己	
지지		寅
지장간		㉧丙戊

- 인(寅)월은 수(水)로 재성 30점이다.
- 수(水) 30점 속에서 갑목(甲木) 관성 남편이 썩고 있다.
- 재성 속에서 남편이 썩고 있으니 남편이 내 돈 속에서 허우적거린다, 또는 늘 재성 속에 있는 남편이다.

	일	월
천간	庚, 辛	
지지		寅
지장간		甲㊅戊

- 인(寅)월은 수(水)로 식상 30점이다.
- 식상 속의 병화(丙火)가 관성 남편이다.
- 식상 속에서 남편이 꺼져가고 있으니 자식 속에 있는 남편이고, 자식 낳고 헤어진다. 이런 경우 자식은 엄마인 내가 키운다. 병화(丙火)만 꺼지기 때문이다.
- 또는 내 의식주 속에 있는 남자이다.

	일	월
천간	壬, 癸	
지지		寅
지장간		甲丙㊉

- 인(寅)월은 수(水) 30점이다. 따라서 비겁 30점 속의 무토(戊土)가 관성 남편이다.
- 여자 속의 남편인데 이혼 가능성은 좀 떨어진다. 수(水) 일간에 수다(水多)는 수(水)의 의존적, 안정적 성향이 있어서 이혼하지 않을 확률이 크다.

	일	월
천간	戊, 己	
지지		卯
지장간		甲乙

- 묘(卯)월이 관성 남편이다.
- 남편이 아주 잘 있다(남편복이 있다).

	일	월
천간	壬, 癸	
지지		辰
지장간		㊉乙癸

- 진(辰)월은 목(木) 15점, 토(土) 15점이다.
- 월지 속에 암장된 무토(戊土)가 남편이다.
- 남편의 힘이 조금 부족하고, 남편복 역시 조금 부족하다. 이혼 가능성은 50% 정도이다.

	일	월
천간	戊, 己	
지지		辰
지장간		戊 (乙) 癸

- 진(辰)월은 목(木) 15점, 토(土) 15점이다.
- 월지 속에 암장된 을목(乙木)이 남편이다.
- 남편의 힘이 조금 부족하고, 남편복 역시 조금 부족하다. 이혼 가능성은 50% 정도이다.

	일	월
천간	丙, 丁	
지지		辰
지장간		戊 乙 (癸)

- 진(辰)월은 목(木) 15점, 토(土) 15점이다.
- 진(辰)월 속의 계수(癸水)는 힘이 없고 제구실을 못한다.
- 남편복이 없다. 이혼 가능성이 있다.

	일	월
천간	庚, 辛	
지지		巳
지장간		(丙) 戊 庚

- 사(巳)월 속의 병화(丙火)가 남편이다.
- 사(巳)월은 아주 뜨겁지는 않다.
- 사(巳)월 속 병화(丙火)가 아주 잘 있기 때문에 남편복이 있다.

	일	월
천간	壬, 癸	
지지		巳
지장간		丙 庚 (戊)

- 사(巳)월 속의 무토(戊土)가 남편이다.
- 사(巳)월은 아주 뜨겁지는 않다.
- 사(巳)월 속의 무토(戊土) 남편은 그럭저럭 잘 있는 편이다. 더 뜨겁다면 문제가 될 수 있다. 이혼수는 50% 정도이다.

	일	월
천간	甲, 乙	
지지		巳
지장간		丙 戊 (庚)

- 사(巳)월 속에 암장된 경금(庚金)이 남편이다.
- 사(巳)월이 그리 뜨겁지 않아서 경금(庚金)이 녹지는 않는다. 이혼수는 50% 정도이다.

	일	월
천간	庚, 辛	
지지		午
지장간		ⓑ丙 ⓣ丁 己

- 월지 오화(午火)가 남편이다.
- 월지 속의 병(丙), 정(丁) 모두 잘 있으므로 남편복이 있다.

	일	월
천간	壬, 癸	
지지		午
지장간		丙 丁 ⓖ己

- 오(午)월 속에 암장된 기토(己土) 관성이 남편이다.
- 오(午)월은 뜨겁다. 오(午) 속의 기토(己土)가 갈라질 가능성이 높다. 수(水) 일간은 의존적이고, 오화(午火) 재성 여자는 보수적이라서 참고 살 가능성도 높다.
- 남편복은 없다. 이혼 가능성은 높은 편이다.

	일	월
천간	庚, 辛	
지지		未
지장간		乙 ⓣ丁 己

- 미(未)월은 화(火) 30점으로 계산한다.
- 미(未)월 속에 암장된 정화(丁火)도 잘 있다.
- 남편이 잘 있으니 남편복이 있다.

	일	월
천간	戊, 己	
지지		未
지장간		ⓔ乙 丁 己

- 미(未)월 속에 암장된 을목(乙木) 관성이 남편이다.
- 뜨거운 미(未)월 속의 을목(乙木)은 타들어간다.
- 남편이 제구실을 못한다.

	일	월
천간	壬, 癸	
지지		未
지장간		乙 丁 ⓖ己

- 미(未)월 속의 기토(己土)가 남편이다.
- 미(未)월은 화(火) 30점으로 기토(己土)가 메말라서 갈라진다.
- 다만, 수(水) 일간이라서 참고 살 가능성은 있다.
- 이혼 가능성은 50%이며, 남편복은 없다.

	일	월
천간	甲, 乙	
지지		申
지장간		ⓖ戊壬

- 신(申)월은 화(火) 30점으로 계산한다.
- 신(申)월 속에 암장된 경금(庚金)이 남편이다.
- 화(火)에 경금(庚金)이 녹는다.
- 남편복이 없고, 이혼 가능성이 높다.

	일	월
천간	丙, 丁	
지지		申
지장간		庚戊ⓦ

- 신(申)월 속의 임수(壬水) 관성이 남편이다.
- 뜨거운 신(申)월 속에서 임수(壬水)는 힘이 없다. 따라서 남편복이 떨어진다.

	일	월
천간	壬, 癸	
지지		申
지장간		庚壬ⓔ

- 신(申)월 속의 무토(戊土) 관성이 남편이다.
- 뜨거운 신(申)월 속에서 무토(戊土)는 갈라진다.
- 남편복이 떨어진다. 다만, 수(水) 일간이기 때문에 참고 살 가능성이 많다.

	일	월
천간	甲, 乙	
지지		酉
지장간		庚辛

- 유(酉)월이 관성 남편이다.
- 암장된 지장간도 문제없고 월지도 제구실을 잘하고 있어서 남편복이 있다.

	일	월
천간	庚, 辛	
지지		戌
지장간		ⓣ辛戊

- 술(戌)월은 토(土) 15점, 금(金) 15점이다.
- 술(戌)월 속의 정화(丁火)가 남편 관성이다.
- 정화(丁火)는 술(戌)월 속에서 기운을 발휘하기 어려우므로 남편복이 떨어진다.

	일	월
천간	甲, 乙	
지지		戌
지장간		丁 (辛) 戊

- 술(戌)월 속의 신금(辛金)이 남편이다.
- 월지가 토(土) 15점, 금(金) 15점이기 때문에 월지가 제구실을 반만 하는 상황이다. 이혼 가능성이 50% 정도 있다.

	일	월
천간	壬, 癸	
지지		戌
지장간		丁辛 (戊)

- 술(戌) 월은 토(土) 15점, 금(金) 15점이다. 술(戌)월이 월지 구실을 반만 하는 상황이다.
- 술(戌)월 속 무토(戊土) 또한 반만 힘을 받는 상황이다. 50% 이혼 가능성이 있다.

	일	월
천간	丙, 丁	
지지		亥
지장간		(壬) 甲 戊

- 해(亥)월이 남편 관성이다.
- 해(亥)월도, 해(亥)월 속의 임수(壬水)도 잘 있다. 남편복이 있다.

	일	월
천간	戊, 己	
지지		亥
지장간		壬 (甲) 戊

- 해(亥)월 속의 갑목(甲木)이 남편 관성이다.
- 해(亥)월은 아주 춥지는 않아서 갑목(甲木)이 얼지는 않지만, 물속의 남편이기 때문에 제구실을 못할 가능성이 크다. 이혼 가능성은 50%이다.

	일	월
천간	壬, 癸	
지지		亥
지장간		壬 甲 (戊)

- 해(亥)월 속의 무토(戊土)가 남편 관성이다.
- 해(亥)월이 아주 춥지 않아서 꽁꽁 얼어 있는 것은 아니지만, 차가운 물속의 땅이다. 이혼 가능성은 50% 정도이다.

(7) 관성이 시지에서 제구실을 못할 때

	시	일	월	연
천간		壬, 癸		
지지	丑		亥, 子, 丑, 寅	
지장간	㉠辛癸			

- 해(亥), 자(子), 축(丑), 인(寅)월에 수(水) 일간, 축(丑)시의 경우 축(丑)시 속의 기토(己土)가 남편인 관성이다.
- 수(水)월인 해(亥), 자(子), 축(丑)월은 수(水) 30점이고, 축(丑)시는 수(水) 15점이다. 따라서 관성 기토(己土)는 물 속의 흙이며 시지가 제구실을 하지 못하니 남편복이 없다.

	시	일	월	연
천간		甲, 乙		
지지	丑		亥, 子, 丑, 寅	
지장간	己㉛癸			

- 목(木) 일간이 해(亥), 자(子), 축(丑), 인(寅)월에 축(丑)시인 경우, 축(丑)시 속의 신금(辛金)이 남편인 관성이다.
- 해(亥), 자(子), 축(丑)월의 축(丑)시는 수(水)이고, 시지가 제구실을 하지 못하니 남편복이 없다.

	시	일	월	연
천간		丙, 丁		
지지	丑		亥, 子, 丑, 寅	
지장간	己辛㉢			

- 화(火) 일간이 해(亥), 자(子), 축(丑), 인(寅)월에 축(丑)시인 경우, 축(丑)시 속의 계수(癸水)가 남편인 관성이다.
- 관성은 축(丑)시가 수(水) 15점이기 때문에 아주 잘 있다. 관성에 문제없다.

	시	일	월	연
천간		戊, 己		
지지	寅		亥, 子, 丑, 寅	
지장간	㉿丙戊			

- 토(土) 일간이 해(亥), 자(子), 축(丑), 인(寅)월에 인(寅)시인 경우, 인목(寅木)이 수(水) 15점이기 때문에 시지가 제 구실을 하지 못한다.
- 시지 인목(寅木)에 암장된 갑목(甲木)이 관성인데 재성 속의 남편, 내 재산을 탐하는 남편이므로 남편복이 없다.

	시	일	월	연
천간		庚, 辛		
지지	寅		亥, 子, 丑, 寅	
지장간	甲⑭戊			

- 금(金) 일간이 해(亥), 자(子), 축(丑), 인(寅)월에 인(寅)시인 경우, 인(寅) 속의 병화(丙火)는 꺼져간다.
- 해(亥), 자(子), 축(丑), 인(寅)월에 인(寅)시는 수(水) 15점을 준다.
- 시지 인목(寅木)에 암장된 병화(丙火)는 식상 속의 남편이다. 식상은 여자에게 의식주와 자식을 의미한다. 의식주를 빼앗아가는 남편, 자식을 낳고 사라지는 남편이니 남편복이 없다.

	시	일	월	연
천간		壬, 癸		
지지	寅		亥, 子, 丑, 寅	
지장간	甲丙⑭			

- 수(水) 일간이 해(亥), 자(子), 축(丑), 인(寅)월에 인(寅)시인 경우, 인(寅) 속의 무토(戊土)는 진흙이다. 물속의 흙이니 관성이 제구실을 하지 못한다.

예)

- 인목(寅木) 남편은 시지에서 제구실을 하지 못하고 물에 떠내려간다.
- 갑목(甲木) 또한 과도한 생을 받고 있다. 결국 월간 갑목(甲木)과 시간 갑목(甲木)도 모두 썩는다. 신자진(申子辰) 합수(合水)로 수(水) 70점이다.
- 재성 속의 관성은 내 돈 속의 남자, 바람둥이 남자를 의미한다.

	시	일	월	연
천간		庚, 辛		
지지	未		巳, 午, 未, 申	
지장간	⑭乙己			

- 금(金) 일간이 사(巳), 오(午), 미(未), 신(申)월에 미(未)시인 경우, 미(未) 속의 정화(丁火) 관성은 아무 문제 없이 잘 있다.

	시	일	월	연
천간		戊, 己		
지지	未		巳, 午, 未, 申	
지장간	丁 ⓛ 己			

- 토(土) 일간이 사(巳), 오(午), 미(未), 신(申)월에 미(未)시인 경우, 미(未) 속의 을목(乙木) 관성은 타들어가기 때문에 제구실을 하지 못한다.
- 사(巳), 오(午), 미(未), 신(申)월의 미(未)시는 화(火)이므로 시지가 제구실을 하지 못한다.
- 시지 미토(未土) 속에 암장된 을목(乙木) 관성은 인성 속의 남편, 내 부동산을 가져가는 남편, 이혼한 남편이니 남편복이 없다.

	시	일	월	연
천간		壬, 癸		
지지	未		巳, 午, 未, 申	
지장간	丁 乙 ㉧			

- 수(水) 일간이 사(巳), 오(午), 미(未), 신(申)월에 미(未)시인 경우, 미(未) 속의 기토(己土)는 메마르고 갈라진다.
- 미(未)시는 제구실을 하지 못하는 뜨거운 화(火)로, 그 속에 암장된 기토(己土)도 제구실이 어렵다. 즉 기토(己土) 관성은 재성 속의 남편이므로 남편복이 없다.

	시	일	월	연
천간		丙, 丁		
지지	申		巳, 午, 未, 申	
지장간	庚 ㉨ 戊			

- 화(火) 일간이 사(巳), 오(午), 미(未), 신(申)월에 신(申)시인 경우, 신(申)시는 화(火) 15점으로 제구실을 하지 못한다.
- 시지 신금(申金) 속의 임수(壬水) 관성이 남편인데, 불에 물이 마르는 형국이고 비겁 속에 있다. 유부남을 의미하는데, 내가 유부남을 만나거나 내 남편이 다른 여자를 만난다.

	시	일	월	연
천간		壬, 癸		
지지	申		巳, 午, 未, 申	
지장간	庚壬(戊)			

- 수(水) 일간이 사(巳), 오(午), 미(未), 신(申)월에 신(申)시인 경우 신(申)은 금(金)이 아닌 화(火)로 보기 때문에 제구실을 하지 못한다.
- 시지 신금(申金) 속에 있는 무토(戊土) 관성은 갈라지는 흙이고 재성 속의 남자이니 내 돈 속의 남자, 내 돈을 가져가는 남자이다.

	시	일	월	연
천간		壬, 癸		
지지	寅		亥, 子, 丑, 寅	
지장간	(戊)丙甲			

- 해(亥), 자(子), 축(丑), 인(寅)월은 수(水) 30점이고, 시지 인(寅)은 수(水) 15점이다.
- 시지 인목(寅木) 속의 무토(戊土) 남편은 여자 있는 남자이므로 남편복이 없다.

	시	일	월	연
천간		甲, 乙		
지지	申		巳, 午, 未, 申	
지장간	戊壬(庚)			

- 사(巳), 오(午), 미(未), 신(申)월은 화(火) 30점이고, 시지 신(申)은 화(火) 15점이다.
- 시지 신금(申金) 속에 암장된 경금(庚金) 관성이 불에 녹고 식상 속의 남편이므로 남편복이 없다.

3 **여자 사주의 이혼 유형**

(1) 육친

- 비겁이 70점을 넘으면 내가 피우든 남자가 피우든 바람이 문제가 될 수 있다.
- 식상이 70점을 넘으면 자식 낳고 사라지는 남자, 내 돈 속의 남자 또는 내 의식주 속의 남자이다.
- 재성이 70점을 넘으면 쾌락에 빠지는 남자, 내 돈을 가져가는 남자이다.

- 인성이 70점을 넘으면 내 부동산을 가져가는 남자, 성격 차이로 이혼하는 남자이다.

(2) 월지 지장간(암장)

- 월지 지장간에 문제가 있으면 결혼문제가 있다.
- 문제가 있는 남자와 문제가 없는 남자가 사주 속에 있으면, 반드시 문제가 있는 남자를 먼저 만난 후에 문제가 없는 남자를 만난다. 그러면 괜찮다. 재혼하면 잘산다.
- 문제가 있는 남자 둘이 사주에 있으면 재혼해도 또 이혼한다.
- 여자 수다(水多)와 인다(印多)는 이혼수가 있어도 받아들이지 않는 경우도 많다. 여자 수다(水多)는 남편이 잘못했는데도 자기가 잘못했다고 생각하는 경우가 많다. 어떻게든 이혼을 원하지 않으며, 아이들에 대한 집착이 크다. 대학을 보내고 이혼하거나, 결혼시키고 이혼하거나, 손주를 낳고 이혼하거나, 늙었는데 그냥 살자고 생각한다. 여자 인다(印多)는 의존적 기질이 강하고, 남편이 잘못해도 내가 잘못한 경우가 많다고 생각한다.

29

사주 사례
결혼운 · 이혼운 · 재혼운

TODAY'S POINT 이혼수가 있는 다양한 사주를 보면서
더욱 깊이 있는 공부를 할 수 있다.

미혼 · 결혼 · 이혼 · 재혼 사례

앞에서 사람이 인생을 사는 동안 겪게 되는 가장 큰 문제인 결혼에 대해 다루었다. 그중에서도 남자의 이혼수(사별수 포함)와 여자의 이혼수(사별수 포함)를 상세하게 분석하였다. 여기서는 실제 이혼을 한 사주들을 다양하게 살펴본다. 많은 사주들을 분석하면서 깊이 있는 통변에 다가설 수 있을 것이다.

다만 현대 사회는 이혼가정이 많아졌다. 2014년 법원 행정처가 발간한 <2014년 사법연감>에 따르면 2013년 혼인 건수는 32만 5016건이고 이혼은 11만 5725쌍으로, 2.8쌍이 결혼할 때 1쌍이 이혼하였다. 결혼 첫해부터 4년 이내 이혼하는 신혼 이혼이 23.7%(2만 7299건), 20년 이상 부부로 지내다 이혼하는 황혼이혼이 28.1%(3만 2433건)로 나타났다. 무자녀 이혼율이 48.7%, 1자녀 26.2%, 2자녀 21.4%, 3자녀 3.7%로 자녀가 많을수록 이혼율이 낮고, 이혼 사유로는 성격 차이가 5만 3894건(47%)으로 가장 많았다.

3쌍이 결혼할 때 1쌍이 이혼한다는 것에서 이혼율이 매우 높다는 사실을 알 수 있다. 이제는 배우자복이 없음을 자연스럽게 인정해야 한다. 이혼하지 않는 나머지 2쌍 중에도 배우자와 갈등이 심한데 자식 때문에, 또는 그 외의 이유로 서로 참고 인내하며 사는 가정도 많을 것이다.

DAY 29 >> 사주 사례
결혼운·이혼운·재혼운

1	남자

알코올 중독(미혼)

1972년 12월 8일(양) 오후 6시

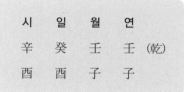

시	일	월	연	
辛	癸	壬	壬	(乾)
酉	酉	子	子	

- 이 사주는 사주팔자나 지장간 속에 재성이 없는 무재(無財) 사주로, 배우자복이 없어 결혼을 하지 못했다. 수(水)가 태과다이고 귀문관살이 있어서 심리적 불안감에 알코올 중독으로 살아가고 있다.

배우(미혼)

1971년 7월 25일(양) 오후 2시

시	일	월	연	
己	辛	己	辛	(乾)
未	亥	未	亥	

- 이 사주는 월지 미(未) 속의 지장간인 재성 을목(乙木)이 아내에 해당하는데, 한여름 화(火) 관성 30점에 불타고 있어 배우자복이 없다.
- 또한 시지 미(未)에 암장된 을목(乙木)도 한여름 미(未)시이므로 화(火)로 본다. 뜨거운 화(火) 관성 15점에 을목(乙木)이 불타고 있다. 배우자복이 없어서 미혼으로 살아가고 있다.

개그맨(미혼)

1976년 11월 10일(양) 오전 8시

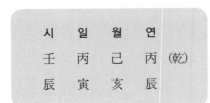

시	일	월	연	(乾)
壬	丙	己	丙	
辰	寅	亥	辰	

- 이 사주는 연월일시 사주 내에 금(金) 재성이 없고, 지장간으로도 금(金) 재성이 없어서 배우자복이 없다. 혼자 살거나 결혼을 해도 이혼이나 사별 또는 별거를 겪게 된다. 현재는 미혼(독신)으로 살아가고 있다.

사립학원 이사장(이혼)

1988년 9월 10일(양) 오후 6시

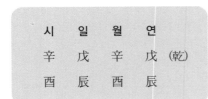

시	일	월	연	(乾)
辛	戊	辛	戊	
酉	辰	酉	辰	

- 이 사주는 사주팔자에는 배우자 재성이 없는데, 연지와 일지 진토(辰土) 지장간 속에 계수(癸水) 재성이 있다. 하지만 지지 진토(辰土)와 유금(酉金)이 진유(辰酉) 합금(合金)을 하여 지지 네 글자가 모두 금(金)으로 변했다. 지지가 모두 하나의 오행으로 변하면 지장간은 제구실을 못한다. 지장간의 배우자가 제구실을 못하여 이혼하였다.

골프선수(이혼)

1982년 12월 2일(양) 오전 4시

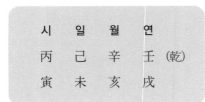

시	일	월	연	(乾)
丙	己	辛	壬	
寅	未	亥	戌	

- 이 사주는 연간 임수(壬水)와 월지 해수(亥水)가 있고, 겨울 계절의 시지 인목(寅木)은 수(水) 15점으로 보니 3개의 재성이 있다. 천간의 병화(丙火)와 신금(辛金)이 합을 하여 수(水)가 생성되니 이 또한 재성이 된다. 지지의 인해(寅亥)가 합하여 해수(亥水)가 사라진다. 재성이 합이 되어 100% 사라지면 배우자복이 없다.

무직(미혼 · 정신병)

1962년 7월 18일(양) 낮 12시

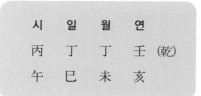

시	일	월	연	(乾)
丙	丁	丁	壬	
午	巳	未	亥	

• 이 사주는 사주팔자 여덟 글자에 금(金) 재성이 없고, 일지 지장간인 사(巳) 속에 경금(庚金)이 있지만 결혼하지 못하고 정신병을 앓다가 40대 후반에 자살하였다.

사업(사별)

1970년 12월 18일(양) 오후 6시

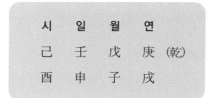

시	일	월	연	(乾)
己	壬	戊	庚	
酉	申	子	戌	

• 이 사주는 연지 술토(戌土) 지장간 속의 정화(丁火)가 재성 부인이다. 하지만 지지가 모두 신유술(申酉戌) 방합과 신자(申子) 반합을 하여 금(金), 수(水)로 변하니 지장간 속의 화(火)가 꺼져버렸다. 부인과 사별하였다.

유튜버(두 번 이혼)

1968년 3월 27일(양) 낮 12시

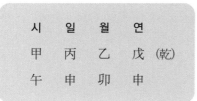

시	일	월	연	(乾)
甲	丙	乙	戊	
午	申	卯	申	

• 이 사주는 연지 신금(申金), 일지 신금(申金)이 재성 부인에 해당한다. 연지 신금(申金), 일지 신금(申金)이 고립되어 있다. 유튜버로 활동 중인데 두 번 이혼하였다.

영화평론가(이혼)

1969년 7월 17일(양) 진(辰)시

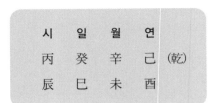

시	일	월	연	
丙	癸	辛	己	(乾)
辰	巳	未	酉	

• 이 사주는 시간 병화(丙火)와 월간 신금(辛金)이 다른 천간의 합과 충의 방해를 받지 않고 100% 합을 하면서 병화(丙火) 재성이 사라져버려 이혼하게 되었다.

유튜버(이혼)

1978년 10월 31일(양) 낮 12시

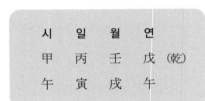

시	일	월	연	
甲	丙	壬	戊	(乾)
午	寅	戌	午	

• 이 사주는 월지 술토(戌土)의 지장간인 신금(辛金) 재성이 인오술(寅午戌) 삼합을 이루어 화국(火局)으로 변했다. 지장간 신금(辛金)이 불에 녹아버려 유튜버 부인과 이혼하였다.

재벌그룹 2세 사위(이혼)

1968년 10월 20일(양) 오전 1시

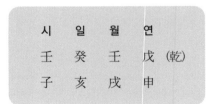

시	일	월	연	
壬	癸	壬	戊	(乾)
子	亥	戌	申	

• 이 사주는 월지 술토(戌土) 속의 지장간 정화(丁火)가 재성이다. 그러나 월지 술토(戌土)는 토(土) 15점, 금(金) 15점이라서 화(火)가 제구실을 못한다. 재벌그룹의 사위가 되었다가 이혼하였다.

유튜버(두 번 이혼)

1976년 6월 26일(양) 낮 12시

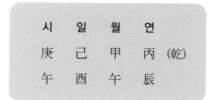

시	일	월	연	
庚	己	甲	丙	(乾)
午	酉	午	辰	

• 이 사주는 연지 진토(辰土) 속의 지장간인 계수(癸水)가 재성이다. 그러나 진유(辰酉) 합금(合金)이 100% 되면서 진토(辰土) 속의 계수(癸水)가 제구실을 못하여 이혼하였다.

가수(이혼)

1977년 5월 13일(양) 오후 6시

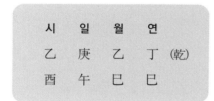

시	일	월	연	
乙	庚	乙	丁	(乾)
酉	午	巳	巳	

• 이 사주는 월간 을목(乙木) 재성이 관성에 둘러싸여 고립되어 있다. 통역사와 결혼 후 이혼하였다.

개그맨(이혼)

1970년 10월 3일(양) 오후 6시

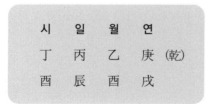

시	일	월	연	
丁	丙	乙	庚	(乾)
酉	辰	酉	戌	

• 이 사주는 재성이 55점인데, 을경(乙庚) 합금(合金), 진유(辰酉) 합금(合金), 유술(酉戌) 합금(合金)으로 금(金) 재성이 90점으로 태과다해져서 이혼하였다.

가수(이혼)

1978년 6월 8일(양) 오후 8시

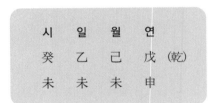

- 이 사주는 사주원국 여덟 글자는 물론 지장간에도 목(木) 재성이 없다. 무재성 사주로 결혼 후 이혼하였다.

가수(이혼)

1968년 7월 24일(양) 오후 2시

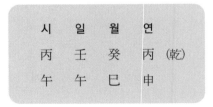

- 이 사주는 월지 미토(未土) 재성이 한여름으로 화(火) 30점에 해당한다. 토(土)가 제구실을 못하므로 이혼하였다.

배우(이혼)

1956년 5월 15일(양) 낮 12시

시	일	월	연	(乾)
丙	壬	癸	丙	
午	午	巳	申	

- 이 사주는 화(火) 재성이 80점으로 태과다하여 이혼하게 되었다.

배우(이혼)

1968년 10월 6일(양) 오후 6시

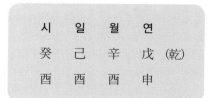

시	일	월	연
癸	己	辛	戊 (乾)
酉	酉	酉	申

• 이 사주는 시간 계수(癸水) 재성이 금(金)의 과도한 생으로 고립되어 있다. 연지 신금(申金)의 지장간인 임수(壬水)는 지지가 신유(申酉) 합금(合金)을 이루어 제구실을 못한다. 부인의 바람으로 이혼하였다.

야구선수(이혼)

1973년 4월 5일(양) 오전 6시

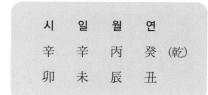

시	일	월	연
辛	辛	丙	癸 (乾)
卯	未	辰	丑

• 이 사주는 지지가 묘미합(卯未合), 묘진합(卯辰合)으로 목(木)의 기운이 강해지고, 천간은 병신합(丙辛合)으로 수(水)의 기운이 강해져 수(水)와 목(木)의 기운이 너무 강하다. 식상과 재성이 태과다하여 욕망이 과도해져서 사업이 부도나고, 이성문제로 인해 이혼하였다.

개그맨

1974년 2월 3일(양) 오전 1시

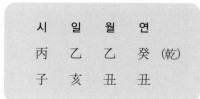

시	일	월	연
丙	乙	乙	癸 (乾)
子	亥	丑	丑

• 이 사주는 월지 축토(丑土) 재성이 겨울 계절이므로 수(水) 30점이 되면서 토(土) 구실을 못한다. 결혼을 하지 않고 미혼으로 살고 있다.

배우(두 번 이혼)

1952년 6월 8일(양) 낮 12시

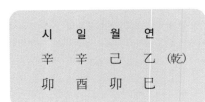

시	일	월	연	
壬	乙	丙	壬	(乾)
午	酉	午	辰	

- 이 사주는 재성에 해당하는 월지 오화(午火)의 지장간 기토(己土)와 시지 오화(午火)의 지장간 기토(己土)가 한여름 한낮 무더위에 흙의 구실을 못한다. 또한 연지 진토(辰土)는 화(火)의 과도한 생을 받아 뜨거운 열기로 갈라져 흙의 구실을 못한다. 동거남이 있던 여성과 사기 결혼을 하고 힘든 시기를 겪었다. 두 번째 결혼에서도 이혼하였다.

개그맨(재혼)

1965년 3월 8일(양) 오전 7시

시	일	월	연	
辛	辛	己	乙	(乾)
卯	酉	卯	巳	

- 이 사주는 시지 묘목(卯木) 재성이 고립되어 있으므로 배우자복이 없어 이혼하였다. 연간 을목(乙木)과 월지 묘목(卯木) 재성이 40점으로 힘이 있어서 재혼해 잘살고 있다.

가수(재혼)

1951년 12월 18일(양) 오전 8시

시	일	월	연	
甲	壬	庚	辛	(乾)
辰	辰	子	卯	

- 이 사주는 사주팔자 여덟 글자에 화(火) 재성이 없고 지장간에도 없어 타고난 배우자복이 없다. 첫 번째 부인과 이혼하고 재혼하였다. 재혼한 부인은 대장암으로 사망하였다.

개그맨(이혼 · 사업 부도)

1968년 3월 11일(양) 오후 2시

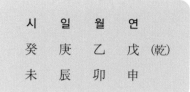

시	일	월	연
癸	庚	乙	戊 (乾)
未	辰	卯	申

• 이 사주는 월간 을목(乙木) 재성이 을경금(乙庚金)으로 100% 합이 되어 사라졌다.

배우(이혼)

1951년 7월 17일(양) 낮 12시

시	일	월	연
戊	戊	乙	辛 (坤)
午	午	未	卯

• 이 사주는 연지 묘목(卯木)과 월지(未土) 속의 지장간 을목(乙木)이 관성이다. 월지 미토(未土)에 암장된 을목(乙木)이 화(火) 30점에 불타는 형국이다. 즉, 을목(乙木) 관성이 화(火) 인성 속에서 제구실을 못해 배우자복이 없다. 묘목(卯木) 관성 또한 고립되어 배우자복이 없다. 결혼 후 이혼하였고, 저장강박증 증세로 쓰레기더미 속에서 살고 있다.

가수(이혼)

1985년 2월 8일(양) 오전 1시

시	일	월	연
壬	戊	戊	乙 (坤)
子	寅	寅	丑

• 이 사주는 연간 을목(乙木), 월지 인목(寅木), 일지 인목(寅木)이 관성이다. 월지 인목(寅木)은 한겨울 2월의 수(水) 30점 속에서 얼어 있고, 연간 을목(乙木)과 일지 인목(寅木)도 수(水)와 토(土)에 둘러싸여 고립되어 있다. 관성 3개가 모두 제구실을 못하니 배우자복이 없다. 결혼 후 이혼한 사주이다.

가수(이혼)

1997년 11월 27일(양) 오전 2시

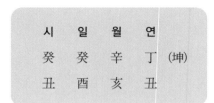

시	일	월	연	
癸	癸	辛	丁	(坤)
丑	酉	亥	丑	

• 이 사주는 연지 축토(丑土), 시지 축토(丑土), 월지 지장간 무토(戊土)가 관성 남편에 해당한다. 월지 지장간 무토(戊土)는 월지 수(水) 비겁 30점에 떠내려가 버리고, 시지 축토(丑土) 또한 한겨울 축토(丑土)로 수(水) 15점이니 토(土) 구실을 못한다. 연예인 부부로 살다가 이혼했다.

배우(이혼 후 사업)

1979년 2월 8일(양) 낮 12시

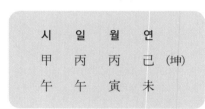

시	일	월	연	
甲	丙	丙	己	(坤)
午	午	寅	未	

• 사주팔자에는 수(水) 관성이 없지만, 월지가 양력 2월의 아직 추운 겨울이라서 수(水) 30점으로 관성이 있다. 그러나 월지를 제외한 일곱 글자가 목(木), 화(火), 토(土)로 구성되어 있어 수(水) 관성을 고립시키고 있다. 배우자가 고립되어 있으니 이혼하였다.

의류사업(이혼)

1987년 10월 3일(양) 오후 6시

시	일	월	연	
辛	癸	庚	丁	(坤)
酉	丑	戌	卯	

• 이 사주는 월지 술토(戌土)와 일지 축토(丑土)가 관성 남편인데, 지지가 유축합(酉丑合)과 유술합(酉戌合)으로 인해 금(金)으로 변하니 관성 토(土)의 힘이 약해져버렸다. 이혼하였다.

배우(이혼)

1990년 10월 13일(양) 낮 12시

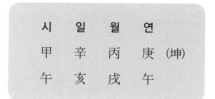

시	일	월	연	
甲	辛	丙	庚	(坤)
午	亥	戌	午	

- 월간 병화(丙火), 연지 오화(午火), 시지 오화(午火), 월지 술토(戌土)의 지장간인 정화(丁火)가 관성 남편이다. 월지 술토(戌土)는 가을의 토(土)로 금(金) 기운이 강하고 화(火)의 기운이 거의 없다. 관성이 제구실을 못하여 이혼하였다.

개그우먼(네 번 이혼)

1968년 7월 29일(양) 오전 8시

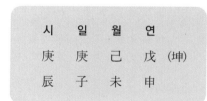

시	일	월	연	
庚	庚	己	戊	(坤)
辰	子	未	申	

- 이 사주는 월지 미월(未月)이 한여름이니 화(火) 30점으로 관성 남편이 된다. 화(火) 30점 관성을 둘러싼 나머지 글자가 모두 화(火)를 고립시키고 있다. 만나는 남자마다 사업이나 투자 실패로 큰 빚만 남기고 헤어지게 되었다.

아나운서(이혼)

1980년 2월 28일(양) 오후 3시

시	일	월	연	
乙	辛	戊	庚	(坤)
未	未	寅	申	

- 월지 인목(寅木)에 암장된 병화(丙火) 관성이 한겨울의 수(水) 30점에 의해 꺼지고 있다. 주식으로 큰돈을 날린 남편과 이혼하였다.

크리에이터(이혼)

1974년 1월 23일(양) 오전 1시

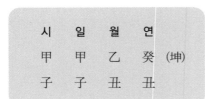

시	일	월	연	
甲	甲	乙	癸	(坤)
子	子	丑	丑	

• 이 사주는 월지 축(丑) 속의 신금(辛金)과 연지 축(丑) 속의 신금(辛金)이 관성 남편이다. 월지 축(丑) 속의 신금(辛金)이 수(水) 30점 속에서 녹슬고 있는 형국이니 관성이 제구실을 하기 어려워 이혼하였다.

사업(사별)

1962년 7월 6일(양) 오후 8시

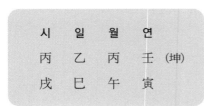

시	일	월	연	
丙	乙	丙	壬	(坤)
戌	巳	午	寅	

• 이 사주는 사주팔자 여덟 글자에는 남편에 해당하는 금(金) 관성이 없고, 일지 사(巳)에 암장된 경금(庚金) 관성과 시지 술(戌)에 암장된 신금(辛金) 관성이 있다. 사주 지지가 인오술(寅午戌) 삼합과 사오(巳午) 반합으로 화국(火局)을 이루어 암장된 금(金)이 모두 녹아버렸다. 남편과 사별하였다.

전 여성단체 회장(이혼)

1957년 9월 22일(양) 오후 6시

시	일	월	연	
己	丁	己	丁	(坤)
酉	酉	酉	酉	

• 이 사주는 사주팔자 여덟 글자에도 수(水) 관성이 없고, 지장간에도 없다. 결혼 후 사업하던 남편이 부도를 내고 가출한 후 연락이 두절되어 이혼하였다.

방송인 화가(이혼)

1976년 3월 11일(양) 오전 4시

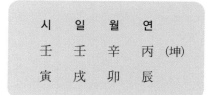

시	일	월	연	
壬	壬	辛	丙	(坤)
寅	戌	卯	辰	

• 이 사주는 연지 진토(辰土), 일지 술토(戌土), 시지 인목(寅木)에 암장된 무토(戊土)가 관성이다. 이 중에서 일지 술토(戌土) 관성이 고립되어 이혼하였다.

전 여성단체 임원(이혼)

1964년 2월 25일(양) 오전 4시

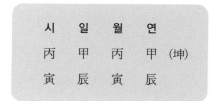

시	일	월	연	
丙	甲	丙	甲	(坤)
寅	辰	寅	辰	

• 이 사주는 사주팔자 여덟 글자와 지장간에 금(金) 관성이 없다. 무관(無官) 사주는 결혼을 못 하거나 생사이별하는, 배우자복이 없는 사주이다.

가수(이혼)

1971년 12월 22일(양) 오후 5시

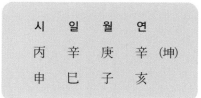

시	일	월	연	
丙	辛	庚	辛	(坤)
申	巳	子	亥	

• 이 사주는 병신(丙辛) 합수(合水), 사신(巳申) 합수(合水), 신자(申子) 합수(合水), 해자(亥子) 합수(合水)로 사주팔자 여덟 글자 중 일곱 글자가 수(水) 식상으로 변하여 화(火) 관성이 꺼져버리는 형태의 사주이다. 남편의 사업 부도로 이혼한 후 재혼하여 잘살고 있다.

배우(이혼)

1968년 12월 24일(양) 오전 3시

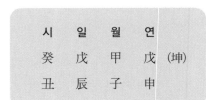

시	일	월	연	
癸	戊	甲	戊	(坤)
丑	辰	子	申	

• 이 사주는 월간의 갑목(甲木) 관성이 고립되어 있고, 일지에 암장된 을목(乙木) 관성이 신자진(申子辰) 삼합과 자축(子丑) 합으로 넘쳐나는 수(水)에 썩어가는 형국이다. 남편의 바람과 사업 부도로 이혼하였다.

배우(이혼)

1968년 12월 24일(양) 오전 4시

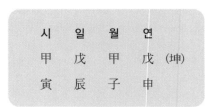

시	일	월	연	
甲	戊	甲	戊	(坤)
寅	辰	子	申	

• 이 사주는 월간과 시간의 갑목(甲木) 관성이 고립되어 있고, 시지의 인목(寅木) 관성은 겨울철 인(寅)시로서 수(水) 15점이니 목(木)이 제구실을 못한다. 일지 진토(辰土)에 암장된 을목(乙木) 관성은 신자진(申子辰) 합수(合水)로 썩어간다. 또한 천간이 모두 갑무충(甲戊沖)으로 이루어져 있는데, 본인의 바람으로 이혼하였다.

배우(이혼)

1947년 8월 5일(양) 낮 12시

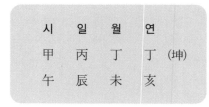

시	일	월	연	
甲	丙	丁	丁	(坤)
午	辰	未	亥	

• 이 사주는 연지 해수(亥水) 관성이 화(火) 비겁으로 고립되어 있다. 일지 진토(辰土)에 암장된 계수(癸水) 관성 역시 진토(辰土)가 화(火)로 둘러싸여 과도한 생을 받으니 고립되었다. 남편의 바람으로 이혼하였다.

가수(미혼)

1969년 8월 17일(양) 낮 12시

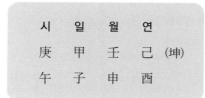

시	일	월	연
庚	甲	壬	己 (坤)
午	子	申	酉

• 이 사주는 월지 신금(申金) 관성이 8월 한여름의 화(火) 30점에 녹고 있다. 결혼을 하지 않고 미혼으로 살고 있다.

가수(재혼)

1967년 5월 20일(양) 낮 12시

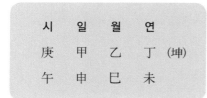

시	일	월	연
庚	甲	乙	丁 (坤)
午	申	巳	未

• 이 사주는 월지 사화(巳火)의 지장간인 경금(庚金) 관성이 사오미(巳午未) 화국(火局)에 녹고 있어 초혼에 실패하였다. 재혼 후 잘살고 있다.

배우(재혼)

1951년 11월 9일(양) 오전 1시

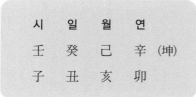

시	일	월	연
壬	癸	己	辛 (坤)
子	丑	亥	卯

• 이 사주는 사주팔자 원국에 월간 기토(己土), 일지 축토(丑土), 월지 해수(亥水) 속의 무토(戊土)가 관성 남편이다. 해월(亥月) 수(水) 30점 속에 있는 무토(戊土)는 떠내려가고, 기토(己土)와 축토(丑土)는 고립되어 배우자복이 없는 사주이다.

재혼 · 이성관계 복잡

1972년 9월 2일(양) 오후 2시

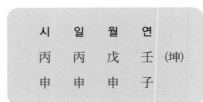

시	일	월	연	
丙	丙	戊	壬	(坤)
申	申	申	子	

• 이 사주는 신자합(申子合)이 되어 지지 네 글자가 모두 수(水) 관성으로 변하였다. 수(水) 관성 20점인 사주가 태과다로 변화하여 배우자복이 없는 사주이다.

30

학습 총정리

DAY 1~29의 학습 포인트를
다시 한 번 정리해보자.

학습 총정리 포인트

『30일에 마스터하는 사주명리학』 중급편은 사주명리학 이론에서 중요한 육친을 다룬다. 육친에는 한 사람의 성격, 기질, 심리, 리더십, 직무 역량, 사회성, 관계성, 직업적성 등의 특성이 나타난다. 특히 사람들과 어떻게 소통하고 관계를 맺어가는지 분석하는 데 유용한 도구가 된다.

육친은 비겁, 식상, 재성, 관성, 인성의 다섯 가지로 구분되며, 각 육친마다 태과다, 과다, 발달에 따라 성격, 기질, 심리, 리더십, 직무 역량, 대인관계가 달라진다. 육친 점수는 총 110점으로 태과다 80점~110점, 과다 50점~80점, 발달 30점~50점이다.

무존재 육친과 고립 육친은 사주 주인공이 살아가면서 가능하면 욕심을 부리지 않고 관심을 두지 않아야 사건사고에서 벗어날 수 있다. 발달이나 과다 육친은 적극적으로 관심을 가지고 활용하면 자신의 타고난 재능과 능력을 발휘할 수 있을 것이다. 태과다 육친은 욕망이 과다해질 가능성이 높기 때문에 자신감을 절제하면서 신중하고 조심스럽게 활용해야만 육친의 장점을 가져갈 수 있다.

살아가면서 태과다, 과다, 발달, 고립, 무존재 중 어느 부분을 자기 삶의 중심으로 삼는가에 따라 인생의 흐름이 희망적으로 다가가는가, 굴곡이 있는가가 결정된다. 따라서 각 육친의 가족관계, 사회관계, 성격, 기질, 심리, 리더십, 직무 역량, 대인관계는 반드시 정리하고 암기해야 한다.

육친 분석이 어느 정도 완성된 다음에는 육친과 오행의 결합을 분석한다. 육친과 오행의 결합은 태과다 25개, 과다 25개, 발달 25개로 총 75가지가 존재한다. 명리학이란 학문에서는 육친과 오행의 결합을 통해 인간의 특성을 다양한 유형으로 분석할 수 있다.

육친과 오행의 결합

• 비겁

비겁 태과다	비겁 과다	비겁 발달
목(木) 비겁 태과다	목(木) 비겁 과다	목(木) 비겁 발달
화(火) 비겁 태과다	화(火) 비겁 과다	화(火) 비겁 발달
토(土) 비겁 태과다	토(土) 비겁 과다	토(土) 비겁 발달
금(金) 비겁 태과다	금(金) 비겁 과다	금(金) 비겁 발달
수(水) 비겁 태과다	수(水) 비겁 과다	수(水) 비겁 발달

• 식상

식상 태과다	식상 과다	식상 발달
목(木) 식상 태과다	목(木) 식상 과다	목(木) 식상 발달
화(火) 식상 태과다	화(火) 식상 과다	화(火) 식상 발달
토(土) 식상 태과다	토(土) 식상 과다	토(土) 식상 발달
금(金) 식상 태과다	금(金) 식상 과다	금(金) 식상 발달
수(水) 식상 태과다	수(水) 식상 과다	수(水) 식상 발달

• 재성

재성 태과다	재성 과다	재성 발달
목(木) 재성 태과다	목(木) 재성 과다	목(木) 재성 발달
화(火) 재성 태과다	화(火) 재성 과다	화(火) 재성 발달
토(土) 재성 태과다	토(土) 재성 과다	토(土) 재성 발달
금(金) 재성 태과다	금(金) 재성 과다	금(金) 재성 발달
수(水) 재성 태과다	수(水) 재성 과다	수(水) 재성 발달

• 관성

관성 태과다	관성 과다	관성 발달
목(木) 관성 태과다	목(木) 관성 과다	목(木) 관성 발달
화(火) 관성 태과다	화(火) 관성 과다	화(火) 관성 발달
토(土) 관성 태과다	토(土) 관성 과다	토(土) 관성 발달
금(金) 관성 태과다	금(金) 관성 과다	금(金) 관성 발달
수(水) 관성 태과다	수(水) 관성 과다	수(水) 관성 발달

• 인성

인성 태과다	인성 과다	인성 발달
목(木) 인성 태과다	목(木) 인성 과다	목(木) 인성 발달
화(火) 인성 태과다	화(火) 인성 과다	화(火) 인성 발달
토(土) 인성 태과다	토(土) 인성 과다	토(土) 인성 발달
금(金) 인성 태과다	금(金) 인성 과다	금(金) 인성 발달
수(水) 인성 태과다	수(水) 인성 과다	수(水) 인성 발달

비겁, 식상, 재성, 관성, 인성의 특징을 모두 정리하고 암기하고 이해한 후에, 본인을 비롯한 가족, 친구, 선후배, 지인들의 실제 사주를 토대로 육친이론의 타당성 여부를 판단하고, 결국에는 자신의 지식으로 만들어가야 한다.

DAY 30 >> 학습 총정리

• **학습 목표**

① 육친의 개념과 열 가지 육친의 종류를 상세하게 설명하고 있다.

② 육친의 상생과 상극 작용에서 비롯되는 육친별 가족관계와 사회관계를 손쉽게 이해하도록 하였다.

③ 육친은 무존재, 고립, 발달, 과다, 태과다 등으로 구분할 수 있으며, 그 판단 기준은 육친의 점수이다. 계절에 따라 월지 오행을 그대로 읽지 않고 다르게 읽는 경우가 있는데, 이것을 반드시 이해하고 암기해야 육친 점수를 실수 없이 계산할 수 있다.

• **학습 체크**

① 오행의 상생 · 상극 원리를 바탕으로 육친과 일간의 관계를 정리해보자.

육친	일간과의 관계
비견(比肩)	
겁재(劫財)	
식신(食神)	
상관(傷官)	
편재(偏財)	
정재(正財)	
편관(偏官)	
정관(正官)	
편인(偏印)	
정인(正印)	

② 육친 점수는 총 110점이다. 천간은 연간 10점, 월간 10점, 일간 10점, 시간 10점으로 모두 같지만, 지지는 연지 10점, 월지 30점, 일지 15점, 시지 15점으로 복잡하다. 특히 월지는 점수가 30점이나 되는데다, 월지 오행의 점수를 그대로 읽지 않는 경우도 많아서 주의가 필요하다. 아래에 표로 정리한 내용을 반드시 암기하고 실전에 활용하도록 한다.

생월	기간	점수
인월(寅月)	양력 2월 초순~3월 초순	목(木) → 수(水) 30점
묘월(卯月)	양력 3월 초순~4월 초순	목(木) 30점
진월(辰月)	양력 4월 초순~5월 초순	토(土) → 토(土) 15점, 목(木) 15점
사월(巳月)	양력 5월 초순~6월 초순	화(火) 30점
오월(午月)	양력 6월 초순~7월 초순	화(火) 30점
미월(未月)	양력 7월 초순~8월 초순	토(土) → 화(火) 30점
신월(申月)	양력 8월 초순~9월 초순	금(金) → 화(火) 30점
유월(酉月)	양력 9월 초순~10월 초순	금(金) 30점
술월(戌月)	양력 10월 초순~11월 초순	토(土) → 토(土) 15점, 금(金) 15점
해월(亥月)	양력 11월 초순~12월 초순	수(水) 30점
자월(子月)	양력 12월 초순~1월 초순	수(水) 30점
축월(丑月)	양력 1월 초순~2월 초순	토(土) → 수(水) 30점

DAY 4, DAY 5, DAY 6, DAY 7

• 학습 목표

① 비겁(비견+겁재), 식상(식신+상관), 재성(편재+정재), 관성(편관+정관), 인성(편인+정인) 중에서 먼저 비겁을 학습한다.
② 비겁의 가족관계(자녀·부모·배우자)와 사회관계를 설명할 수 있다.
③ 비겁의 일반적 성격 특성을 이해하고, 대인관계와 사회관계 속에서의 비겁을 다각도로 설명할 수 있다.
④ 일간별 비겁 발달·과다·태과다의 다양한 특성을 실제 사주와 비교하며 공부할 수 있다.

• 학습 체크

① 비겁(비견+겁재)의 성격, 기질, 역량, 리더십, 대인관계 등을 이해한다.

② 비겁과 오행 결합의 다섯 가지 유형을 이해하고, 각각의 성격을 키워드로 적어보자.

	오행+육친	KEY WORD
발달	목(木) 비겁	
	화(火) 비겁	
	토(土) 비겁	
	금(金) 비겁	
	수(水) 비겁	

	오행+육친	KEY WORD
과다 (태과다)	목(木) 비겁	
	화(火) 비겁	
	토(土) 비겁	
	금(金) 비겁	
	수(水) 비겁	

③ 일간별 비겁 발달 · 과다 · 태과다의 다양한 특성을 실제 사주와 비교하며 공부할 수 있다.

• **학습 목표**

① 비겁에 이어 식상(식신+상관)을 학습한다.

② 식상의 가족관계(자녀·부모·배우자)와 사회관계를 설명할 수 있다.

③ 식상의 일반적 성격 특성을 이해하고, 대인관계와 사회관계 속에서의 식상을 다각도로 설명할 수 있다.

④ 일간별 식상 발달·과다·태과다의 다양한 특성을 실제 사주와 비교하며 공부할 수 있다.

• **학습 체크**

① 식상(식신+상관)의 성격, 기질, 역량, 리더십, 대인관계 등을 이해한다.

② 식신과 오행 결합의 다섯 가지 유형을 이해하고, 각각의 성격을 키워드로 적어보자.

	오행+육친	KEY WORD
발달	목(木) 식상	
	화(火) 식상	
	토(土) 식상	
	금(金) 식상	
	수(水) 식상	

오행+육친		KEY WORD
과다 (태과다)	목(木) 식상	
	화(火) 식상	
	토(土) 식상	
	금(金) 식상	
	수(水) 식상	

DAY 12, DAY 13, DAY 14, DAY 15

• 학습 목표

① 재성(편재+정재)을 학습한다.

② 재성의 가족관계(자녀·부모·배우자)와 사회관계를 설명할 수 있다.

③ 재성의 일반적 성격 특성을 이해하고, 대인관계와 사회관계 속에서의 재성을 다각도로 설명할 수 있다.

④ 일간별 재성 발달·과다·태과다의 다양한 특성을 실제 사주와 비교하며 공부할 수 있다.

• 학습 체크

① 재성(편재+정재)의 성격, 기질, 역량, 리더십, 대인관계 등을 이해한다.

② 재성과 오행 결합의 다섯 가지 유형을 이해하고, 각각의 성격을 키워드로 적어보자.

	오행+육친	KEY WORD
발달	목(木) 재성	
	화(火) 재성	
	토(土) 재성	
	금(金) 재성	
	수(水) 재성	

	오행+육친	KEY WORD
과다 (태과다)	목(木) 재성	
	화(火) 재성	
	토(土) 재성	
	금(金) 재성	
	수(水) 재성	

DAY
30

학
습
총
정
리

●

30일에 마스터하는 사주명리학 ● 중급

DAY 16, DAY 17, DAY 18, DAY 19

• 학습 목표

① 관성(편관+정관)을 학습한다.

② 관성의 가족관계(자녀 · 부모 · 배우자)와 사회관계를 설명할 수 있다.

③ 관성의 일반적 성격 특성을 이해하고, 대인관계와 사회관계 속에서의 관성을 다각도로 설명할 수 있다.

④ 일간별 관성 발달 · 과다 · 태과다의 다양한 특성을 실제 사주와 비교하며 공부할 수 있다.

• 학습 체크

① 관성(편관+정관)의 성격, 기질, 역량, 리더십, 대인관계 등을 이해한다.

② 관성과 오행 결합의 다섯 가지 유형을 이해하고, 각각의 성격을 키워드로 적어보자.

	오행+육친	KEY WORD
발달	목(木) 관성	
	화(火) 관성	
	토(土) 관성	
	금(金) 관성	
	수(水) 관성	

354

오행+육친		KEY WORD
과다 (태과다)	목(木) 관성	
	화(火) 관성	
	토(土) 관성	
	금(金) 관성	
	수(水) 관성	

DAY 20, DAY 21, DAY 22, DAY 23

• 학습 목표

① 인성(편인＋정인)을 학습한다.

② 인성의 가족관계(자녀·부모·배우자)와 사회관계를 설명할 수 있다.

③ 인성의 일반적 성격 특성을 이해하고, 대인관계와 사회관계 속에서의 인성을 다각도로 설명할 수 있다.

④ 일간별 인성 발달·과다·태과다의 다양한 특성을 실제 사주와 비교하며 공부할 수 있다.

• 학습 체크

① 인성(편인＋정인)의 성격, 기질, 역량, 리더십, 대인관계 등을 이해한다.

② 인성과 오행 결합의 다섯 가지 유형을 이해하고, 각각의 성격을 키워드로 적어보자.

	오행+육친	KEY WORD
발달	목(木) 인성	
	화(火) 인성	
	토(土) 인성	
	금(金) 인성	
	수(水) 인성	

	오행+육친	KEY WORD
과다 (태과다)	목(木) 인성	
	화(火) 인성	
	토(土) 인성	
	금(金) 인성	
	수(水) 인성	

• **학습 목표**

① 오행과 마찬가지로 육친을 태과다, 과다, 발달, 고립, 무존재로 다양하게 분석할 수 있다.

② 오행 분석으로 성격, 직업적성, 건강 등을 알아볼 수 있지만, 육친 분석으로는 건강을 판단하지 않으니 주의한다.

③ 육친 대운 분석을 통해 인생사의 여러 가지 변화와 변동을 읽을 수 있다.

• **학습 체크**

① 육친이 고립되면 해당 육친 성격의 단점이 나타날 가능성이 높다.

② 무존재 육친은 고립된 육친에 비해 부정적 작용이 크게 나타나지 않는다.

③ 육친을 통해 대운을 분석할 때는 초년기·청년기와 그 이후로 나누어서 분석한다.

초년기 · 청년기	청년기 이후
• 초년기와 청년기에는 사주 당사자의 사주를 분석하거나 사주와 대운을 비교 분석하기보다는, 대운에 나타난 육친을 파악하는 것이 더 정확하다.	• 사주원국의 힘이 약한 육친이 대운에서 같은 육친을 만나는 경우, 사주원국의 힘이 강한 육친이 대운에서 같은 육친을 만나는 경우를 구분하여 분석한다.

• **학습 목표**

① 자식운, 부모운, 결혼운에 대해 자세하게 학습한다.

② 남자의 이혼수와 여자의 이혼수를 구분해서 학습한다.

• **학습 체크**

① 자식과의 인연, 부모와의 인연, 배우자와의 인연은 사람이 인생을 사는 동안 겪게 되는 중대사이다. 앞으로 사주명리 상담에서 큰 도움이 될 것이다.

② 특히 결혼운(이혼운)은 직접 사주 상담에서 매우 관심도가 높은 부분이기 때문에 반드시 반복 학습하여 숙지한다.

남자 사주 이혼수	여자 사주 이혼수
남자에게는 재성이 배우자에 해당하며, 사별이나 이별을 겪게 되는 경우는 다음과 같다. • 무재성인데 지장간(암장)에도 재성이 없는 사주 • 재성이 70~80점 이상일 때 • 비겁이 70~80점 이상일 때 • 재성이 고립되어 있고, 대운(20~60세)에서도 지속적으로 고립이 해소되지 않을 때 • 재성이 100% 합으로 사라지는 경우 • 재성이 월지에서 제구실을 못하는 경우 • 재성이 시지에서 제구실을 못하는 경우 • 사주원국의 발달 재성이 대운에서 재성이 뭉쳐서 들어와 태과다로 갈 때	여자에게는 관성이 배우자에 해당하며, 사별이나 이별을 겪게 되는 경우는 다음과 같다. • 무관성인데 지장간(암장)에도 관성이 없는 사주 • 식상이 70~80점 이상일 때 • 관성이 70~80점 이상일 때 • 관성이 100% 합이 되어 사라질 때 • 관성이 고립되어 있고, 대운에서도 지속적으로 고립이 해소되지 않을 때 • 관성이 월지에서 제구실을 못하는 경우 • 관성이 시지에서 제구실을 못하는 경우

DAY 30

• 학습 목표

① DAY 1부터 DAY 29까지의 전체 내용을 반복 학습하는 날이다. 오늘로 사주명리학에서 매우 중요한 육친이론을 마무리하게 된다.

② 오행이라는 초급이론 위에 육친이라는 중급이론 지식을 쌓아올림으로써 더욱 깊이 있는 사주 통변이 가능해진다.

③ 육친은 한 사람의 가족관계와 사회관계를 들여다볼 수 있는 훌륭한 도구이다. 이 책을 통해 각 육친의 성격과 심리, 특성, 직업적성 등을 분석할 수 있다. 다만 육친으로 건강을 분석하지는 않으므로 주의한다.

④ 오행의 성격 점수는 총 130점이지만(일간에 30점을 준다), 육친 점수는 총 110점이다(일간에 10점을 준다). 이 책 본문에서 육친 점수를 분석할 때는 110점을 기준으로 하고, 일간에 20점을 추가로 표시하였다.

⑤ 육친은 오행과 마찬가지로 태과다 · 과다 · 발달 · 고립 · 무존재 등 5가지로 분류할 수 있다. 점수 기준은 태과다 80점~110점, 과다 50점~80점, 발달 30점~50점이다.

⑥ 육친은 발달했는가 과다한가(많은가)에 따라 장점과 단점이 나타난다. 발달한 육친은 안정적이고 안전한 의미의 장점이 많은 편이다. 그에 비해 과다한 육친은 적극적이고 모험적인 의미의 장점이 많은 편이다.

⑦ 오행이나 육친을 단편적으로 보지 않고 육친과 오행을 결합하여 분석하면 각 육친의 복합적인 심리를 들여다볼 수 있다. 육친과 오행의 결합은 태과다 25개, 과다 25개, 발달 25개로 총 75가지가 존재한다.

⑧ 직업적성에 대해 정리하면, 먼저 오행과 육친이 발달한 사주는 안정적인 직업, 안전한 직업이 어울린다. 직장생활이나 전문직 등 자신의 리더십을 직접 발휘해야 하는 사업 등은 어울리지 않는다. 태과다 사주는 독립적, 자유적, 명예지향적, 모험적 성격을 가지게 되므로 월급 사장, 연구소장, 공장장 등 책임자가 아닌 이상 조직생활을 견디기 힘들다. 그러므로 사업, 전문가, 정치 등 독립적이고 자신이 리더로 앞장서 이끌어 가는 직업이 어울린다. 과다는 발달과 태과다의 중간 정도 특성으로, 체계적인 조직생활도 적응하기 어렵고 독립적인 자신의 일도 이끌어 갈 리더십이 부족하다. 따라서 전문직이나 자유로운 직장인, 교수, 연구원, 교사, 공무원 등의 직업이 어울린다.

⑨ 마지막으로 이혼수에 대해 정리한다. 남자 사주에서 비겁, 식상, 관성, 인성의 태과다는 재성의 고립을 가져와서 이혼수가 매우 높고, 여자 사주에서 비겁, 식상, 재성, 인성, 태과다는 관성의 고립을 가져와서 이혼수가 매우 높다. 또한 남자 사주에서 재성의 태과다, 여자 사주에서 관성의 태과다는 강한 배우자를 만나게 되어 이혼수가 매우 높다.

30일에 마스터하는
사주명리학
〈중급〉

글쓴이 | 김동완
펴낸이 | 유재영
펴낸곳 | 주식회사 동학사
편   집 | 나진이
디자인 | 임수미

1판 1쇄 | 2025년 3월 10일

출판등록 | 1987년 11월 27일 제10-149

주소 | 04083 서울 마포구 토정로 53 (합정동)
전화 | 324-6130, 324-6131 / 팩스 | 324-6135
E-메일 | dhsbook@hanmail.net
홈페이지 | www.donghaksa.co.kr
          www.green-home.co.kr

© 김동완, 2025

ISBN 978-89-7190-904-1   03180